事業場内
メンタルヘルス
推進担当者　必携

中央労働災害防止協会

はじめに

　職場の高度情報化やグローバル化にともない働く人のストレスは増加しており、事業場におけるメンタルヘルス活動の重要性がますます高まっています。

　メンタルヘルス活動というと、うつ病などの精神疾患やメンタルヘルス不調発生の対策ととらえがちですが、不調者が出たあとに後追いで対策をすると、手間と費用がかかる割に成果はなかなか現れません。そのため、積極的にメンタルヘルス不調発生の未然防止や従業員の心の健康の保持増進を図るという取組みが重要です。

　また、「重要性は分かっているが、メンタルヘルス活動は難しく何をどう行ったらよいか分からない」と身構えてしまうことが少なくありません。しかし、メンタルヘルス活動といっても特別なことをする必要はなく、その基本は、従業員を大切にし、働きがいがあり、働きやすく、風通しのよい職場をつくることです。そして会社のメンタルヘルス活動推進への積極的な姿勢が、従業員を安心させ、健康で明るく元気な職場をつくろうという機運をもたらし、それは会社の業績向上にもつながる活動となるのです。

　一方でメンタルヘルス活動の特徴は、担当部署が健康管理・安全衛生部門に限らないことで、人事・労務管理部門、現場の管理監督者、さらには事業場外の専門機関（専門家）との連携が必要であり、その内容も多岐にわたることです。このため、事業場全体のメンタルヘルス活動を総括する推進担当者の役割がとても重要となります。

　厚生労働省が策定した「労働者の心の健康の保持増進のための指針」においても、「産業医の助言、指導等を得ながら事業場のメンタルヘルスケアの実務を担当する」推進担当者を衛生管理者や保健師等又は人事労務担当者から選任することとしています。

　本書は、メンタルヘルス推進担当者の役割を包括的にまとめたもので、平成19年度に中央労働災害防止協会が厚生労働省から委託を受け設置した「事業場内メンタルヘルス推進担当者テキスト編集委員会」において作成・公表されたテキストをもとに作成されております。

　法令の改正等をふまえて数次の改訂を経てきましたが、今般、新型コロナウイルス感染症への対策としてテレワークが浸透するなど働く人をとりまく労働環境の変化とストレスチェック制度の運用方法をふまえた解説を加えるとともに、最新の知見に基づき見直しを行いました。

　本書を皆様の職場におけるメンタルヘルス活動の推進にご活用いただければ幸いです。

令和3年11月

中央労働災害防止協会

<h1 style="text-align:center">＜本書の発行にあたって＞</h1>

　第1版の発行にあたり、平成19年度の厚生労働省委託事業「事業場内メンタルヘルス推進担当者テキスト編集委員会」の各委員に、内容の見直しと確認を行っていただきました。

　改訂第5版の発行にあたり、記述の追加と見直しを、関連する執筆担当委員及び、当協会健康快適推進部で行い、全章の監修を河野慶三先生にお願いしました。

　なお、第6章は、テキスト編集委員であった島 悟先生（平成21年12月逝去）の執筆によるものでしたが、高野知樹先生に確認、加筆・修正をいただきました。

　月刊誌「安全と健康」平成24年2月号特集記事より一部引用転載し構成しております。

　ご協力いただきました委員、執筆者の方々には、あらためて感謝申し上げます。

「事業場内メンタルヘルス推進担当者テキスト編集委員会」　委員

担当箇所	氏　名	所　　　属
第1、6章	河野　慶三	河野慶三産業医事務所
第2章	安福　愼一	(元)日本製鉄株式会社　人事労政部／安全推進部　上席主幹
第3章	土田　悦子	メンタルヘルス・オフィス Willpower　代表
		(元)中央労働災害防止協会　健康快適推進部　上席専門役
第4章	五十嵐千代	東京工科大学医療保健学部　看護学科　教授
第5章	下光　輝一	東京医科大学名誉教授（公衆衛生学講座）
	川上　憲人	東京大学大学院医学系研究科精神保健学分野　教授
第6章	島　　悟	（京都文教大学人間学部臨床心理学科教授：当時）
第7章	廣　　尚典	産業医科大学　名誉教授

（敬称略）

〔第5版　執筆〕
・第6章　メンタルヘルス不調への気づきと対応
　高野　知樹　神田東クリニック　院長（産業医療統括）
　　　　　　　MPS センター長

目　次

第1章
メンタルヘルスケアの意義

Chapter 1

1 職場におけるメンタルヘルスケアの重要性

(1) わが国の労働者が置かれている環境

　現在わが国では、平成29年に閣議決定された「働き方改革実行計画」に基づいて、表1－1に示した11の事項が国策として推進されています。目指すところは、「労働生産性」の向上です。

　その根拠となる法律は、「労働施策総合推進法（「労働施策の総合的な推進並びに労働者の雇用の安定及び職業生活の充実等に関する法律」昭和41年法律第132号）」です。これは文字どおり、「雇用」に関して国が必要な施策を総合的に推進するための要となる法律です。平成30年までは「雇用対策法」と呼ばれていました。

　労働施策総合推進法には、国が行う重点施策が列挙されているのですが、令和3年11月現在、次に示す5つを含む16の施策があげられています。

　　① 労働時間の短縮その他の労働条件の改善

表1－1　「働き方改革実行計画」の11項目

1．同一労働同一賃金など非正規雇用の処遇改善
2．賃金引上げと労働生産性向上
3．罰則付き時間外労働の上限規制の導入など長時間労働の是正
4．柔軟な働き方がしやすい環境整備
5．女性・若者の人材育成など活躍しやすい環境整備
6．病気の治療と仕事の両立
7．子育て・介護等と仕事の両立、障害者の就労
8．雇用吸収力、付加価値の高い産業への転職・再就職支援
9．誰にでもチャンスのある教育環境の整備
10．高齢者の就業促進
11．外国人材の受入れ

　② 　多様な就業形態の普及

　③ 　雇用形態または就業形態の異なる労働者間の均衡のとれた待遇の確保

　④ 　仕事と生活（育児、介護、治療）の両立

　⑤ 　パワーハラスメント対策

　この5つの事項は、雇用上の重要課題ですが、「職場環境」に大きな影響を与えることから、労働者の健康にもかかわってきます。

　①の労働時間の短縮は、長時間労働を防ぐという点では、労働者の健康にプラスに作用します。しかし、仕事量をそのままにして労働時間を短縮すると、労働密度が上がってしまい、かえって労働者の受けるストレスが増大します。

　②の多様な就業形態を普及させるには、④とも関係しますが、労働時間や就業場所などを柔軟に設定することが必要です。高齢者の働き方、育児や介護をしながらの働き方、心身の障害を抱えたり、病気の治療をしながら働く人の働き方をそれぞれの実情に合ったものに設計しなければなりません。

　それとは別に、仕事能力の優れた人がその能力を十分発揮して働けるようにすることも重要です。その方法として、特定高度専門業務・成果型労働制（「高度プロフェッショナル制度」）が労働基準法で制度化されています。これは労働者本人が希望することを前提として、法令で定める要件と手続きを満たす者について、労働時間の制限を外し、時間外労働に付随する割増賃金の支払いをしなくてもよいことにする制度です。経営側がこの制度化を強く望んできました。制度化にあたっては、働き過ぎによる健康問題の発生が懸念され、健康確保のための措置を実行することが適用の条件となっています。

　③は、非正規労働者の処遇が正規労働者に比べ劣っている現状の改善を目指しています。これがしっかり実行されれば、非正規労働者が抱く不合理な格差、例えば賃金格差への不満が緩和され、職場環境の改善が期待されるのですが、非正規労働者が増加した主な理由が、人件費の削減にあったことを考えると、事業者にとっては厳しい選択になります。

　④は、育児や介護が労働者の退職につながっている現実をふまえ、仕事を続けながら育児や介護ができるようにすることを目指しています。そのために、該当者の労働日数の削減、労働時間の短縮、残業制限などを進めるものですが、そうすると、担当していた人の削減した労働時間分の作業を処理することが必要となります。重要度の低い作業を止める、作業を外注する、補充の人を入れるなどの方法で対処すればいいのですが、これらの対策が実行されないと、職場構成員の労働負荷が大きくなります。

　ちなみに、職場環境を規定するのは、作業環境（労働者が作業をしている比較的限定された空間の物理的・化学的・生物学的な状況のこと）・作業内容・作業方法・作業時間・作業密度・作業チームの人員構成・チーム内の人間関係・チームの活動性の高さ・作業の自律性の程度・職場の雰囲気などです。もちろん、賃金・労働時間などの労働条件や福利厚生活動のありようなども、職場環境に影響します。上記の①〜⑤は、職場環境を構成する

要素を多分に含んでいます。職場環境の悪さは、そこで働く労働者にとって大きなストレス要因となり、心身の健康に悪影響を与えます。

⑤のパワーハラスメント対策については、項を改めて解説します。

振り返ってみると、平成7年以降オフィスでは一人に1台のパソコンが与えられるようになり、「情報機器作業」（従来は「VDT作業」といっていた。）が急速に一般化しました。情報機器作業は、従来のオフィスワークを大きく変化させ、文書やプレゼンテーション用資料の作成事務は担当者がすべて自力で行うようになりました。これによって労働者の作業負荷量が増加しました。もちろん、事務作業そのものの効率化は進んだので、その意味での作業負荷は減少したのですが、高齢者などの情報機器作業が苦手な人にとっては、これは大きな負担になりました。

さらに、パソコンによって、経営サイドからの情報を労働者に一斉に流すことができるようになり、その役割を担っていた課長レベルの中間管理者が削減されました。中間管理者に対して企業は一人のプレイヤーでもあることを同時に求めるようになり、いわゆるプレイング・マネージャーが多くなったのです。これは、中間管理者の労働者に対するマネジメント機能を低下させました。

わが国ではこの時期に、労働者の高齢化、企業活動の高度情報化、グローバル化が同時に進行しました。グローバル化の行き過ぎを懸念する声が出ていた時期もありましたが、高度情報化とグローバル化は、現在も、相互に加速しあう形で進展しており、その流れが大きく変化する兆しはありません。高齢化した労働者も含めて労働者の多くが、いまなお、この状況に適応することを強く求められています。

こうした状況が労働者に与えた主な影響を、表1-2に示しました。高度情報化やグローバル化は、こうした影響を介して労働者のストレス要因となり、ストレス反応としての心身両面の健康障害を引き起こすと考えられています。

表1-2　高度情報化、グローバル化がもたらした職場環境の変化

①　仕事の質の高度化—国際的ルールの導入
②　仕事量の増加
③　仕事の高密度化
④　仕事の24時間化—心理的に仕事から離れられない
⑤　成果の陳腐化の加速—心理的に常に仕事に追われる
⑥　職場内での協働が減少し、労働者相互の関係が競争的になる—人間関係の希薄化による労働者の孤立
⑦　中間管理者のマネジメント力の低下
⑧　異文化へのばく露
⑨　海外での生活—言葉が十分できなくても仕事はしなければならない

　他方、第2次世界大戦後から続いた「終身雇用」「年功賃金」という雇用形態がほぼ消滅し、それにかわって「能力主義」、「成果主義」に基づく雇用制度が導入されました。これは、労働者のモラールを上げる方向には必ずしも機能しませんでした。非正規雇用が増加し、雇用の格差も大きな社会問題となっています。女性の職場進出に伴う男女の役割分担についても、職場、家庭の双方に解決しなければならない問題が残されています。

　働き方改革が、その対策に取り組んでいることは既述のとおりですが、その結果がどうなるか、誰にとってもその予測が困難な状況です。

(2)　新型コロナウイルス感染症の影響

　令和2年1月以降、わが国でも、新型コロナウイルス感染症（COVID−19）の蔓延、消退が繰り返し起こり、多くの企業が感染症対策の一環としてテレワークを導入しました。はじめは情報が限られ、準備も十分でないため手探り状態でしたが、テレワークの健康影響についての知見が徐々に集積されてきました。

　いわゆる「3密」の回避を目的に導入が進んだテレワークの健康上の最大のメリットは、毎日通勤に取られていた時間が自分の時間として使えるようになったことです。それに加えて、通勤による体力の消耗からも解放されました。また、作業に集中できることもメリットの一つとしてあげられています。

　その一方でテレワークは、
① 「情報機器作業」による心身の健康への影響の増加
② 日常生活における身体活動の顕著な減少に起因する体重増加、高血糖・高血圧・高脂血症などのコントロール不良
③ 労働と私生活の切替えが難しいことによる生活リズムの乱れや長時間労働の増加
④ 人間関係の希薄化を背景としたメンタルヘルス不調の出現
といった問題を発生させました。

　テレワークは、職場の人間関係だけでなく家庭環境にも大きく影響しました。例えば、昼食の準備や後片付けなどテレワークによって生じた家事労働の多くが女性の新たな負担になる、狭い住宅で常時家族、とくに夫婦が顔を合わせていることが双方のストレス要因になるといった問題が出現しました。家庭内暴力などドメスティックバイオレンス（DV）の増加も問題となっています。テレワーク下の女性労働者のメンタルヘルス不調の背景には、職場環境だけでなく、こうした家庭環境の問題が潜んでいることも指摘されています。

　テレワークに伴う人間関係の希薄化は、管理監督者と部下、同僚間の情報量を減少させ、「孤立」を感じる労働者を生み出しました。孤立感が強くなると、人は「自分の居場所がない」と考えるようになり、「自己肯定感」が低下します。こうした心理状態では、人は他者の言動に過敏となります。その結果、例えば、通常であればやり過ごせるような他者の言動に強く反応してしまいます。テレワークの健康影響として出現するメンタルヘルス不調

の多くは、アメリカ精神医学会の「精神疾患の診断・統計マニュアル第5版（DSM－5）」
にしたがえば、「適応障害」と診断されます。

(3)　職場におけるメンタルヘルスケアの必要性

　いまのところ、メンタルヘルス不調のために長期欠勤する労働者の出現には歯止めがか
かっていません。長期欠勤者が出ても、その人に代わる人の配置はないのが普通です。欠
勤者の仕事は同一職場の誰かが受け持たなければなりません。しかし、成果主義は、「困っ
たときにはお互いが助け合う」という職場の風土を壊しました。多くの職場では、誰かが
仕方なく、後ろ向きの気持ちでその役割を引き受けています。もともと余裕のない状態に
ある職場では、そのことが次のメンタルヘルス不調者を出す要因となります。そうした悪
循環が簡単に起こってしまうのです。職場のこうしたモラール低下は生産性の低下に直結
しており、企業経営の大きなリスクとなっています。

　ところで、業務と密接な関係があると判断されたメンタルヘルス不調は、労働者災害補
償保険法の補償対象となります。厚生労働省が公表している平成28～令和2年度のデータ
をみると、請求件数は、令和元年度は2,060件で、それまで年々増加していたのですが、令
和2年度は2,051件と、ほぼ同数でした。労働災害として認定された件数は、令和2年度は
608件で令和元年度の509件から増えていましたが、業務上外の決定を行った決定件数で支
給決定件数を除した「認定率」は31.9%で、令和元年度の32.1%と差がありませんでした。
最近は、これらの数値は一時のような右肩上がりの状態ではなくなっています（36頁、図
2－1を参照）。多くの企業はいままで、労災をゼロにするために多額の投資をしてきま
した。労災ゼロという企業の姿勢を維持するには、メンタルヘルス対策への投資が必要な
状況であることには変わりがありません。

　さらに、労働契約法上の事業者責任である「安全配慮義務」についても、メンタルヘル
スにかかわる事例の損害賠償請求訴訟で、企業の義務違反を認める判決が現在も続いて出
ています。ここでも、企業の姿勢が厳しく問われているわけです。

　このように、わが国の労働者にかかる心理的負荷は増えることはあっても減ることは考
えられない状況にあります。労働者は企業が社会に存在し続けるために欠かすことのでき
ないステークホルダーです。労働者に対するメンタルヘルスケアは、労働者の質を担保し、
企業の持続的発展を維持するために欠かせません。

2　メンタルヘルスケアの考え方

　職場におけるメンタルヘルスケアの方法は、大きく次の2つに分けられます。

　(a)　全労働者への対応

　(b)　メンタルヘルス不調者への対応

　この2つを同時に進めることが重要です。

　(a)の「全労働者への対応」としては、「教育」・「相談」の実施及び「職場環境の快適化」があげられます。これはメンタルヘルス対策の基本となる活動で、(a)を徹底しないとメンタルヘルス不調者の発生を防ぐことができません。わが国では、その切り口として「ストレスチェック」が取り上げられ、実施されてきました。

　ストレスについては、「ストレス要因」と「ストレス反応」に分けて考えます。ストレス要因はストレッサーとも呼ばれ、整理の都合上、物理的要因・化学的要因・生物学的要因・心理社会的要因に分けられています。心理的要因は、不安、焦燥、怒り、抑うつといった心の変化を生じるストレス要因のことです。社会的要因には、戦争、自然災害、感染症、職場環境、経済問題などがありますが、これらは心理的なストレス要因となることが多いため、心理社会的要因として一括されています。もちろん、騒音のように物理的要因であっても心理的な反応を起こしやすいものもあります。

　職場におけるストレス・コントロールには、次の2つの取組みが必要です。

　(i)　職場におけるストレス要因の軽減

　(ii)　労働者一人ひとりの「ストレスコーピング（ストレス耐性）」の向上

　職場におけるストレス要因には、長時間労働のように労働者の力だけでは軽減できないものがあります。こうしたストレス要因の軽減は、本来、事業者の責任で行われるべきものです。その実務は権限を持つ管理監督者が担当します。ストレス・コントロールを推進するための体制や施設・設備の整備など職場環境の快適化もここに含まれます。

　ストレスコーピングは、ストレスと戦うのではなく、ストレスとうまく付き合うことです。コーピングがうまくできるようになると、ストレス耐性が向上します。これは、職場の産業保健スタッフの支援を受けて個々の労働者が実行します。ここでは、第1にストレスによる「心身の過緊張状態に対する気づき」をよくし、それを自分自身の力で軽減できるようにすること、第2に「人間関係に関する気づき」をよくし、問題のある人間関係を改善する力をつけることを目指します。これらを実行するには、知識とスキルが必要なので、事業者はそのための教育、すなわち「メンタルヘルス教育」の体制を整備し、計画的、継続的に実行します。

　メンタルヘルス教育では、それぞれの事業場でコンセンサスを得て設定された方針に基づいて、産業保健スタッフが、労働者と管理監督者に直接はたらきかけていきます。対象は、個人のこともあれば集団のこともあります。メンタルヘルス教育の特徴はその能動性にあります。

　メンタルヘルス相談とは、「何らかの心の問題をもった人が、自分自身でそれを解決していく、その過程を、その人の依頼に基づき、主として心理学的手法を用いて支援する」ことです。ここで最も大切なことは、相談を受ける人には相手の話を「聴く」力が必要だということです。「聴く」力がないと、相談の効果は期待できません。

　職場のメンタルヘルス相談では、部下のメンタルヘルス問題に関する管理監督者からの

相談に対応することも大切で、その仕組みをつくっておくことも欠かせません。

　(b)の「メンタルヘルス不調者への対応」は次のような手順で、メンタルヘルス不調者全員を対象として実施します。

- ・メンタルヘルス不調の労働者をみつけ出し、「疾病管理（病気の診断、治療、リハビリテーション、再発の予防、疾病教育）」のルートに乗せる
- ・治療効果をあげるため、治療、リハビリテーションを阻害する業務上の要因を除去する
- ・職場復帰に際しては、再発防止のための就業上の措置に十分配慮する

　メンタルヘルス不調に陥った労働者は、一般に「事例」として問題化します。事例は「労務管理」の対象となり、管理監督者によって処理されるのですが、事例のなかには労務管理よりも医学的管理、すなわち「疾病管理」が優先されなければならない者が少なくありません。事例については、その背後に病気があるかどうかを判断することがまず必要で、この役割は産業医が担います。ただし、産業医は精神科や心療内科の専門的な訓練を受けていないことが多いので、病気の診断と治療については精神科医や心療内科医に依頼します。

3　労働安全衛生法について

　労働安全衛生法（昭和47年法律第57号）は、労働者の安全を守り健康障害の発生を防ぐことを目的として、昭和47年に労働基準法から分離する形で制定された法律です。制定から約50年が経っています

　第1条には、「この法律は、労働基準法と相まって、労働災害の防止のための危害防止基準の確立、責任体制の明確化及び自主的活動の促進の措置を講ずる等その防止に関する総合的計画的な対策を推進することにより職場における労働者の安全と健康を確保するとともに、快適な職場環境の形成を促進することを目的とする」と書かれています。ここでいう労働災害とは、「業務に起因する労働者の負傷、疾病、死亡」のことです。

　さらに、第3条第1項には、「事業者は、単にこの法律で定める労働災害の防止のための最低基準を守るだけでなく、快適な職場環境の実現と労働条件の改善を通じて職場における労働者の安全と健康を確保するようにしなければならない」と書かれています。

　労働安全衛生法では、法律の目的を達成するために必要な事項が、事業者の義務という形で規定されています。この法律が定める労働衛生の基本的アプローチは、「労働衛生管理体制」を整備し、「労働衛生の3管理」と「労働衛生教育」を実施することです。

　労働衛生管理体制の構成員として、常時50人以上の労働者を使用する事業場では、「衛生管理者（労働安全衛生法で定められた国家免許所有者）」、「産業医」を選任しなければなりません。事業者は、その衛生管理者に、衛生にかかる技術的事項を担当させ、衛生管理者が法令の趣旨に沿った活動を行うために必要な権限を与えなければなりません。産業医

表1－3　衛生委員会への付議事項

> (1)　労働者の健康障害を防止するための基本となるべき対策に関すること
> (2)　労働者の健康の保持増進を図るための基本となるべき対策に関すること
> (3)　労働災害の原因及び再発防止対策で、衛生に係るものに関すること
> (4)　(1)〜(3)のほか、労働者の健康障害の防止及び健康の保持増進に関する重要事項
>
> ＊(4)の重要事項については、労働安全衛生規則第22条に規定があり、次に示した11項目があげられている。
> ①　衛生に関する規程の作成に関すること
> ②　法第28条の2第1項、第57条の3第1項及び第2項の危険性又は有害性等の調査及びその結果に基づき講ずる措置のうち、衛生に係るものに関すること
> ③　衛生に関する計画の作成、実施、評価及び改善に関すること
> ④　衛生教育の実施計画の作成に関すること
> ⑤　法第57条の4第1項及び第57条の5第1項の規定により行われる有害性の調査並びにその結果に対する対策の樹立に関すること
> ⑥　法第65条第1項又は第5項の規定により行われる作業環境測定の結果及びその結果の評価に基づく対策の樹立に関すること
> ⑦　定期に行われる健康診断、法第66条第4項の規定による指示を受けて行われる臨時の健康診断、法第66条の2の自ら受けた健康診断及び法に基づく他の省令の規定にもとづいて行われる医師の診断、診察又は処置の結果並びにその結果に対する対策の樹立に関すること
> ⑧　労働者の健康の保持増進を図るため必要な措置の実施計画に関すること
> ⑨　長時間にわたる労働による労働者の健康障害の防止を図るための対策の樹立に関すること
> ⑩　労働者の精神的健康の保持増進を図るための対策の樹立に関すること
> ⑪　厚生労働大臣、都道府県労働局長、労働基準監督署長、労働基準監督官又は労働衛生専門官から文書により命令、指示、勧告又は指導を受けた事項のうち、労働者の健康障害の防止に関すること

は、事業者に意見を述べ、衛生管理者に指導・助言をします。必要がある場合には事業者に勧告することもできます。常時10人以上50人未満の労働者を使用する事業場の場合は、衛生管理者のかわりに衛生推進者（業種によっては安全衛生推進者）を選任することになっています。

　さらに、常時50人以上の労働者を使用する事業場には、調査審議機関として衛生委員会（または安全衛生委員会）の設置が義務づけられています。衛生管理者、産業医はその必須の構成員です。衛生委員会への付議事項を、**表1－3**に示しました。

　労働衛生管理体制を活用して、「作業環境管理」、「作業管理」、「健康管理」の3方向からの対策を並行して実施することを、「労働衛生の3管理」と呼んでいます。

　作業環境管理は、作業場所の物理的環境や有害物質の気中濃度を主として工学的な方法を用いてコントロールすることにより、労働に起因する健康障害の発現を防ぐとともに作

業が快適に遂行できるようにすることです。作業環境管理を適切に行うためには、作業場所の物理的環境（温度、湿度、照度、騒音、気圧、電離放射線など）や有害物質（有害ガス、金属、粉じん、有機溶剤など）の気中濃度を一定の方法で測定することが必要で、これを「作業環境測定」と呼んでいます。

作業管理は、作業時間、作業量、作業強度、作業方法、作業姿勢をコントロールし、保護具を適切に使用することにより、労働に起因する健康障害の発現を防ぐとともに作業が快適に遂行できるようにすることです。

健康管理は、働く人の健康状態を一定の方法で継続的に把握することにより、業務による、あるいは業務に関連する健康影響（疾病を含む）の評価を行い、その結果に基づく事後措置を的確に実施して、労働者の健康の保持増進を図ることです。

労働安全衛生法は、健康管理を進める具体的な方法として、各種の健康診断（第66条）、医師による面接指導（第66条の8、第66条の8の2、第66条の8の4）、心理的な負担の程度を把握するための検査等（「ストレスチェック」：第66条の10）、健康教育等（第69条）の実施を事業者に義務づけています。

労働衛生教育は、労働者が従事している業務が原因となって発生する疾病の予防に関すること、業務に関する衛生のために必要な事項を個々の労働者とその労働者を直接管理する作業主任者、職長などに教えることです。換言すれば、労働衛生教育とは、労働者が従事する業務に関する労働衛生の3管理の具体的な知識を教え、それを実行させることにほかなりません。

最近では、さまざまな対策の実施に関して、3管理だけでは対応が難しい課題が増えてきたため、事業者の基本的な考え方や実施方法を労働者に明示するなどの対応が必要なものが増えてきました。これは、大きくみれば管理体制を構築し、それを機能させていくことに含まれているのですが、その重要性を強調する意味で、「総括管理」と呼ばれることがあります。総括管理、作業環境管理、作業管理、健康管理と衛生教育をあわせて、「労働衛生の5管理」という言い方がされることもあります。

労働者のメンタルヘルスに事業者がどうかかわるのかについては、国は、労働安全衛生法第70条の2に基づく指針、「労働者の心の健康の保持増進のための指針（平成27年11月30日付け健康保持増進のための指針公示第6号）」（**別添資料1**）を出し、これに沿った活動を行うことを事業者に求めています。

4　労働者の心の健康の保持増進のための指針

メンタルヘルスケアの基本となる考え方は図1－1のとおりで、次の4つのケアで構成されています。

① セルフケア

② ラインによるケア

事業者による心の健康づくりに対する
意思表明と事業場としての計画と実施

セルフケア

労働者自らが心の健康の保持増
進のために行う活動

労働者自身のストレスへの気づき、ストレス
への対処、自発的な相談等の実施

ラインによるケア

管理監督者が部下である労働者
の心の健康の保持増進のために
行う活動

職場の管理監督者による、職場環境等の改善、
労働者からの相談への対応等

**事業場内産業保健スタッフ等
によるケア**

事業場内産業保健スタッフ等が
労働者の心の健康の保持増進の
ために行う活動

事業場内産業保健スタッフ（産業医、衛生管
理者又は衛生推進者、事業場内の保健師）及
び事業場内の心の健康づくり専門スタッフ
（心理相談担当者、産業カウンセラー、公認
心理師、臨床心理士、精神科医、心療内科医
等）、人事労務管理スタッフ等による職場環
境等の改善、心の健康づくり対策に対する提
言、支援及び実行

事業場外資源によるケア

事業場外の様々な機関が事業場
に対して心の健康づくり対策を
支援する活動

都道府県産業保健総合支援センター、地域産
業保健センター、健康保険組合、労災病院勤
労者メンタルヘルスセンター、中央労働災害
防止協会、労働者健康保持増進サービス機関
等、産業医学振興財団、日本医師会、都道府
県医師会、産業医科大学、精神科・心療内科
等の医療機関、地域保健機関、各種相談機関
等の事業場外でメンタルヘルスへの支援を行
う機関及び労働衛生コンサルタント、産業カ
ウンセラー、公認心理師、精神保健福祉士等
の事業場外でメンタルヘルスへの支援を行う
専門家による支援及びサービスの提供

図1－1　心の健康づくりの基本的な考え方

③　事業場内産業保健スタッフ等によるケア

④　事業場外資源によるケア

　指針には、これまでにわが国で蓄積された考え方、知識、技法などが網羅されています。この指針は、とかくバラバラになりがちなこれら「４つのケア」が、それぞれの事業場のなかで一つのシステムとして機能することを重視しています。これを実行する体制を整備し、必要な投資を行うことが、事業者には強く求められているといってよいでしょう。

　自分の健康は自分で守ることは当然です。そのためには、一人ひとりの労働者が①のセルフケアの意味と意義を十分理解し、実行に必要な知識や技法を身につけることが欠かせません。これがメンタルヘルスケアの基本です。しかし、セルフケアだけでは対処できない問題もあります。すでに述べたように、長時間労働一つを取り上げてみても、事業者や管理監督者の関与がなければコントロールできないことは明らかです。また、セルフケアをできるようにするにはそのための教育が必要で、相談などの支援のための体制づくりも必須です。

　②のラインによるケアは、職場のストレス要因を把握し、それを可能な限り減少させるための機能です。職場の管理監督者には、事業者に課された安全配慮義務の履行責任があります。その意味でも、事業者にとってラインによるケアを徹底することが重要です。

　日常のラインによるケアで大切なこと、それは、管理監督者が、部下が「いつもと違う」ことに気づき、その部下への声かけを行うことです。管理監督者は医師ではないので、部下の異常性、すなわち病気であることの判断はできません。しかし、日常的に部下に接し、仕事の進捗状況を把握している管理監督者にとって、部下がいつもと違うことに気づくことは難しくありません。管理監督者は、声かけをした部下の話に耳を傾けることによって、この役割を果たします。事業者は研修の場を設け、管理監督者が傾聴のスキルを習得できるようにします。これは、管理監督者に対するメンタルヘルス教育として欠かせない項目です。

　セルフケアとラインによるケアがうまく機能するようにサポートすることは、事業場内産業保健スタッフの役割のなかでもプライオリティ（優先順位）の高い役割です。例えば、管理監督者がいつもと違う部下を見つけて声かけをしても、その後の対応を引き受けてくれる専門家がいなくてはつなぎようがありません。産業保健スタッフが自分自身で直接対応するかどうかはともかくとして、管理監督者の持ってきた話を、まずは受け止めます。自分の力では直接対応できない場合は、事業場外の資源を活用します。

　また、第２章で取り上げる「ストレスチェック制度」は、質問紙調査を定期的に継続して行うことによって労働者一人ひとりのストレス要因、心身のストレス反応、緩衝要因、それに加えて、職場組織のストレスを把握し、メンタルヘルス不調者を出さないようにするための取組みです。４つのケアを進めるための手法の一つです（詳細は第３章３「４つのメンタルヘルスケアの推進」を参照）。

5　ハラスメント対策

(1)　ハラスメントの法規制

　職場におけるハラスメントに関しては、現在、「セクシュアルハラスメント」、「マタニティハラスメント」、「パワーハラスメント」の３つのハラスメントに係る規制があります。その根拠となる法律はそれぞれ違っていて、セクシュアルハラスメントは「雇用機会均等法（雇用の分野における男女の機会均等及び待遇の確保等に関する法律）」、マタニティハラスメントは「育児・介護休業法（育児休業、介護休業等育児又は家族介護を行う労働者の福祉に関する法律）」、パワーハラスメントは「労働施策総合推進法（労働施策の総合的な推進並びに労働者の雇用の安定及び職業生活の充実等に関する法律）」となっています。パワーハラスメント対策を事業者の義務として規定した改正労働施策総合推進法は、令和２年６月に施行されました。中小企業も令和４年４月には規制の対象となります（詳細は第２章２(4)「労働施策総合推進法とハラスメント防止対策」を参照）。

(2)　パワーハラスメント

ア　定義とパワーハラスメントの６類型

　労働施策総合推進法の規定に基づいて、「事業主が職場における優越的な関係を背景とした言動に起因する問題に関して雇用管理上講ずべき措置等についての指針」（令和２年１月15日厚生労働省告示第５号）が出されています（別添資料９）。指針名が長くてわかりにくいのですが、「事業主が雇用管理上講ずべき措置等についての指針」と読み、その内容が下線をつけた部分と考えていただければ、理解がしやすくなります。指針の構成を表１－４に示しました。

　この指針では、法律上のパワーハラスメントを次に示す３項目をすべて満たすものと定義しています。したがって、①〜③のうち一つでも欠けると、法的にはパワーハラス

表１－４　指針の構成

①　はじめに
②　職場におけるパワーハラスメントの内容
③　事業主等の責務
④　事業主が職場における優越的な関係を背景とした言動に起因する問題に関し雇用管理上講ずべき措置の内容
⑤　事業主が職場における優越的な関係を背景とした言動に起因する問題に関し行うことが望ましい取組みの内容
⑥　事業主が自らの雇用する労働者以外の者に対する言動に関し行うことが望ましい取組みの内容
⑦　事業主が他の事業主の雇用する労働者等からのパワーハラスメントや顧客等からの著しい迷惑行為に関し行うことが望ましい取組みの内容

メントではないことになります。なかなか厳しい基準です。

① 優越的な関係を背景とした言動
② 業務上必要かつ相当な範囲を超えた言動
③ 労働者の就業環境が害される言動

「職場」には雇用された労働者が事業主に命じられた業務を遂行する通常の場所だけではなく、出張先、営業やサービスのために訪問している顧客先など通常でない業務遂行先も含まれること、「労働者」には正規労働者だけでなく非正規労働者も含まれることが注意喚起されています。

　職場におけるパワーハラスメントはいまになって始まったものではありません。多くの裁判事例も残されています。そうした先行事例が、**表１－５**に示した６類型に整理されています。大きく分けると「身体的な攻撃」と「精神的な攻撃」の２つになります。③〜⑥は精神的な攻撃の内容として理解できるものです。

イ　事業主が雇用管理上講ずべき措置

　指針は、事業主が雇用管理上講ずべき措置として**表１－６**の４項目をあげています。

表１－５　職場のパワーハラスメントの6類型

① 身体的な攻撃（暴行・傷害） ② 精神的な攻撃（脅迫・名誉棄損・侮辱・ひどい暴言） ③ 人間関係からの切り離し（隔離・仲間外れ・無視） ④ 過大な要求（業務上明らかに不要なことや遂行不可能なことの強制・仕事の妨害） ⑤ 過小な要求（業務上の合理性なく能力や経験とかけ離れた、程度の低い仕事を命じること・仕事を与えないこと） ⑥ 個の侵害（私的なことに過度に立ち入ること）

表１－６　事業主が雇用管理上講ずべき措置

① 事業主の方針等の明確化及びその周知・啓発 　パワーハラスメントの内容、パワーハラスメントを行ってはならないこと、 　パワーハラスメントに係る言動には厳正に対処することの周知・啓発。 ② 相談（苦情を含む）に応じ、適切に対応するために必要な体制の整備 　相談窓口の設置とその周知。相談窓口担当者の相談に対する適切な対応。 ③ 職場におけるパワーハラスメントに係る事後の迅速かつ適切な対応 　事実関係の迅速で正確な確認。被害者に対する配慮のための措置及び行為者に対する措置の実施。再発防止に向けた措置（確認できなかった場合も）。 ④ ①から③までの措置と併せて講ずべき措置 　プライバシーの保護。相談などを理由とした不利益な取扱いの禁止。

　パワーハラスメント対策でまず重要なのは、その発生を防ぐことです。事業主は第1に、パワーハラスメントについての会社の考え方と対処方針を決め、それをパワーハラスメントに関する正確な知識・情報と併せて労働者に周知します。

　第2に、パワーハラスメントを受けたと考える労働者に対応するための「相談窓口」を設置します。指針は、この窓口が機能することを重視しています。

ウ　相談窓口

　指針は「相談には苦情を含む」と明記し、「職場におけるパワーハラスメントが現実に生じている場合だけでなく、その発生のおそれがある場合や、職場におけるパワーハラスメントに該当するか否か微妙な場合であっても、広く相談に対応すること」と述べています。

　来談者（相談に来た人）の相談内容がパワーハラスメントに該当するかどうかは、来談者の話のみでは判断できないので、判断に際しては、行為者やその管理監督者の話を聴かなければなりません。来談者の話と行為者や管理監督者の話は必ずしも一致しません。不一致の場合は、法律上の基準を満たすことはまずないでしょう。そうすると、行為者にはハラスメントはなかったことになります。例えば、明らかに健康上の問題が生じている場合であっても結論は同じです。

　これでは、来談者の気持ちはおさまりません。健康上の問題がある場合は、来談者の病状の改善も期待できなくなります。こうした事態は現実に起こっています。これが何例か続くと、「相談窓口に相談しても無駄だ」という話が労働者に広がり、相談窓口は機能しなくなってしまいます。

　このような事態を生じないようにするためには、相談の第1段階では、相談窓口担当者が、来談者の話を聴くことに主眼を置くようにし、「来談者が何に困っているのか」「それをどうしたいのか」を把握することが必要です。来談者の話は、一方的であったり、攻撃的であったり、主観的であったり、思い込みがあったりして、客観的でないことがしばしばあります。しかし、来談者には少なくとも話したいことがあり、それを聴いてもらいたいから相談に来ています。その気持ちを受け止め、相手の気持ちに沿って話を聴いていると、来談者の気持ちも落ち着いてきます。第2段階に進むには、このステップが必須です。来談者との間に信頼関係ができてはじめて、事実が何なのか、その話に合理性があるのか、それを証明する証拠があるのかといった内容を話題にすることが可能となるのです。その意味で、窓口担当者には、「話を聴く力」が求められます。ですから、事業主は、窓口担当者の選任にあたって、話を聴く訓練を受けさせることを配慮すべきです。

　相談窓口の設置と運営についてのその他注意点としては、窓口担当者は複数とし必ず女性を入れること、ハラスメントの有無の決定権限を持つ者は窓口担当者にしないこと

などがあげられます。小規模の企業にとっては負担が大きいので、相談窓口を外部の
サービス機関に委託してもよいでしょう。

　なお、厚生労働省から、「パワーハラスメント対策導入マニュアル（第4版）」が公表
されていて、実務に必要な情報が提供されています。

6　障害者雇用

　「障害者の雇用の促進等に関する法律（昭和35年法律第123号）」は、事業者に、「身体障
害者」、「知的障害者」、「精神障害者」の雇用を義務づけています。令和3年8月現在、民
間企業の場合、雇用労働者数の「2.3％」以上の人数の障害者（障害の種類は問いません）
を雇用しなければなりません。達成できない企業にはペナルティーがあります。この
2.3％を「法定雇用率」と呼んでいます。

　障害者の就労促進は、「働き方改革実行計画」の項目7でも取り上げられている課題です
（表1－1）。障害があるからといって、その障害が労働者に業務遂行上の困難をもたらす
とは限りませんが、障害にかかわる「事例性」（表1－7）を生じやすいことは事実です。
この事例性は、障害者自身のメンタルヘルス不調を誘発し、管理監督者や同僚のメンタル
ヘルスにも悪影響を与えます。職場環境の改善、メンタルヘルス不調の発現防止対策とし
て、国は事業主に対して、「障害者に対する差別の禁止」及び「合理的配慮の提供」の2つ
の義務を履行するよう求めています。「障害者差別禁止指針（平成27年厚生労働省告示第
116号）」と「合理的配慮指針（平成27年厚生労働省告示第117号）」は、法律の規定に基づ
くそのための指針です。

　厚生労働省によると、民間企業における精神障害を含む障害者の実雇用数は578,292人
で、実雇用率は2.15％でした（令和2年6月1日現在）。この2つの数値はいずれも年々増
加しているのですが、法定雇用率2.3％はまだ達成されていません。企業単位でみても、法
定雇用率を達成している企業は48.6％で、まだ半数に達していません。

　このうち精神障害の実雇用者数は88,016人で、毎年増加しています。雇用障害者全体に
占める割合は15.2％でした。精神障害者の対前年の実雇用者増加率は12.7％で、身体障害
者0.5％、知的障害者4.5％に比べ明らかに高くなっています。

7　病気の治療と仕事の両立

　安全配慮義務は、労働契約に付随して生じる事業主の法的義務です。安全配慮義務を果
たすには、事業主が労働者の健康状態を把握すること、健康上の問題がある場合は医師の
受診勧奨や就業上の措置を適切に行うことが必要です。その実務は管理監督者が果たしま
す。

　また、労働安全衛生法は事業者に対して健康診断の実施を義務づけ、異常の所見のある
者については産業医などの意見を聴いて、医師の受診を勧奨すること、就業上の措置を適

表1-7　事例性

事例性は、平均的な姿から乖離した状態を指す用語で、次の2つの場合がある。
　（1）　その人が属する職場集団の平均的な姿からの乖離
　（2）　その人がそれまでに示してきた通常の言動からの乖離

　職場集団には一般に、その職場で受け入れられている平均的な姿がある。(1)は例えば、職場のメンバーが定常的に残業しているのに、残業はしない主義だと主張して定時で帰ってしまうといった行動を指している。事の善悪は別として、職場集団の平均的な姿から乖離していることはまちがいない。

　(2)は例えば、それまで遅刻などしたことがなかった人が遅刻を繰り返したり、無断欠勤をしたりするようになった状態、あるいは、それまで上司にたてつくような行動をしたことがなかった人が些細なことで上司と衝突するといった状態のことである。いずれも、その人のそれまでの日常の平均的な言動から乖離している。

　どちらのタイプであっても、職場環境に影響を及ぼすことは明らかであり、管理監督者は何らかの対策を講じなければならない。

　(1)のタイプの事例は、本人の行動が組織の活動全体にどんな影響を与えるかによって、組織からの反応は異なるが、まずまちがいなく人間関係のギクシャクが生じる。今までのわが国の職場では、「協調性がない。職場の和を乱す」などの理由で、その職場から排除されることが多かった。発達障害は、その最たるものであろう。しかし、職場の平均値から乖離した言動をその人の持つ特性と捉えて、職場で活用することを目指す「ダイバーシティ＆インクルージョン」の考え方は、このタイプの事例性のある人を受け入れることを職場に求めているといえる。

　(2)のタイプの事例については、「いつもと違う部下」に対する「気づき」をよくし、管理監督者が本人から事情を聴くことによって、ケースバイケースの対応をしてきたが、管理監督者の考え方、管理監督者と部下である労働者とのそれまでの関係などによって、その結果は多様であった。産業保健では、従来からこの事例性を重視している。事例性の背後に「疾病性」が認められる場合には、当然その治療を優先して事例性の解消を目指す。しかし、疾病によっては根治しないものもあるので、業務の遂行に大きな支障がないように就業上の配慮をし、事例性を解消することも行ってきた。この場合、疾病の存在そのものは問題にならなくなる。

　例えば、発達障害は、現時点では医学的な対処法が限られているので、まさしく、疾病性ではなく事例性に着目した対応を必要としているわけである。

切に行うことを求めています。また、心臓・腎臓・肺などの疾患で、就業により病状が顕著に増悪するおそれがある場合には、事業者は病者の就業を禁止しなければなりません（労働安全衛生法第68条）。

　しかし、病気の診断と治療に関しては、安全配慮義務、労働安全衛生法ともに、事業者にはその責任を負わせていません。ただし、労働安全衛生法の規定に基づく有害業務の健康診断（「特殊健康診断」）は例外で、有所見者についての診断と治療の費用を事業者が負担します。

　ところが近年、がんの５年生存率の上昇などにともなって、就労しながら長期にわたる治療を受ける労働者が増えています。仕事をしながら治療を継続することには、労働負荷の軽減や治療に必要な時間の確保など、本人の努力のみでは対処できない問題が存在します。また、医療機関との連携も重要です。「働き方改革実行計画」（**表１−１**）では項目６でこの問題を取り上げ、問題解決のための取組みを進めています。厚生労働省は、平成28年に、労働基準局長、健康局長、職業安定局長の連名で、「事業場における治療と仕事の両立支援のためのガイドライン」を通達しました。令和３年３月に出た令和３年版では、がん・脳卒中・肝疾患・難病・心疾患・糖尿病がその対象となっています。

8　事業場内メンタルヘルス推進担当者の役割

　４で説明した「労働者の心の健康保持増進のための指針」では、「事業場内産業保健スタッフ等によるケア」について、事業者が講じる措置を５項目あげています。その一つが事業場内メンタルヘルス推進担当者の選任です。指針は、事業場内メンタルヘルス推進担当者を、「産業医等の助言、指導等を得ながら事業場のメンタルヘルスケアの実務を担当する」者として位置づけ、衛生管理者や常勤の保健師などから選任することを勧めています。ただ、メンタルヘルス推進担当者は、すべての事業場で選任することが望ましいので、小規模事業場では人事労務管理スタッフを充てることも想定しています。

　事業場内メンタルヘルス推進担当者の役割としては、次の４つの実務が主なものです。

① 　心の健康づくり計画の策定、労働者への周知、実行状況の把握
② 　セルフケア、ラインによるケアを推進するための労働者教育及び管理監督者教育の計画、立案、実施、評価
③ 　事業場内のメンタルヘルスに関する相談窓口
④ 　事業場外資源との連携窓口

　事業場内メンタルヘルス推進担当者には、教育や相談そのものを直接担当することは求められていません。事業場内で行われるメンタルヘルス対策がスムーズに推進されるよう調整する機能を果たすことが期待されています。

　なお、ストレスチェック制度を実効あるものにするには、ストレスチェックの実施と医師による面接指導の実施をサポートする仕組みが必要です。ストレスチェックに伴う実務としては、実施体制の整備、実施方法の決定、労働者への制度の周知、実施記録の作成・保存、受検労働者への通知、受検労働者からの問い合わせへの対応、医師による面接の申し出の窓口業務、医師による面接結果の処理、記録の作成・保存などがあり、相当の事務量が発生します。これは事業場内メンタルヘルス推進担当者の役割①に該当するので、この事務作業への積極的な関与が求められます。

第2章
メンタルヘルスと
企業のリスクマネジメント

Chapter 2

1　メンタルヘルスと企業の社会的責任

　社会・経済活動のグローバル化や情報化社会の急速な進展、少子高齢化社会への移行は、職場のなかにおける世代交代、技術・技能の伝承の課題の発生、雇用や働き方の変化等をもたらしました。労働者を取り巻くこれらの環境の変化により、労働者のストレスに対する問題、心の健康の問題への取組みの重要性は増す一方となっています。最近では、メンタルヘルスの問題は、ステークホルダー（利害関係者）である社員に対する健康管理責任、すなわち、企業の社会的責任（Corporate Social Responsibility：以下、「CSR」という。）の範疇に組み入れられた重要な取組みになっています。

　CSRとは、「企業は社会的な存在であり、自社の利益、経済合理性を追求するだけではなく、利害関係者全体の利益を考えて行動すべきであり、法令の順守、環境保護、人権擁護、消費者保護などの社会的側面にも責任を有する」という考え方です。従業員は、消費者、取引先、投資家、地域社会等と並ぶステークホルダーの一つとして位置づけられていることから、従業員のメンタルヘルスの問題に取り組むことは、上記の考え方の範疇に組み入れられた重要な項目となっているのです。

　厚生労働省は、平成16年6月に「労働におけるCSRのあり方に関する研究会」の中間報告書を公表しており、その中で企業が従業員に対して取り組むべき重要な事項として、「様々な資質と才能を持った個人がその才能を十分に発揮できるようにするための取組み」をあげ、その一つとして、「心身両面の健康確保対策及び労働災害防止対策を行い、労働者が安心して働ける環境の整備を図る」ことを指摘しています。

　平成21年3月には、先の中間報告を受けて企業の取組み内容の具体的方策の調査を行った報告書、さらには先進的な取組みの好事例集が公表されています。好事例集には「従業員の健康」の分野として、メンタルヘルス対策とその効果を紹介する事例があります。

　労働者の心身両面の健康に最大限に配慮し、必要な対策を行っていくことは、企業の本来的な責務であり、これに積極的に取り組んでいく企業が、社会から高い評価を受ける、企業価値の指標になっているのです。

2　安全配慮義務について

(1)　労働安全衛生法・民法と安全配慮義務

　労働者の健康管理を担当する者が、その責任を果たすための知識として持っておかなければならない法律があります。一つが労働安全衛生法であり、もう一つが民法です。

　労働安全衛生法は、労働者の安全と健康を確保するための最低基準を定めた法律として、労働基準法第42条の「労働者の安全及び衛生に関しては、労働安全衛生法の定めるところによる」との定めを受けて、昭和47年に制定されたものです。労働安全衛生法自体は、安全衛生に関する規制の原則のみを定めたもので、規制の具体的な内容はほとんど労働安全衛生法施行令、労働安全衛生規則といった政令や省令に委ねられています。

　労働安全衛生法の第3条第1項には、事業者等の責務として「快適な職場環境の実現と労働条件の改善を通じて職場における労働者の安全と健康を確保するようにしなければならない。」と定められており、さらに事業者の講ずべき措置として第20条には危険を防止するため必要な措置、また第22条には健康障害を防止するため必要な措置等を講ずることが定められています。これに違反をした場合には、違反をした具体的事実に基づいて刑事罰の対象となります。刑法とともに刑事責任を問われるものです。

　一方、民法は、企業が損害賠償の責任を負うという民事責任の根拠となるもので、不法行為責任と契約責任が通常問題とされることになります。

　不法行為責任とは、「故意又は過失によって他人の権利又は法律上保護される利益を侵害した者は、これによって生じた損害を賠償する責任を負う。」(民法第709条)と定められ、また使用者責任の「ある事業のために他人を使用する者は、被用者がその事業の執行について第三者に加えた損害を賠償する責任を負う。」(民法第715条第1項)を根拠として損害賠償の責任を負うものです。また、契約責任とは、「債務者がその債務の本旨に従った履行をしないとき又は債務の履行が不能であるときは、債権者は、これによって生じた損害の賠償を請求することができる。」(民法第415条)とされているものです。

　安全配慮義務(健康配慮義務)は、この契約責任の条項である民法の第415条を根拠にして、違反があった場合の責任を問われるものなのです。

　従前より、企業において安全や衛生・健康管理上の問題によって従業員に損害を生じさせた場合には、不法行為責任の範囲で企業の損害賠償責任を問われてきましたが、昭和50年2月の最高裁判所の判例で「安全配慮義務」という概念によって、初めて契約責任を果たさなかった企業の損害賠償責任が認められました。その最高裁判所の判例によると、安全配慮義務は「事業者が労働者に負っている労働契約上の債務で、事業者が労働者に対し、事業遂行のために設置すべき場所、施設もしくは設備などの施設管理又は労務の管理にあたって、労働者の生命及び健康などを危険から保護するよう配慮すべき義務」と定義されています。

⑵　安全配慮義務の範囲とその拡大

　事業者が安全配慮義務に違反しているかどうかについては、健康被害を受けたと考える労働者が、債務不履行の損害賠償請求の民事訴訟を起こし、事業者の安全配慮義務の内容と違反の主張を行い、個別に裁判所の判断を受けることになるので、一般論で論じることはできません。業務と健康被害との因果関係・健康被害の回避可能性・事業者側の過失の存在の有無が判断の根拠となります。

　安全配慮義務違反は判例に示されて認められてきた経緯があり、その判例の示す安全配慮義務の範囲が時代とともに変わってきたことも事実です。前述の昭和50年以降、「業務に直接起因する健康障害を起こさないこと」として運用されてきましたが、その後、「業務に直接起因しているとはいえないが、業務と密接な関連を有する健康障害」についても、安全配慮義務に含まれるとする考え方が定着し、範囲が拡大する傾向にあります。

⑶　労働契約法の制定と安全配慮義務

　平成20年3月に「労働契約法」が施行され、労働契約についての基本的なルールが法により明確にされました。この法により労働契約における権利義務関係を確定させる法的根拠が示され、労働契約に関する民事的なルールが明らかになり、労働者及び使用者にとって予測可能性が高まりました。さらに、双方が法に示された民事的なルールに沿った合理的な行動が促されることによって、個別労働関係紛争が防止され、労働者の保護を図りつつ、個別の労働関係の安定に資することが期待されています。

　その労働契約法第5条は、「使用者は、労働契約に伴い、労働者がその生命、身体等の安全を確保しつつ労働することができるよう、必要な配慮をするものとする。」として、使用者は労働契約に基づいてその本来の債務として賃金支払い義務を負うほか、労働契約に特段の根拠規定がなくとも、労働契約上の付随的義務として当然に安全配慮義務を負うことを規定しています。

　これまでの判例においては、労働者は、使用者の指定した場所に配置され、使用者の供給する設備、器具等を用いて労働に従事するものであることから、労働契約の内容として具体的に定めずとも、労働契約に伴い信義則上当然に、使用者は労働者を危険から保護するよう配慮すべき安全配慮義務を負っているものとされていましたが、民法等の規定では明らかになっていませんでした。

　なお、第5条の「必要な配慮」とは、一律に定まるものではなく、使用者に特定の措置を求めるものではありませんが、労働者の職種、労務内容、労務提供場所等の具体的な状況に応じて必要な配慮をすることが求められています。

　労働安全衛生関係法令において規定されている遵守されるべき事業主の講ずべき具体的な措置と、本法とが相まって安全配慮義務という考え方がさらに広く定着しつつあります。

⑷　労働施策総合推進法とハラスメント防止対策

　令和元年 6 月に「女性の職業生活における活躍の推進に関する法律（女性活躍推進法）等の一部を改正する法律」が公布されたことにより、「労働施策の総合的な推進並びに労働者の雇用の安定及び職業生活の充実等に関する法律（労働施策総合推進法）」が改正され、職場におけるパワーハラスメントの防止について、事業主に防止措置を講じることが義務づけられました。併せて事業主に相談したこと等を理由とする不利益取扱いも禁止されました。また、「雇用の分野における男女の均等な機会及び待遇の確保等に関する法律（男女雇用機会均等法）」、「育児休業、介護休業等育児又は家族介護を行う労働者の福祉に関する法律（育児・介護休業法）」も改正され、職場におけるセクシュアルハラスメント、妊娠、出産、育児休業等に関するハラスメントの防止対策も強化されました。

　これらの改正法及び関係指針等は、令和 2 年 6 月 1 日から施行されています。

　職場におけるパワーハラスメント防止対策についての概略を**表 2 － 1** に示しました。事業主によるパワーハラスメント防止措置が事業主の義務であること、職場におけるパワーハラスメントの防止のために講ずべき措置の内容、事業主に相談等をした労働者に対する不利益取扱いの禁止などが謳われています。

⑸　働き方改革の推進と健康管理

　平成30年 7 月、「働き方改革関連法」が施行されました。その趣旨は、労働者がそれぞれの事情に応じた多様な働き方を選択できる社会を実現する働き方改革を総合的に推進するため、長時間労働の是正、多様で柔軟な働き方の実現、雇用形態にかかわらない公正な待遇の確保等のための措置を講ずるというものです。この法律は、労働基準法、労働安全衛生法、パートタイム労働法、労働契約法、労働者派遣法等いくつかの法律の該当部分の法改正を伴っていますが、労働基準法の改正のうち、長時間労働の是正、多様で柔軟な働き方の実現に関する部分についての労働時間の上限規制については、今日までの長時間労働と健康管理についての判例が背景になっていることは間違いありません。

　働き方を大きく変えることになった直近の出来事に、令和元年の年末からの新型コロナウイルス感染症の流行があります。企業は、否応なくテレワーク導入の検討や加速化を進めざるを得なくなりました。むしろテレワークは、ウィズコロナ・ポストコロナの「新たな日常」、「新しい生活様式」に対応した働き方であると同時に、働く場所や時間の制約にとらわれない柔軟な働き方であり、働き方改革の推進の観点からも、その導入・定着を図ることが重要であるといわれています。厚生労働省は令和 3 年 3 月に「情報通信技術を利用した事業場外勤務の適切な導入及び実施のためのガイドライン」（平成30年 2 月）を、テレワークの推進を図るためのガイドラインであることを明示的に示す観点から「テレワークの適切な導入及び実施の推進のためのガイドライン」に改定をしています。視点を変えるとテレワークの導入は、従来の日本の雇用慣行である「職務の無限定（受け持つ仕事の

表2-1 職場におけるハラスメント防止対策の強化

パワーハラスメント防止措置は事業主の義務

　職場における「パワーハラスメント」とは、職場において行われる
① 優越的な関係を背景とした言動であって、
② 業務上必要かつ相当な範囲を超えたものにより、
③ 労働者の就業環境が害されるものであり、
①～③までの要素をすべて満たすものをいいます。
※客観的にみて、業務上必要かつ相当な範囲で行われる適正な業務指示や指導については、該当しません。

職場におけるパワーハラスメントの防止のために講ずべき措置

　事業主は、以下の措置を必ず講じなければなりません（義務）。
● **事業主の方針等の明確化及びその周知・啓発**
　①職場におけるパワハラの内容・パワハラを行ってはならない旨の方針を明確化し、労働者に周知・啓発すること
　②行為者について、厳正に対処する旨の方針・対処の内容を就業規則等の文書に規定し、労働者に周知・啓発すること
● **相談に応じ、適切に対応するために必要な体制の整備**
　③相談窓口をあらかじめ定め、労働者に周知すること
　④相談窓口担当者が、相談内容や状況に応じ、適切に対応できるようにすること
● **職場におけるパワーハラスメントに係る事後の迅速かつ適切な対応**
　⑤事実関係を迅速かつ正確に確認すること
　⑥速やかに被害者に対する配慮のための措置を適正に行うこと(注1)
　⑦事実関係の確認後、行為者に対する措置を適正に行うこと(注1)
　⑧再発防止に向けた措置を講ずること(注2)
　　（注1）事実確認ができた場合
　　（注2）事実確認ができなかった場合も同様
● **そのほか併せて講ずべき措置**
　⑨相談者・行為者等のプライバシー(注3)を保護するために必要な措置を講じ、その旨労働者に周知すること
　　（注3）性的指向・性自認や病歴、不妊治療等の機微な個人情報も含む
　⑩相談したこと等を理由として、解雇その他不利益取扱いをされない旨を定め、労働者に周知・啓発すること

事業主に相談等をした労働者に対する不利益取扱いの禁止

　事業主は、労働者が職場におけるパワーハラスメントについての相談を行ったことや雇用管理上の措置に協力して事実を述べたことを理由とする解雇その他不利益な取扱いをすることは、法律上禁止されています。

出典：令和2年5月、厚生労働省雇用環境・均等局雇用機会均等課リーフレット（一部改変）

内容・範囲が不明瞭で専門性が育ちにくい）」、「労働時間の無限定（職務に限定がないため時間に制限がない、長時間労働になりやすい）」、「勤務地の無限定（勤務地が会社命令で決まり、原則従う必要がある）」などの従来の仕組みを大きく変える新たな取組みの構築につながることになります。

　メンタルヘルスへの取組みに対する影響も大きくさまざまな工夫を求められることを念頭に、対応を十分考えておく必要があるでしょう。

⑹　判例・事例から見る労働者の健康に関する事業者の責務

　平成12年3月に出された、ある企業に対する上告審の判決で、最高裁判所は、「使用者は、業務の遂行に伴う疲労や心理的負荷等が過度に蓄積して労働者の心身の健康を損なうことがないよう注意する義務を負う」という新しい判断を示し、事業者だけでなく管理監督者にも使用者に代わって労働者に対し業務上の指揮監督を行う権限を有する者に、「使用者の注意義務の内容に従って、その権限を行使する（代行管理責任）」ことを求めました。これは、事業者は労働者の健康状態を把握し、問題がある場合には業務の負荷による健康状態の悪化を防ぐための措置をとらなければならないということを明確に示した重要な判例となっています。

　この判例以降、同様の判例が相次いでおり、事業者が労働者への心身の健康について配慮すべきことの重要性が一気に高まり、前述してきたような関係法令の制定や見直しにつながったといえるでしょう。

　最近特に顕在化しているのがハラスメントの事例です。表2−2に最近10年間の民事上の個別労働紛争の主な相談内容別の件数推移を示しましたが、「いじめ・嫌がらせ」の件数が倍増し、突出していることがわかります。

　また、表2−3には、近年マスコミ報道等で取り上げられ、社会的責任も問われた大手企業の代表的な事例をまとめました。労働施策総合推進法が制定されハラスメントの防止措置が法制化された背景を顕著に示していることがよくわかります。

　労働者の健康について事業者が配慮しなければならないことの基本は、労働者を就業させる際に、就業に関係する健康障害の発生や悪化する可能性が高いかどうかを予見する義務（危険予知義務）と、可能性が高いのであれば、これを避けるべき義務（結果回避義務）をきちんと果たしておくことが求められるということです。

3　ストレスチェック制度を活用した企業のリスクマネジメント
⑴　ストレスチェック制度の目的と全体像

　メンタルヘルスへの企業のリスクマネジメントの対応といえば、事象が生じた結果、すなわち労災認定や安全配慮義務との関連で取り扱われることが多かったように思われます。平成27年に施行されたストレスチェック制度は（詳細は第3章4「ストレスチェック

表2-2　民事上の個別労働紛争「主な相談内容別の件数推移（10年間）」

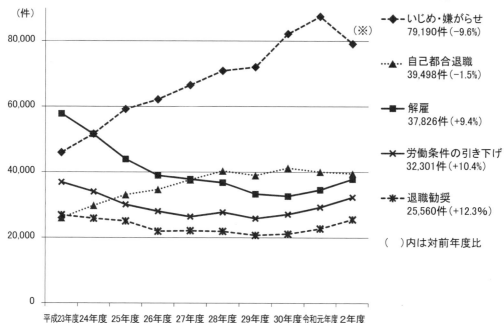

※令和2年6月、労働施策総合推進法が施行され、大企業の職場におけるパワーハラスメントに関する個別労働紛争は同法に基づき対応することとなったため、同法施行以降の大企業の当該紛争に関するものはいじめ・嫌がらせに計上していない。　　　　＜参考＞同法に関する相談件数：18,363件

出典：厚生労働省「令和2年度個別労働紛争解決制度の施行状況」

表2-3　マスコミ等に取り上げられたパワーハラスメント問題事例

平成28年9月	広告代理店の女性新入社員の過労自殺問題で労働基準監督署が労災を認定
令和2年3月	楽器メーカーの男性社員が上司の厳しい指導で体調を崩し、自殺。会社側がパワハラを認める
令和3年2月	電気機器メーカーの男性新入社員の自殺問題で労働基準監督署が労災を認定
令和3年6月	輸送用機器メーカーが平成29年に自殺した男性社員の遺族側と和解していたことが判明
令和3年7月	洋菓子メーカーが、平成28年に長時間労働、パワハラで自殺し労災認定を受けていた男性社員の遺族と示談したことが判明

令和3年6月、安福　愼一作成

制度の概要と運用」を参照）、事象が生じる前の取組み、すなわち予防するという事前の取組みであり、リスクマネジメントの対応としても重要な位置づけをもつものです。事業者、また担当する医師や保健師等の関係者をはじめとして企業内でこれに関わるものは、制度の定着、予防効果を最大限に発揮させるよう努めることが重要です。

　ストレスチェック制度は、メンタルヘルス不調の労働者を把握することが目的ではありません。定期的に労働者のストレスの状況について検査を行い、本人にその結果を通知して労働者自身のストレスへの気づきを促して、個人のメンタルヘルス不調のリスクを低減させるとともに、検査結果を集団ごとに集計・分析し、職場におけるストレス要因を評価して、職場改善につなげることでストレス要因そのものを低減させて、働きやすい職場づくりを進めることにあります。さらにそれらを進めるなかで、メンタルヘルス不調のリスクの高い労働者を早期に発見し、医師による面接指導につなげることで、労働者がメンタルヘルス不調となることを未然に防止する、いわゆる一次予防を主な目的にしているのです。

　法は、事業者にストレスチェック及び面接指導の実施の義務を課し、労働者には義務は課さないが特別な理由がない限りすべての労働者がストレスチェックを受けることが望ましいとしています。実施した結果の記録や保存についても法に基づいて管理することになりますが、情報そのものは労働者個人の情報であることから、事業者は個人情報保護に十分配慮したうえで、適切に行われるよう必要な措置をとって扱わなければならないことが求められています。

　メンタルヘルスという極めて機微な個人情報を事業者に義務を課して行う本制度は、運用の過程でもさまざまなリスクを持つ制度であることから、制度全体のなかで節目節目での細かな注意事項の取決めが必要になるため、実施の手引き書として「労働安全衛生法に基づくストレスチェック制度実施マニュアル」が公表されています。詳細はそれに譲りますが、リスクマネジメントにおいても大変重要な事項が記載されています。

⑵　ストレスチェックの調査の項目

　ストレスチェックの調査票は、衛生委員会等の審議を経て事業者が決定しますが、法では①仕事のストレス要因、②心身のストレス反応、③周囲のサポートの３領域のすべてを含むことが必要とされています。

　３領域のうち、「②心身のストレス反応」についての項目は多くの企業で健康診断の際に自覚症状調査のような形で取り入れられ、個人の健康管理に役立てられてきました。「①仕事のストレス要因」や「③周囲のサポート」に関する項目は、従来は個別企業が、例えば「働きやすい職場づくり」、「職場風土の改善」、「風通しの良い職場づくり」と称して調査し、職場の改善として取り組むことの多かった内容です。どちらかといえば、「①仕事のストレス要因」や「③周囲のサポート」に関する項目は、「１　メンタルヘルスと企業の社会的責任」の項で述べたＣＳＲの観点で企業が取り組んでいる内容であるといえます。

　ストレスチェック制度は、これらを組み込んだ内容としています。メンタルヘルスの問題が、時代背景も含め企業が取り組むべき大きな課題になっていることの証でもあるのです。

　ストレスチェックの実施結果を活用するために、調査項目は事前に十分に審議しておく必要があります。必要なら個別企業独自の項目も選定して追加します。労働者の個別結果

はセルフケアへの活用に生かされることになりますが、労働者の同意が得られれば職場環境改善に活用することも可能です。個別結果も個人情報保護、プライバシーに配慮しながら集団ごとの集計・分析との併用でどこまで職場改善につなげられるかを検討しておくことが重要でしょう。個人情報の保護の取扱いについては、次項で述べる労災認定の項とも関連するので、別の項で触れることにします。

　一方、集団ごとの集計・分析の結果は、労働者個人の同意取得が不要であり、個人が特定できない集団単位で事業者が活用できることから、企業のリスクマネジメントには非常に有用なものになります。

⑶　ストレスチェック制度と企業風土（文化）、職場風土（文化）

　ストレスチェック制度の根幹をなすもので一番大事なことは、この制度を活用して個人がメンタルヘルス不調のリスクを低減させる努力をしたり、事業者が職場環境を改善してより健康で働きやすい職場づくりをしようとするために、個々人が所属する企業風土（文化）、職場風土（文化）を醸成することです。

　ストレスチェック制度の運用の基点は、何といってもストレスチェックの調査票に記載された内容が事実であること、信頼できるものでなくてはなりません。法で義務づけられているから実施するという法令順守の姿勢だけでは制度そのものが形骸化してしまうでしょう。また、個人情報が保護されなかったり、結果が説明されなかったり、改善につながらないことが重なると「すべての労働者が受検することが望ましい」とされるストレスチェック制度そのものの運用も危ういものになりかねないのです。

　事業主と労働者双方に意味ある制度にするためには、健康の問題が何ものにも勝る優先度を持つという企業風土（文化）や職場風土（文化）を醸成しておくことが必要不可欠です。

4　精神障害等の労災認定
⑴　労災認定の認定基準の見直しと労災補償の状況

　平成11年9月に出された労働省労働基準局長通達「心理的負荷による精神障害等に係る業務上外の判断指針について」（平成11年9月14日基発544号・545号）は、平成23年12月に「心理的負荷による精神障害の認定基準」（平成23年12月26日基発1226第1号）に改正されたことにより、労災認定の心理的負荷評価表が分かりやすく整理されて、いじめやセクシュアルハラスメントのように出来事が繰り返されるものについても、開始時からすべての行為が評価の対象にされてきました。それ以降も、働き方の多様化が進み、労働者を取り巻く職場環境が変化するなど社会情勢も大きな変化を続けています。

　これらの変化に合わせて、前述したように「労働施策の総合的な推進並びに労働者の雇用の安定及び職業生活の充実等に関する法律（労働施策総合推進法）」等が改正され、令和2年6月から職場におけるパワーハラスメントの防止対策が法制化されて、パワーハラス

メントの定義が法律上規定され、事業主に防止措置を講じることが義務づけられました。精神障害の労災認定の基準は、専門検討会が設置されて認定基準別表1「業務による心理的負荷評価表」の見直しの検討が行われました。

　その検討結果をふまえて令和2年8月に、厚生労働省労働基準局長通達「心理的負荷による精神障害の労災認定基準について」（令和2年8月21日基発0821第4号）により改正されました。「業務による心理的負荷評価表」に、パワーハラスメントの追加等が行われ、基準の具体化、明確化が図られ、請求の容易化や審査の迅速化が図られることになりました。

　改正のポイントと「業務による心理的負荷評価表」の改正部分を**表2－4**に示します。

　一方、厚生労働省は、平成13年12月に脳・心臓疾患の業務上外の判断基準を変更して運用してきましたが、令和3年7月に「脳・心臓疾患の労災認定の基準に関する専門検討会」がまとめた報告書をふまえて、令和3年9月に「血管病変等を著しく増悪させる業務による脳血管疾患及び虚血性心疾患等の認定基準」（令和3年9月14日基発0914第1号）に改正しました。

　改正の概要を**表2－5**に示しますが、その内容は、近年の医学的知見をもとに残業以外の要因を整理し、負荷が重い不規則勤務として、拘束時間の長い勤務、休日がない連続勤務、終業と次の始業までの「勤務間インターバル」が短い勤務などを具体的に例示し、従来残業時間のみで判断されやすかった部分の見直しをしています。また、精神的緊張の記載はハラスメントに変更してほかの法改正に合わせた明記をしています。厚生労働省は、20年ぶりに改正した判断基準で運用することになります。

　厚生労働省は平成14年以降「過労死等の労災補償状況」をまとめて公表しています。「過労死等」は、過労死等防止対策推進法第2条において「業務における過重な負荷による脳血管疾患若しくは心臓疾患を原因とする死亡若しくは業務における強い心理的負荷による精神障害を原因とする自殺による死亡又はこれらの脳血管疾患若しくは心臓疾患若しくは精神障害」と定義されて運用されていますが、脳・心臓疾患と精神障害の双方の判断基準に共通する業務上の負荷の内容が接近していることを理解しておかなければなりません。

　図2－1に、最近の精神障害にかかる労災請求・決定件数の状況を示しますが、請求件数、決定件数、支給決定件数のいずれも徐々に増加していることが分かります。

⑵　心理的負荷による精神障害の現状と認定基準のポイント

　現在、「心理的負荷による精神障害の労災認定」の評価は、パワーハラスメント等が見直された令和2年6月に厚生労働省労働基準局長通達「心理的負荷による精神障害の認定基準の改正について」（令和2年5月29日基発0529第1号）によって判断が行われています。

ア　職場でのストレスの現状

　厚生労働省の「労働安全衛生調査（実態調査）」（令和2年）によれば、現在の仕事や職業生活に関することで、強い不安やストレス（以下「ストレス」という。）となってい

表2－4　「心理的負荷による精神障害の労災認定」の改正

変更のポイント

　これからは、職場における人間関係の優越性等に注目した上で、より適切に評価し得る「具体的出来事」に当てはめ、心理的負荷を判断することになります。

今まで　上司や同僚等から、嫌がらせ・いじめや暴行を受けた場合、「(ひどい)嫌がらせ、いじめ、又は暴行を受けた」という具体的出来事に当てはめて評価していました。

優位性「なし」　　　　　　　　　　　　　　優位性「あり」

次の各具体的出来事に当てはめる

これから

「同僚等から、暴行又は(ひどい)いじめ・嫌がらせを受けた」

「上司等[※]から、身体的攻撃、精神的攻撃等のパワーハラスメントを受けた」

※「上司等」とは
　職務上の地位が上位の者のほか、「同僚又は部下であっても、業務上必要な知識や豊富な経験を有しており、その者の協力が得られなければ業務の円滑な遂行を行うことが困難な場合」、「同僚又は部下からの集団による行為でこれに抵抗または拒絶することが困難である場合」を含みます。

「業務による心理的負荷評価表」（改正該当部分）

出来事の類型	具体的出来事	平均的な心理的負荷の強度 I	II	III	心理的負荷の総合評価の視点	心理的負荷の強度を「弱」「中」「強」と判断する具体例 弱	中	強
29 ⑤パワーハラスメント	上司等から、身体的攻撃、精神的攻撃等のパワーハラスメントを受けた			☆	・指導・叱責等の言動に至る経緯や状況 ・身体的攻撃、精神的攻撃等の内容、程度等 ・反復・継続など執拗性の状況 ・就業環境を害する程度 ・会社の対応の有無及び内容、改善の状況 (注)当該出来事の評価対象とならない対人関係のトラブルは、出来事の類型「対人関係」の各出来事で評価する。 (注)「上司等」には、職務上の地位が上位の者のほか、同僚又は部下であっても、業務上必要な知識や豊富な経験を有しており、その者の協力が得られなければ業務の円滑な遂行を行うことが困難な場合、同僚又は部下からの集団による行為でこれに抵抗又は拒絶することが困難である場合も含む。	【解説】 上司等による身体的攻撃、精神的攻撃等が「強」の程度に至らない場合、心理的負荷の総合評価の視点を踏まえて「弱」又は「中」と評価 【「弱」になる例】 ・上司等による「中」に至らない程度の身体的攻撃、精神的攻撃等が行われた場合	【「中」になる例】 ・上司等による次のような身体的攻撃・精神的攻撃が行われ、行為が反復・継続していない場合 ▶治療を要さない程度の暴行による身体的攻撃 ▶人格や人間性を否定するような、業務上明らかに必要性がない又は業務の目的を逸脱した精神的攻撃 ▶必要以上に長時間にわたる叱責、他の労働者の面前における威圧的な叱責など、態様や手段が社会通念に照らして許容される範囲を超える精神的攻撃	○上司等から、身体的攻撃、精神的攻撃等のパワーハラスメントを受けた 【「強」である例】 ・上司等から、治療を要する程度の暴行等の身体的攻撃を受けた場合 ・上司等から、暴行等の身体的攻撃を執拗に受けた場合 ・上司等による次のような精神的攻撃が執拗に行われた場合 ▶人格や人間性を否定するような、業務上明らかに必要性がない又は業務の目的を大きく逸脱した精神的攻撃 ▶必要以上に長時間にわたる厳しい叱責、他の労働者の面前における大声での威圧的な叱責など、態様や手段が社会通念に照らして許容される範囲を超える精神的攻撃 ・心理的負荷としては「中」程度の身体的攻撃、精神的攻撃等を受けた場合であって、会社に相談しても適切な対応がなく、改善されなかった場合
30 ⑥対人関係	同僚等から、暴行又は(ひどい)いじめ・嫌がらせを受けた			☆	・暴行又はいじめ・嫌がらせ内容、程度等 ・反復・継続など執拗性の状況 ・会社の対応の有無及び内容、改善の状況	【解説】 同僚等による暴行又はいじめ・嫌がらせが「強」の程度に至らない場合、心理的負荷の総合評価の視点を踏まえて「弱」又は「中」と評価 【「弱」になる例】 ・同僚等から、「中」に至らない程度の言動を受けた場合	【「中」になる例】 ・同僚等から、治療を要さない程度の暴行を受け、行為が反復・継続していない場合 ・同僚等から、人格や人間性を否定するような言動を受け、行為が反復・継続していない場合	○同僚等から、暴行又はひどいいじめ・嫌がらせを受けた 【「強」である例】 ・同僚等から、治療を要する程度の暴行等を受けた場合 ・同僚等から、暴行等を執拗に受けた場合 ・同僚等から、人格や人間性を否定するような言動を執拗に受けた場合 ・心理的負荷としては「中」程度の暴行又はいじめ・嫌がらせを受けた場合であって、会社に相談しても適切な対応がなく、改善されなかった場合

出典：厚生労働省「精神障害の労災認定基準に『パワーハラスメント』を明示します」

表2－5　「脳・心臓疾患の労災認定の基準の改正」の背景と改正のポイント

改正の背景
　業務による過重負荷を原因とする脳血管疾患及び虚血性心疾患等については、平成13年12月に改正した「脳血管疾患及び虚血性心疾患等（負傷に起因するものを除く。）の認定基準」に基づき労災認定を行っていたが、改正から約20年が経過する中で、働き方の多様化や職場環境の変化が生じていることから、最新の医学的知見を踏まえて、「脳・心臓疾患の労災認定の基準に関する専門検討会」において検証等を行い、令和3年7月16日に報告書が取りまとめられたことを受けて、認定基準の改正を行った。

改正のポイント

●業務の過重性の評価

改正前の基準を維持

長期間の過重業務

労働時間
・発症前1カ月間に100時間または2～6カ月間平均で月80時間を超える時間外労働は、発症との関連性は強い
・月45時間を超えて長くなるほど、関連性は強まる
・発症前1～6カ月間平均で月45時間以内の時間外労働は、発症との関連性は弱い

労働時間以外の負荷要因
・拘束時間が長い勤務
・出張の多い業務など

新たに認定基準に追加

長期間の過重業務

■労働時間と労働時間以外の負荷要因を総合評価して労災認定することを明確化
　左記の水準には至らないがこれに近い時間外労働　＋　一定の労働時間以外の負荷　｝業務と発症との関連が強いと評価することを明示

■労働時間以外の負荷要因を見直し
　・勤務間インターバルが短い勤務　・身体的負荷を伴う業務など　｝評価対象として追加

短期間の過重業務・異常な出来事

■業務と発症との関連性が強いと判断できる場合を明確化
　→「発症前おおむね1週間に継続して深夜時間帯に及ぶ時間外労働を行うなど過度の長時間労働が認められる場合」等を例示

●対象疾病：認定基準の対象疾病に「重篤な心不全」を追加

出典：厚生労働省「脳・心臓疾患の労災認定基準の改正概要」

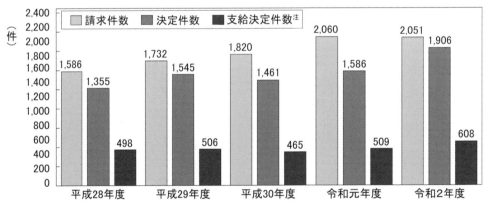

注　「決定件数」は、当該年度内に業務上または業務外の決定を行った件数で、当該年度以前に請求があったものを含む。
　　「支給決定件数」は、決定件数のうち「業務上」と認定した件数である。

図2－1　精神障害にかかる労災請求・決定件数の推移

出典：厚生労働省、職業病認定対策室調

ると感じる事柄がある労働者の割合は54.2％で半数を超えています。ストレスとなっていると感じる事柄がある労働者について、その内容（主なもの3つ以内）を見ると、

「仕事の量」が42.5％と最も多く、次いで「仕事の失敗、責任の発生等」が35.0％、「仕事の質」が30.9％となっています。「対人関係（セクハラ・パワハラを含む）」も27.0％でこれらに次いで多くなっており、取組みの必要性、労災認定基準の見直しにつながっていることを裏付けています。

　ストレスの内容を年齢階級で見てみると、「仕事の量」では50〜59歳、40〜49歳、30〜39歳の順で割合が多くなっており、「仕事の失敗、責任の発生等」では20歳未満、20〜29歳、40〜49歳の順、「仕事の質」では50〜59歳、30〜39歳、40〜49歳の順になっており年齢階級で違いがみられます。性別で見てみると、男性では「仕事の量」、「仕事の失敗、責任の発生等」、「仕事の質」、「会社の将来性」、「対人関係（セクハラ・パワハラを含む）」の順であるが、女性では「仕事の量」、「仕事の失敗、責任の発生等」、「対人関係（セクハラ・パワハラを含む）」、「仕事の質」の順となり、「仕事の質」と「対人関係（セクハラ・パワハラを含む）」が逆転しています。

　表2−6は、令和3年6月に公表された「精神障害等の出来事別決定及び支給決定件数一覧」です。令和2年度から「出来事の類型」に「パワーハラスメント」が設けられ、「具体的な出来事」に「上司等から、身体的攻撃、精神的攻撃等のパワーハラスメントを受けた」の項目が設けられましたが、決定件数では「出来事の類型」の「6　対人関係」の「上司とのトラブルがあった」、「3　仕事の質・量」の「仕事内容・仕事量の変化を生じさせる出来事があった」に次いで3番目に多い項目になっており、また、支給決定件数では1番多い項目になっています。「5　パワーハラスメント」、「6　対人関係」は、どちらも人対人の関係から生じているもので、事実の認定などを定量的に整理することに困難を伴うことが多く、多くの事例・判例は予防的なメンタルヘルスの取組みの大切さを示唆しています。

　厚生労働省ハラスメント対策の総合情報サイト「あかるい職場応援団」（https://www.no-harassment.mhlw.go.jp/）では、他社事例や裁判事例を紹介しています。

イ　認定基準のポイント
㋐　業務による心理的負荷評価表
　業務による強い心理的負荷が認められるか否かの判断の基本となるものとして、「業務による心理的負荷評価表」（以下、「評価表」という）（別添資料6、別表1、別表2を参照）が示されています。評価表では、業務による強い心理的負荷が認められるものを心理的負荷の総合評価が「強」と表記し、業務による強い心理的負荷が認められないものを「中」または「弱」と表記しています。

　なお、「弱」は、日常的に経験する一般的に弱い心理的負荷しか認められないものであり、「中」は、経験の頻度はさまざまであって、「弱」よりは心理的負荷があるものの、強い心理的負荷とは認められないものです。

表 2 － 6　精神障害等の出来事別決定及び支給決定件数一覧

出来事の類型	具体的な出来事 注1	令和元年度		令和2年度	
		決定件数	うち支給決定件数	決定件数	うち支給決定件数
1　事故や災害の体験	（重度の）病気やケガをした	72	28	127（ 38）	50（ 8）
	悲惨な事故や災害の体験、目撃をした	94	55	120（ 65）	83（ 43）
2　仕事の失敗、過重な責任の発生等	業務に関連し、重大な人身事故、重大事故を起こした	10	5	7（ 2）	2（ 1）
	会社の経営に影響するなどの重大な仕事上のミスをした	21	7	27（ 11）	6（ 1）
	会社で起きた事故、事件について、責任を問われた	9	5	9（ 1）	4（ 1）
	自分の関係する仕事で多額の損失等が生じた	4	0	0（ 0）	0（ 0）
	業務に関連し、違法行為を強要された	12	1	8（ 3）	4（ 2）
	達成困難なノルマが課された	19	4	16（ 6）	1（ 0）
	ノルマが達成できなかった	6	1	3（ 3）	0（ 0）
	新規事業の担当になった、会社の建て直しの担当になった	11	5	9（ 2）	3（ 1）
	顧客や取引先から無理な注文を受けた	11	4	9（ 3）	0（ 0）
	顧客や取引先からクレームを受けた	29	5	42（ 23）	11（ 5）
	大きな説明会や公式の場での発表を強いられた	1	0	0（ 0）	0（ 0）
	上司が不在になることにより、その代行を任された	3	2	4（ 2）	0（ 0）
3　仕事の量・質	仕事内容・仕事量の（大きな）変化を生じさせる出来事があった	207	68	190（ 58）	58（ 17）
	1か月に80時間以上の時間外労働を行った	54	32	52（ 8）	31（ 3）
	2週間以上にわたって連続勤務を行った	63	42	64（ 15）	41（ 11）
	勤務形態に変化があった	1	1	1（ 1）	0（ 0）
	仕事のペース、活動の変化があった	2	0	3（ 2）	0（ 0）
4　役割・地位の変化等	退職を強要された	26	6	19（ 5）	5（ 0）
	配置転換があった	55	13	63（ 23）	6（ 0）
	転勤をした	14	5	21（ 3）	5（ 1）
	複数名で担当していた業務を1人で担当するようになった	10	5	12（ 5）	4（ 1）
	非正規社員であるとの理由等により、仕事上の差別、不利益取扱いを受けた	12	2	11（ 4）	3（ 1）
	自分の昇格・昇進があった	4	0	4（ 1）	0（ 0）
	部下が減った	1	0	0（ 0）	0（ 0）
	早期退職制度の対象となった	1	0	1（ 0）	0（ 0）
	非正規社員である自分の契約満了が迫った	3	0	2（ 0）	0（ 0）
5　パワーハラスメント	上司等から、身体的攻撃、精神的攻撃等のパワーハラスメントを受けた 注2			180（ 82）	99（ 43）
6　対人関係	同僚等から、暴行又は（ひどい）いじめ・嫌がらせを受けた 注3	174	79	128（ 80）	71（ 45）
	上司とのトラブルがあった	294	21	388（211）	14（ 2）
	同僚とのトラブルがあった	91	5	89（ 57）	7（ 5）
	部下とのトラブルがあった	13	1	16（ 7）	2（ 1）
	理解してくれていた人の異動があった	5	1	2（ 0）	0（ 0）
	上司が替わった	5	1	0（ 0）	0（ 0）
	同僚等の昇進・昇格があり、昇進で先を越された	0	0	1（ 1）	0（ 0）
7　セクシュアルハラスメント	セクシュアルハラスメントを受けた	84	42	90（ 85）	44（ 41）
8　特別な出来事 注4		63	63	54（ 23）	54（ 23）
9　その他 注5		102	0	134（ 57）	0（ 0）
合　計		1586	509	1906（887）	608（256）

注1　「具体的な出来事」は、平成23年12月26日付け基発1226第1号「心理的負荷による精神障害の認定基準について」別表1による（令和2年8月21日付け基発0821第4号による改正後のもの）。
　　2　「上司等から、身体的攻撃、精神的攻撃等のパワーハラスメントを受けた」は、令和2年5月29日付け基発0529第1号により新規に追加された項目である。
　　3　「同僚等から、暴行又は（ひどい）いじめ・嫌がらせを受けた」は、令和2年5月29日付け基発0529第1号により修正された項目で、令和2年度においては改正前の認定基準における具体的な出来事「（ひどい）嫌がらせ、いじめ、又は暴行を受けた」で評価した件数も含むものである。
　　4　「特別な出来事」は、心理的負荷が極度のもの等の件数である。
　　5　「その他」は、評価の対象となる出来事が認められなかったもの等の件数である。
　　6　自殺は、未遂を含む件数である。
　　7　（　）内は女性の件数で、内数である。
出典：厚生労働省、補償課職業病業務認定対策室調

(イ)　評価表の出来事等の見直し

　厚生労働省が平成22年に行った「ストレス評価に関する調査研究」の結果に基づき、それまで評価表に示す出来事の平均的な心理的負荷の強度が見直されました。またこれと併せて、各請求事案における「具体的出来事」への当てはめを容易にさせる観点から、類似性や労災請求の頻度、職場環境上多い心理的負荷などを勘案し、項目の統合、追加などが行われました。

　令和2年6月から職場におけるパワーハラスメントの防止対策が法制化されて、パワーハラスメントの定義が法律上規定され、事業主に防止措置を講じることが義務づけられました。これに合わせて、令和2年8月に厚生労働省労働基準局長通達「心理的負荷による精神障害の労災認定基準について」（令和2年8月21日基発0821第4号）が改正されて、「業務による心理的負荷評価表」には、パワーハラスメントの見直しが行われました。

　これまで、上司や同僚等から、嫌がらせ、いじめ、暴行を受けた場合には、「（ひどい）嫌がらせ、いじめ、又は暴行を受けた」の出来事で評価していましたが、「具体的出来事」等に「パワーハラスメント」を追加し、「パワーハラスメント」に当たらない暴行やいじめ等については文言を「同僚等から、暴行又は（ひどい）いじめ・嫌がらせを受けた」に修正を行いました。なお従前から「セクシュアルハラスメント」については、「対人関係のトラブル」から独立した類型と位置づけられて運用されています。

(ウ)　評価表の考え方

　評価表は「特別な出来事」とそれ以外の「具体的出来事」の大きく2つからなります。
① 　特別な出来事の評価

　出来事それ自体の心理的負荷が極めて大きいため、出来事後の状況に関係なく強い心理的負荷を与えると認め得るものは、「心理的負荷が極度のもの」と整理されました。

　また、数週間にわたり生理的に必要な最小限度の睡眠時間を確保できない状況をその期間における労働時間数として示し、「極度の長時間労働」として強い心理的負荷を与えると認めうる出来事とされました。これらは、その事実が認められればその事実のみで心理的負荷を「強」と判断できる「特別な出来事」として評価表の冒頭に掲げられました。

② 　特別な出来事以外の評価

　「特別な出来事」に該当しない場合には、「具体的出来事」により心理的負荷の強度を検討することになります。専門検討会では、従来の「出来事」及び「出来事後の状況が持続する程度」を別々に評価する方法を、一括して評価する方法に改めることとし、評価表はそれに対応したものになっています。このため評価表では、出来事自体の内容、出来事ごとに一般的に起こる「出来事後の状況」など、その出来事に伴う業務

による心理的負荷の強さを総合的に評価するための視点を明示し、これらの全体を検討して、具体的な出来事ごとに心理的負荷を「強」、「中」、「弱」の三段階で評価するものとされています。

さらに、具体的出来事の内容にかかわらず、総合評価に際して共通に検討する事項として、①出来事後の状況の評価に共通の視点、②恒常的長時間労働が認められる場合の総合評価の取扱いが別掲されました。

㈎　業務以外の心理的負荷及び個体側要因の評価

精神障害の業務起因性は、業務以外の心理的負荷または個体側要因によって発病したことが明らかな場合には否定されます。

ただし、実際の労災請求事案において、業務による強い心理的負荷が認められたにもかかわらず、業務以外の心理的負荷または個体側要因により発病したとして業務外と判断されたものはほとんどなく、審査の迅速化、請求人の負担軽減を図る観点から、可能な限り簡略化することが適当と判断されました。

認定基準のポイントについて解説してきましたが、精神障害のフローチャートは、図2－2のとおりです。

5　メンタルヘルス対策に関する個人情報保護の取扱い

労働安全衛生法において、事業者は、労働者の健康管理情報を取り扱うことが規定され、労働者の健康の保持増進を図るために必要な措置を継続的・計画的に講ずるよう努めなければならないとされています。また、事業者の義務として、第66条で「健康診断の実施」、第66条の3で「その結果の記録」、第66条の4で「結果について医師等からの意見聴取」、第66条の5で「実施後の措置」、第66条の6「結果の通知」、第66条の7「保健指導等」、第66条の8で「面接指導等」、第66条の10「心理的な負担の程度を把握するための検査等」等、何条にもわたって具体的な実施内容を示しています。一方で、労働者に対して、第66条で「健康診断の受診」、第66条の8で「面接指導」の義務を課しています。

さらに、事業者には、労働者を使用する者として前述の民事上の安全配慮義務を果たすことが期待されていることから、法の許す範囲で労働者の健康状態、病歴に関する情報など健康管理情報を幅広く収集して得られた情報を総合的に判断して、必要な就業場所の変更、労働時間の短縮等の対策に反映させることも求められています。

〔個人情報の保護への配慮〕

労働者の健康情報は、個人情報保護の観点から、その取扱いには十分な配慮が必要です。個人情報保護に関しては、平成15年に「個人情報の保護に関する法律」が成立し、平成

精神障害の労災認定フローチャート

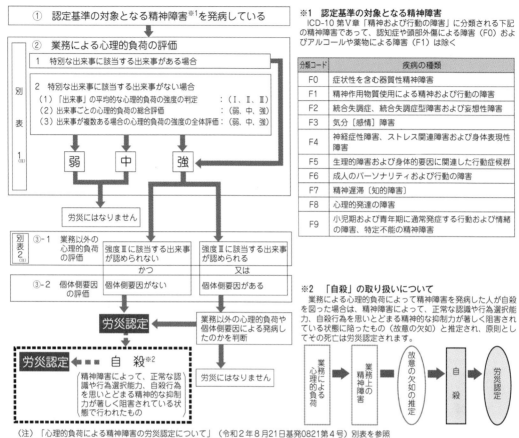

図2－2　精神障害の労災認定フローチャート

17年から施行されました。さらに、この法律は平成27年に大幅な改正が行われ、平成29年5月に全面施行されています。

　この法律の目的は、個人情報の適正な取扱いに関し、①基本理念及び政府による基本方針の作成その他の個人情報の保護に関する施策の基本となる事項を定め、国及び地方公共団体の責務を明らかにする、②個人情報を取り扱う事業者の遵守すべき義務等を定めることにより、個人情報の適正かつ効果的な活用が新たな産業の創出並びに活力ある経済社会及び豊かな国民生活の実現に資する、③その他の個人情報の有用性に配慮しつつ、個人の権利利益を保護する、ことです。この法律に基づいて、具体的な労働者の個人情報の取扱いについて、個別に関係省庁からガイドラインや事例が示されています。個人情報の取扱いは、社会情勢の変化、国民の意識の変化、技術動向の変化等諸環境の変化を受けて必要に応じて見直されており、近年の雇用の分野においては、「雇用管理分野における個人情報保護に関するガイドライン」（平成27年厚生労働省告示第454号）として示されています。

雇用される労働者の健康情報はその取扱いに最も配慮が必要なので、さらに「雇用管理分野における個人情報のうち健康情報を取り扱うに当たっての留意事項について」（平成29年5月厚生労働省労働基準局長通達）として示されています（**別添資料7**）。なお、この健康情報の取扱いに関しては、旧通達「雇用管理に関する個人情報のうち健康情報を取り扱うに当たっての留意事項」（平成24年6月厚生労働省労働基準局長通達）における規律水準と比較して変更はなく、これまでと同様の留意事項となっています。

　さらに、「働き方改革関連法」による改正後の労働安全衛生法第104条第3項に基づき、「労働者の心身の状態に関する情報の適正な取扱いのために事業者が講ずべき措置に関する指針」が策定され、公表されています（**別添資料8**、平成31年4日1日適用）。同指針の内容に沿い、事業者は、労働者の心身の状態に関する情報を適正に管理することが求められます。

　これらの法令、ガイドライン等は、事業者が個人情報の適正な取扱いを行うためのルールです。事業者の委託あるいは指示を受けて個人の健康情報を取り扱うスタッフは、このルールを守ることが必要です。

　注意すべきポイントは次のとおりです。

① 利用目的を明確にし、それ以外の目的には使わない。あらかじめその旨を周知しておく。

② 目的外使用については本人の同意を得る。

③ 情報の収集は本人から行う。第三者からの情報についても本人の同意を得た者からの情報であることが必要である。

④ 保有個人情報の第三者への提供には本人の同意が必要である。

⑤ 本人からの開示要求、訂正要求などの手続きを定め、それに応じる。

⑥ 従業員や委託先を監督するとともに、情報を安全に管理するための措置を行う。

⑦ 産業医等が、相談窓口や面接指導等により、知り得た健康情報を含む労働者の個人情報を事業者等に提供する場合には、提供する情報の範囲と提供先を必要最小限とする。

⑧ 産業医等は、当該労働者の健康を確保するための就業上の措置を実施するために必要な情報が的確に伝達されるように、集約・整理・解釈するなど適切に加工したうえで事業者等に提供する。

⑨ 労働者のメンタルヘルスに関する個人情報のうち、診断名や検査値等の生データの取扱いについては、産業医や保健師等に行わせることが望ましい。特に誤解や偏見を生じるおそれのある精神障害を示す病名に関する情報は、慎重に取り扱うことが必要である。

⑩ 個人情報を取り扱う者及びその権限、取り扱う情報の範囲、個人情報管理責任者の選任、事業場内産業保健スタッフによる生データの加工、個人情報を取り扱う者の守

　秘義務等について、あらかじめ事業場内の規程等により取り決めることが望ましい。

　職場のメンタルヘルス対策を推進することは事業者に課された責務です。メンタルヘルス対策を進めるためには、個人のメンタルヘルスに関する正確な情報の収集が必要です。事業者は何らかの方法で情報を集め、それを管理しなければなりません。メンタルヘルスに関する情報は、健康情報のなかでもプライバシーにかかわる部分の大きい情報です。その際のルールが個人情報保護法として明確化されたということです。制限がたくさんあって面倒な感じもしますが、個人が「自分の情報は自分で管理する」ことを前提とすれば、こうした対処が欠かせないことも明らかです。一番大切なことは、何らかの方法で「本人の同意を得る」ことであると考えてください。

【参考文献】

1）荒井　稔「職場での対人関係やハラスメントなどによるストレスの現状と新たな労災認定基準のポイント」『安全と健康』、2012年63巻2号、pp.17-23

第3章
ストレス及びメンタルヘルスケア に関する基礎知識

Chapter 3

1　ストレスについて
⑴　働く人の健康とストレス
ア　ストレスとは

　ストレスという言葉は、もともと物体に外力が作用したときに生じるその物体の歪みを指す工学の用語でした。この言葉を借りて、「外からの刺激による生体側の歪みと、その刺激に対抗して歪みを元に戻そうとする生体側の反応」をストレスと呼ぶようになったのです。

　分かりやすくするために、心をゴムボールにあてはめて考え、そのボールが指で押された状態を思い浮かべてみましょう。図3－1のように、ボールを軽く指で押さえつける場合は、弾力性によってすぐに元に戻ります。しかし、強い力で押し続けると、ボールは大きくへこみ、歪んでしまいます。このとき、歪みを生じさせる指の力を「ストレス要因」（ストレッサー）、歪んだ状態を「ストレス反応」と呼びます。すぐに元に戻れる状態を「ストレス耐性」があるとも表現します。一般的には、ストレス要因、ストレス反応、そして、元の状態に戻ろうとする反応を、併せてストレスと呼んでいます。

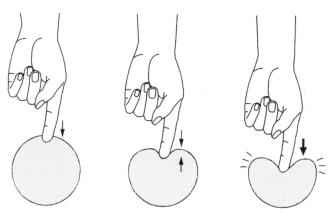

図3－1　ストレスとは

　(ア)　ストレス要因

　ストレスを生じさせる外界からの刺激を「ストレス要因」（ストレッサー）と呼びます。ゴムボールの場合は、上から押さえつける指の力がストレス要因でした。

　ストレス要因にはさまざまなものがあります。大きく分けると、物理・化学・生物学的要因と社会的要因に分けられ、労働者は、この双方に対応することが必要となります。基本的に、社会的要因は、特に不安、焦燥、怒り、抑うつといった心の変化を起こす心理的ストレス要因につながりやすいことからメンタルヘルス対策として重要となります。

　ただ、生物学的要因の一つである新型コロナウイルス感染症の感染拡大がもたらした影響はきわめて大きく、防止策としての「3密（密閉・密集・密接）」を避ける日常生活や、テレワークの導入による働き方の変化は、労働者の心理的ストレス要因にも大いにつながっているため、必要な対策が求められます。

　心理的ストレス要因の主なものとして**表3-1**に示したものがあげられます。

　この心理的ストレス要因の特徴は、その強さを客観的に測ることが難しく、ストレス要因に対するストレス反応の個人差が非常に大きいことです。

　(イ)　ストレス反応

　ストレス要因である刺激を受けると、ヒトにはその刺激に対抗して、身体面、心理面、行動面にいろいろな反応が生じます（図3-2）。この反応を「ストレス反応」と呼びます。ゴムボールの場合は、元の状態に戻ろうとすることや、歪んだままになってしまうことがストレス反応でした。しかしながら、ストレス要因によって私たちの身体にこのような反応が起こっていても、私たち自身はそれになかなか気がつかないものです。

表3-1　さまざまな心理的ストレス要因

職場での出来事	職場以外での出来事
・仕事上の失敗や重い責任の発生 ・仕事の質・量の変化 　　長時間労働、IT化など ・役割・地位の変化 　　昇進・降格・配置転換・出向・役職定年など ・人間関係の問題 　　上司や部下との対立、ハラスメントなど ・事故や災害の体験 　　職場の事故によるけがや病気など ・働き方や組織運営の変化 　　成果主義、テレワークの導入など	・自分の出来事 　　家庭内不和、離婚、恋愛問題、病気、住環境の変化など ・自分以外の出来事 　　家族・親族・友人の死や病気、引きこもり、非行など ・金銭問題 　　多額の借金・損失、ローン・収入減など ・事件・事故・災害の体験 　　天災、事故、法律違反など ・個人的な人間関係の問題

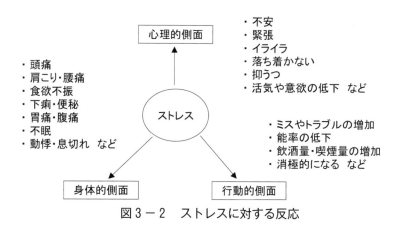

図３－２　ストレスに対する反応

イ　ストレスと健康

　ストレスには、悪いイメージがありますが、生きていくためには避けられないものです。このストレスがうまくコントロールできれば、むしろ能率は上がり、達成感を得られて、快適に過ごすことができます。しかし、そのストレスが良いか悪いかは個人の性格やそのときの状態によっても異なり、対処によっては、健康障害に結びつくこともあります。

　生体は、私たちヒトを含めて、皮膚と粘膜によって外界から隔離され個体として独立していますが、酸素と栄養を常に外界から取り入れ、体内でできた不要な物質を体外に排泄することによって生命を維持しています。その個体の生命を維持するためには、外界の変化に対して自己の内部環境を一定に保つことが必要です。この「外界に対して自己の内部環境を一定に保とうとする」生体の自律的な機能を「ホメオスターシス」と呼んでいます。

　ホメオスターシスは、生体とそれを取り巻く外界との物質・エネルギー・情報の絶え間ない交換によって維持されている動的な平衡状態であるということができます。そして医学では、ホメオスターシスが維持されている状態を健康と考えるのが一般的であり、ストレスは、ホメオスターシスを混乱させる要因として位置づけられているのです。

　ストレス要因のなかで、不安、焦燥、怒り、抑うつといった心理的側面の変化を主として起こすものを心理的ストレス要因と呼ぶことはすでに述べたとおりですが、心理的ストレス要因によって生じるストレス反応は心理的側面に限定して現れるとは限りません。身体的側面や行動的側面の反応を伴うことも少なくありません。

　心理的ストレス要因によって生じる身体症状としては、睡眠障害、胃潰瘍、便通異常（便秘・下痢）、食欲低下、気管支喘息、痛み（頭痛・腰痛・胸痛・腹痛・全身痛など）、四肢のしびれ、めまい、動悸、過呼吸、円形脱毛、インポテンス、倦怠感、微熱などがよく知られています。これらの身体症状の多くは、もちろん身体的な原因で起こるものですが、その一部に心理的要因が大きく影響しているものがあります。ちなみに、心身

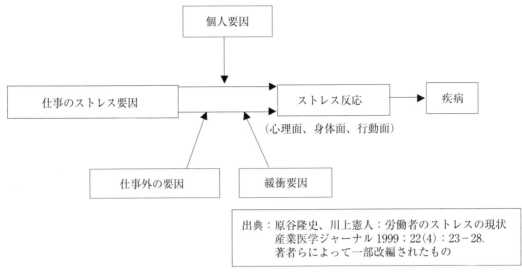

図3－3　NIOSH の職業性ストレスモデル

症はそうした特性を持った身体疾患の総称で、「心身症」という病気があるわけではありません。

　心理的ストレス要因によって生じる偏った行動としては、勤怠問題、出社困難、引きこもり、ギャンブル、性的な行動の逸脱、アルコール多飲、薬物依存、ゲーム依存などがあげられます。

　このような、ストレスの仕組みを体系化したものに、アメリカ国立労働安全衛生研究所（NIOSH）の「職業性ストレスモデル」（図3－3）（以下、「ストレスモデル」という。）があります。ストレスモデルでは、ストレス反応が持続することが健康障害（疾病）の発生につながり、仕事のストレス要因が起こすストレス反応は、個人の要因(性、年齢、婚姻、性格など)、仕事外の要因(家庭の出来事、家族の要求など)、緩衝要因(上司や同僚、友人の支援など)によって影響されると考えられています。緩衝要因にはさまざまなものがなりえますが、職場環境を快適にすることもその一つです。

⑵　ストレス対策の意義

　厚生労働省の労働安全衛生調査の結果が示すとおり、労働者の半数以上が仕事上のストレスを感じています。働く人のメンタルヘルスケアは、未然防止（一次予防）、早期発見と対応（二次予防）及び治療から職場復帰（三次予防）という幅広い範囲を含んでいますが、その入り口はストレス対策であり、全労働者への対応の切り口ともいえます。

　ストレス対策を実施することによって、「労働者の健康を守り」、「これを通じて職場を活性化し」、「さらに労働災害や過労自殺などの問題が起きないためのリスクマネジメントを行う」ということが期待されます。

(3)　ストレスの把握・評価・改善

　職場におけるストレス対策は、中長期的視点に立って、継続的かつ計画的に行うことが重要であり、労働安全衛生法に基づく「ストレスチェック制度」においても事業者にその仕組みづくりを求めています。詳細は第3章4の「ストレスチェック制度の概要と運用」を参照してください。事業者は方針を表明し、その方針のもとに、現状の把握、組織づくり、目標の設定、計画の策定、ストレスの把握・評価及びストレスの軽減対策などの取組みを計画的に実施し、その結果について評価と改善を行い、次年度の計画へとつなぎます。いわば、P-D-C-A（計画－実施－評価－見直し）のサイクルを回していくことになります。

　ストレス対策に具体的に取り組んでいくにあたっては、まず、ストレスについての現状を調査し、最も問題になっているストレスが何なのかを把握することが大切です。明らかになった問題のなかから、対策を樹立できる事柄は何かについて考え、可能なところから着手していくことが重要です。

　ストレスについての調査・評価には、労働者一人ひとりのストレスを評価する方法（個人レベルでのストレス評価）と、事業場や部署、プロジェクトなど、集団を単位としてストレスを評価する方法（集団レベルでのストレス評価）の2種類があります。

　個人レベルでのストレス評価では、労働者個人が感じている仕事の負担、仕事における裁量の自由度（コントロール）などのストレス要因や、抑うつ、活気のなさなどのストレス状態（反応）を調べて評価を行います。これにより、労働者自身が自分のストレスの状態を知って対処したり、問題となるストレス状態を発見することなどが可能となります。

　集団レベルでのストレス評価では、事業場や部署などの単位ごとに、所属する労働者の感じているストレス要因や、抑うつ等のストレス状態（反応）について、全体の傾向として検討します。これにより、集団としてのストレス度が把握でき、対策の必要な集団を早期に発見したり、有効な対策を行っていくための情報を得ることができます。また、集団レベルで存在するストレス要因に対してより具体的にアプローチすることが可能になり、ストレス状態を生じにくい快適な職場づくりの手立てとなります。

　事業場におけるストレス対策では、対応できるスタッフの職種やマンパワー、取組みのための準備状況等、現状に合わせて、個人レベルまたは集団レベルでのストレス評価のいずれか、あるいは両方を適宜、組み合わせて実施していくことが望ましいでしょう。

　いずれの方法においても、ストレス評価を実施する目的と活用の範囲をあらかじめ明らかにし、労働者にその旨を伝えることが重要です。特に、調査用紙を用いて評価を行う場合には、その調査が個人レベルであれ、集団レベルであれ、調査票と結果の取扱いについて、プライバシー保護の観点から十分に注意が払われなければなりません。また、ストレス評価の結果として、メンタルヘルスの不調や自殺などの危険が予知・予見されることも考えられるため、ストレス把握・評価の実施にあたっては、産業医や保健師等による相談やフォローができるよう、受け皿を整えておくことが重要です。

ア　個人のストレスの把握・評価

　個人のストレスの把握・評価の際には、職業性ストレス簡易調査票を用いると便利です。調査票は、労働者が望んだときに適宜、調査票用紙を用いたりイントラネットなどの使用が可能です。「ストレスチェック制度」において、その活用が推奨されています。

　職業性ストレス簡易調査票は、平成7〜11年度の労働省委託研究「作業関連疾患の予防に関する研究」の成果として発表されたもので、職場で比較的簡便に使用できる調査票です。全57項目の調査票は、仕事のストレス要因、ストレス反応、緩衝要因の3つから構成されており、調査票自体の信頼性と妥当性も確認されています。

　職業性ストレス簡易調査票の評価や判定には、全57項目を用いて行う簡易採点法と標準化得点法の2種類があります。簡易採点法は、回答の後、比較的短時間で評価が可能で、保健師等の面談時の補助的ツールとして用いることもできます。標準化得点法では、コンピュータ等を用いて、レーダーチャートと表形式での結果の出力が可能で、個人のストレス状況をグラフや表で視覚的に示すことができるため、労働者自身のストレスへの気づきを促すのに有効です。

　職業性ストレス簡易調査票の詳しい使用方法、判定方法及び使用にあたっての留意点などは、第5章「職場環境等の把握と改善の方法」を参照してください。

イ　集団のストレスの把握・評価

　事業場や部署などの単位ごとに職場のストレス状態を把握・評価し、有効な対策を実施していくための方法として、「仕事のストレス判定図」は有用です。職場のストレスを数値化して評価することができ、主観的な印象を明らかにすることができます。

　仕事のストレス判定図は、特に健康と関係のあることがはっきりしている4つのストレス要因に注目して、職場のストレスを評価します。それは、仕事の量的負担（仕事量が多い、責任が重い、時間に追われるなどの心理的負担）、仕事のコントロール（裁量権、自由度）、上司の支援（上司による相談や問題解決の支援）及び同僚の支援（同僚による相談や問題解決支援）です。端的に言えば、仕事の量的負担が高く、仕事のコントロールが低く、かつ、上司・同僚の支援が低いという特徴を持つ職場が最もストレスの悪影響を受ける職場であり、心身の不調や健康問題が生じるリスクが高くなると考えられます。

　仕事のストレス判定図は所定の12項目の質問に回答し、仕事のストレス判定図に当てはめるだけで、誰でも簡単に使用でき、その結果を全国平均と比較して評価することができます。この仕事のストレス判定図は職場環境改善のツールとして活用することができます。仕事のストレス判定図の具体的な活用方法や留意事項についても、第5章「職場環境等の把握と改善の方法」を参照してください。

2　事業場の心の健康づくり計画及び体制づくりの方法

(1)　事業場内の体制の整備

　「労働者の心の健康の保持増進のための指針」（以下、「指針」という。）では、職場のメンタルヘルスケアを推進するにあたっては、事業者が労働者の意見を聴きつつ、事業場の実態に即した取組みを行うことが必要とし、労使で構成される衛生委員会等で審議を行い、取組みの方向性を決めることが適切としています。衛生委員会等は、健康診断項目、健康情報の保護、ストレスチェックの実施、長時間労働者への医師による面接指導の基準など、事業場のさまざまな労働安全衛生方針を審議する重要な場であり、メンタルヘルス対策を公式に検討する場としてふさわしいものです。

　指針では、事業場ごとに心の健康づくり計画を作成することとしていますが、この計画の中に、体制づくりに関すること、年次計画などの実行計画の両方が含まれていますので、併せて以下に述べることとします。

(2)　心の健康づくり計画の策定

ア　心の健康づくり計画とは

　指針では、事業者は事業場におけるメンタルヘルスケアの具体的な方法等についての基本的な事項を定めた「心の健康づくり計画」を作成することとしています。事業場のメンタルヘルスケアの進め方をだれにでも理解できるようにし、またメンタルヘルスケアをやりっぱなしにせず見直しや改善をするためには、計画を立てて実施することが大切です。しかし計画といっても身構える必要はありません。表3－2、図3－4にあげたように、できることから少しずつ始めればよいのです。心の健康づくり計画は文書として作成し、労働者のだれもが見られるようにしておくことが重要です。

イ　心の健康づくり計画で決めるべき事項

　指針があげている「心の健康づくり計画」で決めるべき事項をいくつか紹介します。

(ア)　事業者によるメンタルヘルスケアを積極的に推進する旨の表明に関すること

　事業場のトップがメンタルヘルスケアの重要性を認識し、その推進を表明することで事業場全体の気運が高まり、活動の効果が高くなります。

(イ)　事業場における心の健康づくりの体制の整備に関すること

　事業場のメンタルヘルスを誰が中心となって、どのような場で議論しながら進めるかを決めておきます。一般的には、事業者が主体となって、産業医等の意見を聴きながら衛生委員会等で心の健康づくり計画を検討するのがよいでしょう。

表3－2　心の健康づくりの方針表明、目標、計画、評価の例

方針表明

　事業場長の年頭所信表明の中で、「一人ひとりの従業員の心身の健康を大切にし、明るく活気ある職場づくりを推進する」と表明する。

↓

目標

1．ラインによるケアの推進のために、すべての管理監督者が基本的な知識と技術を身につける。

2．事業場としての心の健康づくり体制及びマニュアルを整備する。

年間の心の健康づくり計画

1．産業医を講師として、係長以上の管理監督職全員にメンタルヘルス推進担当者テキスト（またはこれをもとに作成した独自のテキスト）による管理監督者教育を実施する。

2．心の健康問題で専門的な診断や治療が必要になった場合に、産業医が労働者を紹介できる周辺の精神科医療機関のリストを作成する。また心の健康問題による休業後の職場復帰の手順を決める。

3．担当者1名が事業場内メンタルヘルス推進担当者養成研修を、保健師1名が心理相談専門研修を受講する。

↓

評価と改善

1．係長以上の管理監督職のうち7割が管理監督者教育を受講した。次年度は残りの3割の対象者に受講してもらうために開催時間や開催日を工夫する予定（評価：10点満点中7点）。

2．周辺の精神科医療機関のリスト及び心の健康問題による休業後の職場復帰の手順マニュアルが完成した（評価：同10点）。

3．中災防の事業場内メンタルヘルス推進担当者養成研修及び心理相談専門研修を受講した（評価：同10点）。

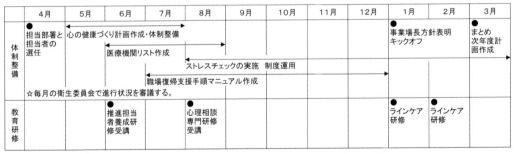

図3－4　心の健康づくり年間計画（初年度例）

㋒　事業場における問題点の把握及びメンタルヘルスケアの実施に関すること

　　長期（数年）及び短期（年間）のメンタルヘルスケアの実施計画を立てます。指針
では４つのケアをバランスよく実施することが求められていますが、一度に多くのこ
とを始めてしまうとうまくいかないことが多いので、１年間の計画では実施事項を３
つ程度にしぼるのがよいでしょう。また事業場ですでに困っているメンタルヘルス上
の問題があれば、これに対する対策の実施も考えます。

㋓　メンタルヘルスケアを行うために必要な人材の確保及び事業場外資源の活用に関
　　すること

　　メンタルヘルスケアを実施するために産業保健スタッフ等に心理相談担当者等の研
修を受けさせる、他事業場の事例などを産業保健総合支援センター等から入手する、
事業場周辺の精神科医療機関をリストアップするなど、体制を整えます。

㋔　労働者の健康情報の保護に関すること

　　労働者の健康情報の保護は、メンタルヘルスケアに限らず、健康管理すべてにおい
て行われるべきことですが、心の健康問題では偏見や誤解がつきまといやすいため、
特に配慮する必要があります。例えば労働者が産業医等に相談した場合に秘密をどの
ように守るのかについて方針を決め、これを労働者に周知しておくことが大事です（詳
細は、40頁を参照）。

㋕　心の健康づくり計画の実施状況の評価及び計画の見直しに関すること

　　定期的に計画の実施状況について評価を行い、改善すべき事項等があれば、計画の
見直しに反映させます。こうすることにより、職場のメンタルヘルスの水準が、その
都度向上していくことが期待できます。

㋖　その他労働者の心の健康づくりに必要な措置に関すること

　　その他、事業場の事情に合わせてメンタルヘルスケアのルールやマニュアルをつ
くっておくとよいでしょう。ルールやマニュアルには、以下のようなものがあります。
①　事業場のメンタルヘルス相談の利用法と個人情報保護のルール

　　労働者や管理監督者がメンタルヘルスについて相談の必要を感じたときに、事業場
内でまずだれに連絡をとればよいか、その後どのようなルートで相談できるのか、そ
の場合に個人情報はどのように保護されるのかについてルールを決め、労働者及び管
理監督者に周知しておくとよいでしょう。
②　心の健康問題により休業した労働者の職場復帰支援マニュアル

　　心の健康問題で休業中の労働者が職場復帰する際の管理監督者の対応、復職面談、

復職後の対応などについてマニュアルを作成しておくとよいでしょう。

ウ　計画の評価と改善

　心の健康づくり計画を実施したら、年度ごとなどにその実施状況を評価します。計画どおりに進まなかったり、困難がある場合には、これを改善して次年度にはより良い計画を立て実施するようにします。事業場のメンタルヘルス対策は一朝一夕にできあがるものではありません。計画と評価・改善を重ねて、事業場のメンタルヘルスケアを次第に充実したものに育てていくことが大切です。

エ　職場外の問題への対応

　労働者のメンタルヘルス不調は、職場の問題だけでなく、家庭・個人生活等の職場外の問題や、性格など個人の特性にも影響されます。原因は職場の問題か、職場外の問題かということがよく議論されますが、個々の事例においてはこの2つの影響を明確に区別して評価することは困難です。心の健康づくり計画においては、職場の要因にだけ注目するのではなく、個人的な問題による相談や家族への広報など、職場外の要因についても対応できるよう、あらかじめ考えておくとよいでしょう。

(3)　効果評価

　産業保健における評価には、一般にパフォーマンス（過程）の評価とアウトカム（結果）の評価があります。パフォーマンスの評価（プロセスの評価、システムの評価）は計画したことが計画どおりに実施されたかどうかの評価であり、定量的には「管理監督者の教育研修への出席率」、定性的には「教育研修が良かったという意見が多かった」等が指標の例としてあげられます。アウトカム評価では、定量的には「精神障害による疾病休業が減った」、あるいは「ストレスの訴え率が目標まで低下した」、定性的には「復職の好事例の件数が増えた」、「相談するということが定着した」、「職場のコミュニケーションが良くなった」などが例としてあげられます。

　大事なことは、どのように評価するかは心の健康づくり計画を策定した時点で事前に決めておくこと、そしてもう一点は、評価は次の対策への活力を生むためのものであることです。衛生委員会等における調査審議を通じて、良かった点を確認し、改善すべき点を具体的にして、次の計画に反映していきましょう。

3　4つのメンタルヘルスケアの推進

　メンタルヘルスケアでは、セルフケア、ラインによるケア、事業場内産業保健スタッフ等によるケア、事業場外資源によるケアの4つのケアを継続的かつ計画的に実施します。

(1) セルフケア

適切な支援の下、労働者自らがストレスに気づき、これに対処する方法を身につけて積極的に実施し、自発的な健康相談を行うことをセルフケアといいます。

事業場でメンタルヘルスケアを進めるためには、メンタルヘルス不調者への対応に加え、メンタルヘルスの保持増進を目指した全労働者への対応が重要です。この全労働者への対応では、一人ひとりの労働者が、「自分の健康は自分で守る」という考え方を理解し、ストレスに対処する知識、技法を身につけ、日常生活の場でそれを積極的に実施できるようにすることが基本となります。

近年、急速に導入が行われたテレワークでは、生活リズムの乱れによる体調不良や、コミュニケーション不足によるメンタルヘルス不調が増加していますから、セルフケアの実践は極めて重要です。また、仕事の時間管理やオンとオフの切り替えなどを適切に行い、自律的に業務を進めるためには、セルフ・マネジメント（自己管理）の意識を強くもつことも必要だといえるでしょう。

事業者には、そのための教育の実施と相談窓口の設置が求められます。

セルフケアの内容は、大きく、ストレスへの気づき、ストレスへの対処と自発的な健康相談に分けられます。その鍵となるのが「いつもと違う」自分に気づくことです。

ア ストレスへの気づき

ストレスに対処するには、ストレス反応に気づくことが必要です。ストレス反応としては、筋肉の緊張、イライラする、落ち着かない、気分が沈むなどの症状があります。その気づきをよくするためには、労働者が心の健康について正しく理解し、自らのストレスや心の健康状態について適切に認識できるように教育や練習を行うことが必要です。

ストレスへの気づきをよくする方法としては、緊張状態を自覚できるようにする自律訓練法、人間関係についての理解を深める交流分析などが使われています。また各種のストレスチェックによってストレス状態に気づくことも有用です。

イ ストレスへの対処

一般的なストレス対処法としては、日常生活での運動、休養、睡眠の確保、バランスの良い食事などの健康的な生活習慣、自分の好みにあった趣味活動の実行などがあげられます。さらに自律訓練法や漸進的筋弛緩法、ストレッチング、呼吸法などのリラクセーション技法を身につけること、認知（ものの見方、とらえ方）の歪みやクセに気づいて修正すること、コミュニケーション能力を向上させること、あるいは、親しい人たちからのサポートを受けられるようにしておくことなどが役立ちます。また、過去の経験や自分の努力によって積極的な問題解決を図ったり、逆に問題から回避するための行動も有効です。

　　さらに、仕事のモチベーション・アップを図り、よりイキイキと働いていくためには、働き方を見直したり、今後のキャリア形成を考えることも大切です。例えば、計画的に休暇を取る、効率的な作業方法を工夫する、仕事を高い次元から捉えなおしてみる、上司や同僚、顧客との関わり方を変えてみるなどによって新しい気づきが得られ、視野が広がります。また、自分の強みを強化し、自己肯定感を高めながら将来の方向性を展望することで、より前向きな気持ちで仕事に臨むことが期待できます。

　　しかし、それらの取組みが困難であったり、個人の力では対処できないこともあるので、自分だけで抱え込まず、相談することも欠かせません。

ウ　自発的な健康相談

　　労働者自身だけでは、自分のストレスに気づいたり、対処したりすることが困難な場合には、管理監督者、事業場内産業保健スタッフ等あるいは事業場外資源の相談窓口に、労働者が自主的に相談することが有用です。「いつもと違う」自分に気づき、その原因について考えてもよく分からないときには相談するようにします。

　　自発的な相談をしやすくするためには、その相談により必要な情報や助言が得られ、一方で周囲に知られるなどの不利益を被ることがないなど、相談が役立つことを労働者に周知させる必要があります。できるだけ速やかな相談が本人にとっても職場にとっても適切であることを、日ごろから伝えておくことが大切です。同時に、事業場内外での相談先について情報提供すること、労働者が管理監督者や専門家に相談しやすい環境を整えることも重要です。

　　なお、労働者には管理監督者も含まれており、管理監督者自身が事業場の産業保健スタッフや事業場外資源に相談することができるような仕組みを整えることも必要です。

⑵　ラインによるケア

　　ラインによるケアは日常的に労働者と接する現場の管理監督者が行うケアで、主な役割は、以下の4つです。

　　ア　職場環境等の問題点の把握と改善
　　イ　「いつもと違う」部下の把握と対応
　　ウ　部下からの相談への対応
　　エ　メンタルヘルス不調の部下の職場復帰への支援

　　職場のストレスは管理監督者によってかなり左右されることがあります。また、管理監督者は安全配慮義務の実行責任者であるという点からも、ラインによるケアは極めて重要です。

　　ところが、安全配慮義務の実行責任に関する理解不足や認識の薄さから、ラインによるケアが不十分なことが少なくありません。特にテレワーク下では、対面の業務よりも部下

の作業状況や健康状態を把握しにくいことをふまえ、管理監督者には一段とラインによるケアの意識を高め、実行することが求められます。

　事業者は、ラインによるケアの重要性を認識し、管理監督者の昇進時だけでなく、定期的な研修をとおして、この責務と役割について強調することが必要です。

　なお、業務を一時的なプロジェクト体制で実施するなどラインによるケアが困難な事業形態の場合には、実務において指揮命令系統の上位にいる者等によりケアが行われるようにする必要があります。

ア　職場環境等の問題点の把握と改善

　ストレス要因となる職場環境等としては、作業環境、作業方法、労働時間、仕事の量と質、職場の人間関係等があげられます。管理監督者は、まず職場環境等のストレス要因を把握する必要があります。その方法としては、

① 　日常の職場管理の中で部下の仕事状況を把握し、問題点を明らかにする

② 　部下から本人が感じているストレスを直接聴き取る

③ 　ストレスチェック制度における集団レベルでのストレス評価結果や、事業場内産業保健スタッフ等による調査票を用いた職場環境等の評価結果を活用する

があげられます。

　管理監督者は、このようにして把握した具体的な問題点について、自らの権限の範囲内で、職場環境、職場組織、勤務形態などを見直し、改善を行います。管理監督者自身の人間関係調整能力やコミュニケーション能力を向上させることも必要です。

　権限の範囲を越える場合には、さらに上司、メンタルヘルス推進担当者や事業場内産業保健スタッフ、人事労務管理者など、権限のある者や組織等に対して必要な報告や提案を行います。その際には、労働者の個人情報の保護に配慮することが大切です。

　なお、職場環境等の改善にあたっては、労働者の意見をふまえるように努め、改善活動に対する労働者の主体的な取組みを支援することも重要です。

　また、職場のストレス要因ともなりがちな管理監督者自身の人間関係調整能力やコミュニケーション能力を向上させることも必要です。日頃から、部下に対する適切な業務指示や指導・支援を行い、部下が相談しやすい関係づくりに努めましょう。その積み重ねが管理監督者と部下の信頼関係を構築させ、働きやすい職場環境の基盤となります。テレワーク下では、いっそう部下とのコミュニケーションを図ることが大切です。

　一方、職場環境を悪化させ、健康障害にもつながるハラスメントの防止は極めて重要です。近年、労災認定された精神障害の原因では、上司等からのパワーハラスメントが多いことからも、管理監督者には不適切な言動がないよう注意することが求められます（詳細は34頁参照）。

　テレワーク下では周囲からの目が届きにくいことから、威圧的な指示や言葉づかい、

表3－3　「いつもと違う」部下の様子（例）

○　遅刻、早退、欠勤が増える
○　休みの連絡がない（無断欠勤がある）
○　残業、休日出勤が不釣合いに増える
○　仕事の能率が悪くなる。思考力・判断力が低下する
○　業務の結果がなかなかでてこない
○　報告や相談、職場での会話がなくなる（あるいはその逆）
○　表情に活気がなく、動作にも元気がない（あるいはその逆）
○　不自然な言動が目立つ
○　ミスや事故が目立つ
○　服装が乱れたり、衣服が不潔であったりする

　プライベートな面の詮索など特有な問題も発生していますから、あらためて部下への対応を振り返り、マネジメントの改善に努めることが必要です。
　職場環境改善の具体的な方法については、第5章を参照してください。

イ　「いつもと違う」部下の把握と対応

　ラインによるケアで大切なのは、管理監督者が「いつもと違う」部下に早く気づくことです。現場の身近な存在として、管理監督者は不調者の早期発見のためのキーパーソンとなります。「いつもと違う」という感じをもつのは、部下がそれまでに示してきた行動様式からズレた行動をするからです。例えば、それまで遅刻をしたことなどなかった部下が遅刻を繰り返したり、無断欠勤をしたりするようになった状態です。こうした例を表3－3に示しました。速やかな気づきのためには、日頃から部下に関心を持って接しておき、いつもの行動様式や人間関係の持ち方について知っておくことが必要です。
　「いつもと違う」部下に対しては、管理監督者は職務上何らかの対応をする必要があります。ただ、その背後に「異常性」、すなわち病気が隠れていることが少なくないので、病気がないことを確認しておく必要があります。しかし、異常性の有無の判断は管理監督者にはできません。これは、産業医もしくはそれにかわる医師の仕事です。ですから、管理監督者が「いつもと違う」と感じた部下の話を聴き、産業医のところへ行かせる、あるいは管理監督者自身が産業医のところに相談に行く仕組みを事業場のなかにつくっておくことが望まれます。事業場によっては、保健師、看護師、公認心理師、臨床心理士、心理相談担当者、産業カウンセラーが産業医との仲介役を果たす形をとることもありえます。
　手順のモデルを示すと、図3－5のようになります。
　このように、「いつもと違う」部下への気づきと対応は、心の健康問題の早期発見・早期対応として、極めて重要な役割です。
　一連の手順を円滑に進めるために、日頃のコミュニケーションが大切であることは言

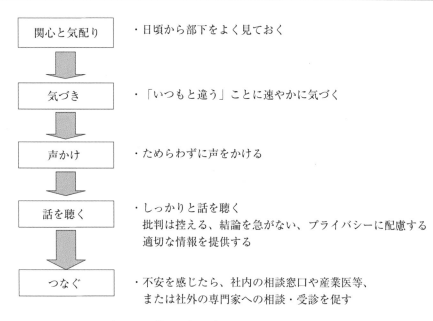

関心と気配り	・日頃から部下をよく見ておく
気づき	・「いつもと違う」ことに速やかに気づく
声かけ	・ためらわずに声をかける
話を聴く	・しっかりと話を聴く 　批判は控える、結論を急がない、プライバシーに配慮する 　適切な情報を提供する
つなぐ	・不安を感じたら、社内の相談窓口や産業医等、 　または社外の専門家への相談・受診を促す

図3－5　「いつもと違う」部下への対応の手順

うまでもありません。管理監督者の一方的な思い込みや問題の抱え込みによって対応が遅れないよう、十分に注意しましょう。テレワーク下であっても、定期的に直接の面談の機会を設け、「いつもと違う」部下の把握と対応に努めることをお勧めします。

ウ　部下からの相談への対応

　職場の管理監督者は、日常的に、部下からの自主的な相談に対応するよう努めなければなりません。そのためには、労働者が上司に相談しやすい環境や雰囲気を整えることが必要です。また、長時間労働等により過労状態にある部下、強度の心理的負荷を伴う出来事を経験した部下、特に個別の配慮が必要と思われる部下に対しては、管理監督者から声かけをし、

①　話を聴く（積極的傾聴）

②　適切な情報を提供する

③　必要に応じて事業場内産業保健スタッフ等や事業場外資源へ相談や受診を促す

などの対応も必要です。

　管理監督者が部下の話を積極的に聴くことは、職場環境の重要な要素である職場の人間関係の把握や心の健康問題の早期発見・早期対応という観点からも重要です。

　また、部下がその能力を最大限に発揮できるようにするためには、部下の資質の把握も不可欠です。部下のものの見方や考え方、行動様式を理解することが、管理監督者には強く求められています。そのためには、まず、部下の話を聴くことが必要です。積極的傾聴法は、人の話を聴く基本となる技法の一つであり、コミュニケーションの重要な

表 3 － 4　積極的傾聴法

● **傾聴の基本的姿勢**（カール・ロジャーズ）

受　　容：肯定的関心を持って相手の話を聴くこと。その第一歩は無条件に相手を受け止めることである。表現された言葉や行動よりも相手の気持ちを受け止めることがポイントとなる。

共　　感：相手の体験しつつある感情や思考が聴き手に直接感じとられ、聴き手が相手と同様な心理的体験をすること（聴き手が、もし自分が相手と同じ状況におかれたと仮定したら、相手と同じような感情や思考を体験するだろうなと考えながら相手の話を聴くこと）。

自己一致：聴く側も自分の気持ちや感情に気づいておき、構えることなく、ありのままの自分で、素直に聴く態度でいること。そういう状態は誠実であり、純粋であるということができる。

● **本人に考えさせる**

オープン・リード

相手がどこからでも自由に話せるような質問の仕方をすること。例えば、相手が「上司とうまくいかないのです」と切り出したときに「それは何故ですか」と聞くのではなく、「うまくいかないことをあなたはどう思っているのですか」と問い返せば、相手は自由に考えられる。

ついていく

相手が話し始めたら、その流れに沿って話を聴くこと。自分の知りたいと思う方向への質問をして相手の邪魔をしないこと。

● **リフレクション**（言い返し）

聴き手が相手の言葉の中の要点、感じ、論理の展開などを言い返すことによって、相手が自分の考えていることや気持ちを理解しやすくすること。言い返す言葉は相手が使った "感情を表現するもの" をそのまま用いる。

表 3 － 5　傾聴のポイント

1）正確に理解したことを示すには、相手が表現したかった気持ちの核心をフィードバックすることである。しかも核心に触れるところは、相手が使った言葉で応答することがよい。

2）相手の気持ち、表現したいことを一つひとつそのまま理解することが重要であり、相手の発言や気持ちを修正したり、訂正しようとしたりしない。また好き嫌いなどを忘れ、相手が感じたまま、相手が意味するままを正確に理解する。

3）相手の発言が複雑で何を意味しているのか分からないとき、あるいは、何をいっているのか理解できなかったりするときは、相手のいったことを 2、3 表現し、あとは相手に訂正させたり、付け加えたりさせる。

4）相手の発言や気持ちを理解できなかったときには、相手にもう一度いってもらうか、はっきりいってもらうよう頼んでみる。正確に理解できないまま、相手に話し続けさせるのは、結局、最後には不信感につながることになるので、十分注意すべきである。

（村山正治：カウンセリング．性格心理学新講座第 5 巻、金子書房、1989．から引用）

要素ですから、管理監督者には是非とも身につけてほしいものです。そのポイントを、表 3 － 4、表 3 － 5 に示しました。

表3－6　復職者を支援するための管理監督者の心得

① 作業内容は元の仕事に比較して単純なものを労働時間に見合った量だけ与える
② 作業の進捗状況や困ったことがないかについて、こまめに声かけと確認を行う
③ 勤務状況や出退勤等については適切に管理し、特別扱いをしない
④ 復職者の心理状態には波があるので、良好な状態、低下した状態、平均的な状態を把握し、産業保健スタッフ等と相談しながら回復状況を理解する
⑤ 長期間にわたる定期的な通院を必要とする者も多いが、「通院すること」を支持する
⑥ 医師から処方されている薬を飲むことに対する否定的な発言をしない
⑦ 他のメンバーに過度の負担がかからないよう注意し、復職者への接し方や配慮すべき点についてもあらかじめ伝える
⑧ 順調に回復しているようにみえる場合でも、3〜6カ月後に再発することがある
⑨ うまくいかないことも多い。自分だけで背負い込まず、産業保健スタッフや人事労務管理スタッフとの連携が欠かせない

　何よりも大切なのは、部下を見下したりせずに尊重しながら接することです。このことが伝わらないと、部下は正直に話してくれません。たとえ自分の考え方や価値観とは違っていても肯定的な関心をもって話を聴き、批判したりせずに受け止めることが大切です。そのように聴いてもらうことによって、部下には、自分の状況や気持ちを分かってもらえたという安心感や上司への信頼感が生まれ、落ち着いて経緯を振り返ることができるようになり、自分で問題解決の糸口を見出していくことが期待できるのです。
　管理監督者がこのような適切な対応ができるようになるには、話を聴くスキルを習得するための教育研修が必要であり、事業者にはその機会を与えることが求められます。

エ　メンタルヘルス不調の部下の職場復帰への支援
　メンタルヘルス不調で休職していた部下が復職する際には、管理監督者は事業場内産業保健スタッフ等と協力し、復職者を注意深く観察しながら支援を行います。また、人事労務管理上の問題については、人事労務管理スタッフと連携をとりながら、適切に対応していくことが求められます。管理監督者が「復職した以上きちんと仕事をしてほしい」と考えることは、気持ちとしては自然です。しかし、数カ月にわたって休職していた人に、いきなり発病前と同じ質、量の仕事を期待するのは無理であることも明らかです。復職者は、「職場では自分はどう思われているのだろうか」、「職場にうまく適応できるだろうか」、「病気がまた悪くなるのではないだろうか」など、さまざまな心配をしながら出社しているはずです。管理監督者にはそうした復職者の気持ちを受け止めることが望まれます。「上司は自分を分かってくれている」と感じることができれば、復職者の職場での緊張は大幅に軽減されます。そして、管理監督者と復職者のそのような関係は、同じ職場で働く他の部下たちの緊張を和らげ、良好な職場環境づくりにつながります。
　復職者を支援するうえで、管理監督者の心得を、**表3－6**に示しました。

(3)　事業場内産業保健スタッフ等によるケア

「事業場内産業保健スタッフ等」とは、事業場内産業保健スタッフ（産業医等、衛生管理者・衛生推進者・安全衛生推進者、事業場内の保健師等）、事業場内の心の健康づくり専門スタッフ（精神科・心療内科等の医師、心理職等）及び人事労務管理スタッフを指します。

事業場内産業保健スタッフ等によるケアとしては、

① 　労働者等に対する教育研修
② 　職場環境等の評価及び改善
③ 　管理監督者からの相談への対応
④ 　労働者等からの相談への対応
⑤ 　職場適応、治療及び職場復帰の支援

などがあります。

ア　労働者等に対する教育研修

事業場内産業保健スタッフ等は、労働者に対し、セルフケアを有効に行うための教育研修を行います。また管理監督者に対しては、ラインによるケアを有効に行うための教育研修を行います。各教育研修の内容は、**表3−7及び表3−8**のとおりです。いずれの研修も計画的、継続的に行うこととし、できるだけ「楽しく」、「興味深いもの」にするために、講義形式だけの研修よりも、体験型、参加型の方法を含める方が効果的です。

このほか、事業者や労働組合幹部に対し、メンタルヘルスケアに関する情報を提供することも事業場内産業保健スタッフ等の役割です。

上記の事項を適切に行うためには、事業場内産業保健スタッフ等は、**表3−9**に示した教育研修等を受けることが必要です。

イ　職場環境等の改善

事業場内産業保健スタッフ等は、職場巡視による観察、管理監督者・労働者からの聴き取り調査、ストレスに関する調査等により、定期的または必要の都度、職場内のストレス要因を調べます。

なお、職場の問題点を把握する方法として「仕事のストレス判定図」が開発されていますので、活用することができます（仕事のストレス判定図については86頁参照）。

仕事のストレス判定図の評価結果に基づき、事業場内産業保健スタッフ等は、管理監督者に職場環境等の改善を助言したり、管理監督者と協力して改善するように努めます。また、必要に応じ、事業者に対して改善を助言します。具体的な改善方法としては、例えば、作業レイアウトの改善、勤務スケジュールの改善、過大な負荷の軽減、休憩時間の確保、上司や同僚からの支援を得やすくするための配慮などがあります。

ウ　管理監督者からの相談への対応

　事業場内産業保健スタッフ等は、部下のメンタルヘルス問題に関する管理監督者からの相談に対応することも必要で、その仕組みをつくっておくことが欠かせません。労働者の気づきを促して保健指導、健康相談を行うとともに、管理監督者と協力し、相談等

表3-7　労働者等に対するセルフケア教育の内容

○　メンタルヘルスケアに関する事業場の方針
○　メンタルヘルスケアの基礎知識
○　セルフケアの重要性
○　ストレスへの気づき方
○　ストレスの予防・対処の方法
○　自発的な相談の有用性
○　事業場内の相談先　　　　　　　　など

表3-8　管理監督者に対するラインケア教育の内容

○　メンタルヘルスケアに関する事業場の方針
○　職場でメンタルヘルスケアを行う意義
○　メンタルヘルスケアの基礎知識
○　ラインの役割
○　職場環境等の評価・改善の方法
○　労働者からの相談への対応の仕方
○　事業場内産業保健スタッフ等との連携の方法　　　など

表3-9　事業場内産業保健スタッフ等が受ける教育研修、情報提供

① メンタルヘルスケアに関する事業場の方針
② 職場でメンタルヘルスケアを行う意義
③ ストレス及びメンタルヘルスケアに関する基礎知識
④ 事業場内産業保健スタッフ等の役割及び心の健康問題に対する正しい態度
⑤ 職場環境等の評価及び改善の方法
⑥ 労働者からの相談対応（話の聴き方、情報提供及び助言の方法等）
⑦ 職場復帰及び職場適応の支援、指導の方法
⑧ 事業場外資源との連携（ネットワークの形成）の方法
⑨ 教育研修の方法
⑩ 事業場外資源の紹介及び利用勧奨の方法
⑪ 事業場の心の健康づくり計画及び体制づくりの方法
⑫ セルフケアの方法
⑬ ラインによるケアの方法
⑭ 事業場内の相談先及び事業場外資源に関する情報
⑮ 健康情報を含む労働者の個人情報の保護等

表 3 −10　「心の問題」の区分

（1）来談者を「受容」「共感」「自己一致」することで対応可能なもの
（2）来談者の心に介入し、何らかの心理的操作をしなければ対応できないもの
①　カウンセリングによる対応で可能なもの
②　精神医学的、心身医学的な対応が必要なもの

（※受容、共感、自己一致については、60頁、表 3 − 4 参照）

により把握した情報を基に必要に応じて事業場外の医療機関への相談や受診を促すことが必要です。また、管理監督者に対する相談対応やメンタルヘルスケアにも留意する必要があります。

エ　労働者等からの相談への対応

　メンタルヘルス相談では、何らかの心の問題をもった人が、自分自身でそれを解決していく、その過程をその人の依頼に基づき支援します。

　心の問題はさまざまですが、メンタルヘルス相談を担当する人の資質からみると、**表 3 −10**のように区分することができます。この表の(1)のレベルの相談は、心理学や医学に関する特別な訓練を受けていない人でも、一定の研修を受ければ担当できるようになります。しかし、(2)のレベルの相談を担当するには、系統的な専門教育を受けることが必須です。(2)のレベルの相談は、心理学や医学の専門家でない人にとっては、負担が大きすぎて、自分自身のメンタルヘルスによくないだけでなく、相談の効果もあがりません。

　また、心の問題が、統合失調症やうつ病によって生じているのであれば、薬物投与がもっとも基本的な対処方法となり、心身症の形で出てくる場合も、薬物が有用であることが多いので、心の問題の要因としてこれらの病気が考えられるときには、必ず**表 3 −10**の(2)−②の対応がなされなければなりません。

　このように、相談の内容によって対応する人的資源（ヒューマン・リソース）の資質が異なるので、事業場でメンタルヘルス相談を実施するには、そのための体制整備が必要です。また、地域の医療機関や相談機関で行われるメンタルヘルス相談の方が利用しやすいと考える人もいるので、メンタルヘルス相談サービスの仕組みは複線的であることが望ましいでしょう。

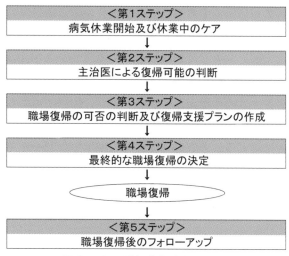

図3－6　職場復帰支援の流れ

オ　職場適応、治療及び職場復帰の支援

　職場適応については、本人の努力が第一であり、これには相談の形で対応します。また、管理監督者の協力が得られることも必須の条件なので、本人との個別の話し合いとは別に、管理監督者や人事担当者も交えた面談の場を設定します。

　治療については、多くの場合、事業場外の信頼できる専門医に任せ、事業場内産業保健スタッフ等が連携をとりながら対応するという形をとります。

　職場復帰の実務の流れは図3－6に示したとおりです。メンタルヘルス不調の場合には、状況に応じた個別の判断を必要とする例が多いので、職場復帰をどの段階で認めるかについての具体的な基準を作ることは困難です。職場復帰の可否の判定には必ず産業医もしくはそれにかわる医師が関与し、

　①　通常時間帯に一人で安全に通勤ができる

　②　事業場が設定している通常の勤務時間帯の労働が可能である

ことを最低限の要件として、個々の事例ごとに復帰の可否と復帰させるための労働条件についての意見を述べることが実際的です。

　なお、メンタルヘルス不調により休業した労働者が円滑に職場復帰し、就業を継続できるようにするため、事業者には、その労働者に対して図3－6に掲げる事項を適切に行うことが求められています。産業医等の産業保健スタッフはその支援に積極的に関与し、労働者本人、管理監督者、人事労務スタッフと連携しながら進めることが必要です。テレワーク下での職場復帰支援については、より慎重な対応が求められます。

　職場復帰支援の詳細については、第7章「職場復帰における支援の進め方」に示してあります。

カ　人事労務管理スタッフによる対処

　労働者の心の健康は、人事労務管理に関連した要因によって大きな影響を受けます。メンタルヘルスケアには、人事労務管理スタッフの関与が欠かせません。

　人事労務管理スタッフは、職場配置、人事異動、職場組織等の人事労務管理上のシステムが心の健康にマイナスの影響を及ぼさないように配慮すること、労働時間等の労働条件の改善及び適正配置に配慮することが大切です。また、ほかのスタッフが実施する労働者や管理監督者に対する教育研修を、実施しやすい体制を整えることで、支援します。

キ　労働者個人のメンタルヘルス不調を把握する際の留意点

　事業場内産業保健スタッフ等が健康調査等を行い、労働者個人のメンタルヘルス不調を把握した場合には、本人に対してその結果を提供するとともに事業者にも必要な情報を提供し、その状況に対応した措置の実施を求めることも重要です。ただし、この場合にも労働者本人の同意が必要です。

　また、事業者がストレスチェック等を利用して労働者個人のメンタルヘルス不調を早期発見しようとする場合には、調査票等の結果の評価、必要な面談の実施など専門的知識を有する者による事後措置を適切に実施できる体制（受け皿）が存在していること等が必要です。

⑷　事業場外資源によるケア

　メンタルヘルスケアを行ううえで、事業場が抱える問題への対応や事業場が必要とするサービスについて専門的な知識や人的資源が必要な場合、また相談内容等を事業場に知られたくないと考える労働者に対する支援を行う場合には、事業場外資源を活用することが効果的です。

ア　事業場外資源の活用とネットワークの形成

　大規模な企業や事業場では、内部にメンタルヘルスを実施するための専門家を確保しているところもありますが、多くの事業場ではこれは困難です。そのため、事業場外のさまざまな資源を活用して、メンタルヘルスについての知識や、専門家からの助言などを得られるようにしておくことが大切です。こうした事業場外の資源との連絡は、事業場内メンタルヘルス推進担当者が窓口となって行うのがよいでしょう。産業医の選任されていない小規模事業場では、衛生推進者等がこの役割を担うよう努めます。

　なお、事業場外資源の活用にあたっては、これに依存することにより事業者がメンタルヘルスケアの推進について主体性を失わないように留意すべきです。

イ　事業場外資源の種類と機能

　事業場外資源には、さまざまな種類があります(78頁参照)。事業場のある地域ごとに、まずどのような事業場外資源が利用できるかリストアップしておきましょう。こうした情報は、都道府県産業保健総合支援センター等から得ることができます。地域ごとの精神科医療機関の情報は、都道府県の精神保健福祉センター（「心の健康総合センター」等と呼ばれる場合もある）から入手できます。中小規模事業場等では、地域産業保健センター（地域窓口）等からの人的な支援を受けることが有用です。

ウ　医療機関との連携

　メンタルヘルス不調者を専門医療機関に紹介する場合には、産業医もしくはそれにかかわる医師に紹介状を書いてもらうことが原則です。いざというときにあわてないように、メンタルヘルス不調者のことで相談できる専門家を日頃から決めておくことも有用です。受診後の労働者の経過などについて医療機関に問い合わせる場合には、本人の同意を得たうえで、同意を得たことを医療機関に伝えて、情報の提供を求めます。これは医師の守秘義務への配慮です。

エ　家族や地域保健機関との連携

　労働者のメンタルヘルス不調は、家庭生活の問題をきっかけに起きる場合もあり、家族に対する助言や支援が労働者の心の健康の回復に重要な場合もあります。明らかに専門的な治療を受ける必要があるにもかかわらず、労働者が医療機関を受診しようとしない場合には、家族に事情を話して家族から説得してもらうことも必要です。また、保健所、精神保健福祉センターなどに相談し、労働者や家族が地域からの支援を受けられるよう配慮することで、メンタルヘルスケアが円滑に進む場合もあります。

　なお、事業場外資源との連携の詳細は、第4章「関係者との連携及び情報提供の進め方」を参照してください。

4　ストレスチェック制度の概要と運用

⑴　ストレスチェック制度とは

　ストレスチェック制度は、仕事によるストレスの程度を把握し、その結果に応じて早期に対応することで、メンタルヘルス不調になることを予防すること、つまり一次予防を目的としており、図3-7の流れに沿って実施前の準備からストレスチェック、面接指導の実施、集団的な分析による職場環境の改善までを行う仕組みです（**別添資料2：心理的な負担の程度を把握するための検査及び面接指導の実施並びに面接指導結果に基づき事業者が講ずべき措置に関する指針**（以下、「メンタルヘルス指針」という。参照）。

　事業者は、メンタルヘルス指針に基づき各事業場の実態に即して実施される二次予防及

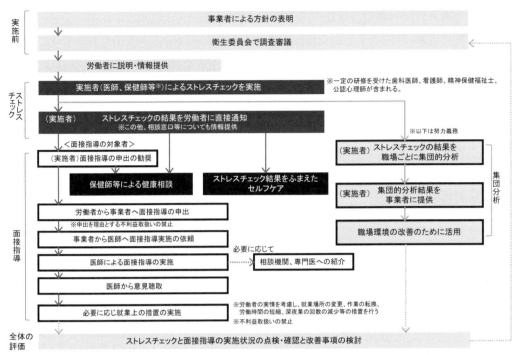

図3−7　ストレスチェックと面接指導の実施に係る流れ

び三次予防も含めた労働者のメンタルヘルスケアの総合的な取組みのなかに本制度を位置づけ、メンタルヘルスケアに関する取組み方針の決定、計画の作成、計画に基づく取組みの実施、取組結果の評価及び評価結果に基づく改善までの一連の取組みを継続的かつ計画的に進めることが望まれています。

　また、事業者は、ストレスチェック制度が、メンタルヘルス不調の未然防止だけでなく、従業員のストレス状況の改善及び働きやすい職場の実現を通じて生産性の向上にもつながるものであることに留意し、事業経営の一環として、積極的に本制度の活用を進めていくことが望まれています。

(2)　衛生委員会等における調査審議

　制度の導入にあたっては、事業者はストレスチェック制度に関する基本方針を表明したうえで、ストレスチェック制度の実施体制、実施方法などについて、事業者側の代表、衛生管理者、産業医、労働者から組織される衛生委員会等で調査審議を行う必要があります。また、事業者は、調査審議の結果を踏まえて、ストレスチェック制度に関する事業場の規程を定め、それを労働者に周知する必要があります。衛生委員会等における調査審議にあたっては、メンタルヘルス指針に示した事項を含めるものとしています。

図3－8　ストレスチェック制度の実施体制

⑶　ストレスチェック制度の実施体制の整備（図3－8）

　ストレスチェック制度は事業者の責任において実施するものであり、実施計画の策定、実施者や委託先業者等との連絡調整、計画に基づく実施の管理等の実務を担当するものを指名するなど、事業場の実施体制を整備することが不可欠といえます。このストレスチェック制度担当者には、衛生管理者または事業場内メンタルヘルス推進担当者を指名するのが望ましいとされています。ストレスチェックの実施そのものを担当する実施者及びその他の実施事務従事者と異なり、ストレスチェック結果等の個人情報を取り扱わないため、労働者の解雇等に関して直接の権限を持つ監督的地位にある者を指名することもできます。

⑷　実施方法

　ストレスチェックは、調査票を用いて、次の3つの領域に関する項目により検査を行い、労働者のストレスの程度を点数化して評価します。そして、その評価結果をふまえて高ストレス者を選定し、医師による面接指導の要否を確認するものとしています。
　①　仕事のストレス要因：職場における当該労働者の心理的な負担の原因に関する項目
　②　心身のストレス反応：心理的な負担による心身の自覚症状に関する項目
　③　周囲のサポート：職場における他の労働者による当該労働者への支援に関する項目

ア　調査票

　実際に用いる調査票は、上記の①～③の3つの領域に関する項目が含まれているものであれば、実施者の意見及び衛生委員会等での調査審議を踏まえて、事業者の判断により選択することができます。なお、調査票としては、「職業性ストレス簡易調査票（57項目）」（図3－9）を用いることが望ましいとされています。

職業性ストレス簡易調査票

A　あなたの仕事についてうかがいます。
　最もあてはまるものに○印をしてください。

（そうだ／まあそうだ／やや ちがう／ちがう）

1. 非常にたくさんの仕事をしなければならない ①②③④
2. 時間内に仕事が処理しきれない ①②③④
3. 一生懸命働かなければならない ①②③④
4. かなり注意を集中する必要がある ①②③④
5. 高度の知識や技術が必要なむずかしい仕事だ ①②③④
6. 勤務時間中はいつも仕事のことを考えていなければならない ①②③④
7. からだを大変よく使う仕事だ ①②③④
8. 自分のペースで仕事ができる ①②③④
9. 自分で仕事の順番・やり方を決めることができる ①②③④
10. 職場の仕事の方針に自分の意見を反映できる ①②③④
11. 自分の技能や知識を仕事で使うことが少ない ①②③④
12. 私の部署内で意見のくい違いがある ①②③④
13. 私の部署と他の部署とはうまが合わない ①②③④
14. 私の職場の雰囲気は友好的である ①②③④
15. 私の職場の作業環境（騒音、照明、温度、換気など）はよくない ①②③④
16. 仕事の内容は自分にあっている ①②③④
17. 働きがいのある仕事だ ①②③④

B　最近1か月間のあなたの状態についてうかがいます。
　最もあてはまるものに○印をしてください。

（ほとんどなかった／ときどきあった／しばしばあった／ほとんどいつもあった）

1. 活気がわいてくる ①②③④
2. 元気がいっぱいだ ①②③④
3. 生き生きする ①②③④
4. 怒りを感じる ①②③④
5. 内心腹立たしい ①②③④
6. イライラしている ①②③④
7. ひどく疲れた ①②③④
8. へとへとだ ①②③④
9. だるい ①②③④
10. 気がはりつめている ①②③④
11. 不安だ ①②③④
12. 落着かない ①②③④
13. ゆううつだ ①②③④

（ほとんどなかった／ときどきあった／しばしばあった／ほとんどいつもあった）

14. 何をするのも面倒だ ①②③④
15. 物事に集中できない ①②③④
16. 気分が晴れない ①②③④
17. 仕事が手につかない ①②③④
18. 悲しいと感じる ①②③④
19. めまいがする ①②③④
20. 体のふしぶしが痛む ①②③④
21. 頭が重かったり頭痛がする ①②③④
22. 首筋や肩がこる ①②③④
23. 腰が痛い ①②③④
24. 目が疲れる ①②③④
25. 動悸や息切れがする ①②③④
26. 胃腸の具合が悪い ①②③④
27. 食欲がない ①②③④
28. 便秘や下痢をする ①②③④
29. よく眠れない ①②③④

C　あなたの周りの方々についてうかがいます。
　最もあてはまるものに○印をしてください。

（非常に／かなり／多少／全くない）

次の人たちはどのくらい気軽に話ができますか？
1. 上司 ①②③④
2. 職場の同僚 ①②③④
3. 配偶者、家族、友人等 ①②③④

あなたが困った時、次の人たちはどのくらい頼りになりますか？
4. 上司 ①②③④
5. 職場の同僚 ①②③④
6. 配偶者、家族、友人等 ①②③④

あなたの個人的な問題を相談したら、次の人たちはどのくらいきいてくれますか？
7. 上司 ①②③④
8. 職場の同僚 ①②③④
9. 配偶者、家族、友人等 ①②③④

D　満足度について

（満足／まあ満足／やや不満足／不満足）

1. 仕事に満足だ ①②③④
2. 家庭生活に満足だ ①②③④

図3-9　職業性ストレス簡易調査票

イ　実施の頻度及び対象者

　実施の頻度としては、1年以内ごとに1回、定期に実施することとなります。1年以内ごとに複数回ストレスチェックを実施することに関しては、衛生委員会等での調査審議により、労使で合意すれば可能です。

対象者は、一般定期健康診断と同様です。

ウ　実施者

実施者は、医師、保健師、厚生労働大臣が定める研修を修了した看護師または精神保健福祉士、歯科医師、公認心理師になります。

実施者が必ず行わなければならないのは、以下のことです。

① 　ストレスチェックの調査票の選定並びにストレスの程度の評価方法及び高ストレス者の選定基準の決定について事業者に対して専門的な見地から意見を述べること。

② 　ストレスチェックの結果に基づき、医師による面接指導を受ける必要があるか否かを確認すること。

調査票の回収、集計・入力、受験者との連絡調整などの事務は、実施者が直接行う必要はなく、実施者の指示のもと実施の事務に携わる者に行わせることができます。

また、検査を受ける労働者について、人事を決定する権限または人事について一定の判断を行う権限を持つ監督的地位にある者は、医師等であっても実施者にはなれず、また労働者の個人情報を扱う実施の事務に従事することもできません。

(5)　ストレスチェック実施後の対応

ア　結果の通知

ストレスチェックの結果は、実施者から本人に直接通知します。通知する内容は、以下のものを必ず含めます。

① 　個人ごとのストレスの特徴や傾向を数値、図表等で示したもの（調査票の３つの領域ごとの点数を含むもの）

② 　高ストレスに該当するかどうかを示した結果

③ 　面接指導の要否

上記のほかに、労働者がセルフケアを行う際のアドバイス、面接指導の申出方法、その他の相談窓口なども通知することが望まれます。

なお、通知は結果の出力後に速やかに行う必要があり、封書や電子メール等で当該労働者に直接通知するなど、結果を本人以外が把握できない方法によらなければなりません。

イ　同意の取得

結果の通知は、本人に対して行われ、事業者には提供されません。事業者に結果を提供する場合には、必ず本人の同意が必要となります。同意の取得は、本人に結果を提供した後に行われなければならず、検査の実施前や実施時に同意を取得することは認められません。ただし、本人から面接指導を受けたいという申出があった場合は、結果の提

供に本人が同意したものとみなし、改めて同意を取得する必要はありません。

　なお、同意の事実が記録として残るよう、同意の取得は必ず書面または電磁的記録によらなければならないことに留意が必要です。

ウ　面接指導の申出の勧奨

　ストレスチェックの結果、ストレスの程度が高く、医師による面接指導を受ける必要があると判断された者は、メンタルヘルス不調となることを予防するためにも、できるだけ申出を行い面接指導を受けることが望まれます。

　本人に結果を通知しただけでは、申出を行わない者もいることも考えられるため、医師等の実施者から、面接指導の申出を行うよう勧奨することが望まれます。ただし、申出を行うとストレスチェック結果が事業者に提供されることから、申出をためらう者もいる可能性があるため、産業医による日常的な相談対応や、産業医等と連携しつつ、保健師等や心理職が相談対応を行う体制を整備し、そのなかで必要に応じて本人に申出を勧め、医師による面接指導につなげることが望まれます。

エ　結果の記録・保存

　ストレスチェック結果は、本人の同意がない限り事業者には提供されないため、医師等の実施者が記録を5年間保存することが望ましいとされています。なお、実施者による保存が困難な場合は、事業者がほかの実施事務従事者を指名して、保存させることもできます。この場合、保存が適切に行われるよう、保存場所の指定、保存期間の設定及びセキュリティの確保等必要な措置を講じなければなりません。

　また、本人の同意により事業者に提供された結果については、事業者に5年間の保存義務が課されています。

(6)　面接指導と就業上の措置

ア　面接指導の実施

　面接指導の申出があった者に対しては、医師、できれば事業場の状況を把握している当該事業場の産業医が面接指導を実施します。

イ　医師からの意見聴取と就業上の措置

　面接指導の結果、面接指導を実施した医師から、就業上の措置の必要性の有無及び講ずべき措置の内容やその他の必要な措置に関する意見を聞きます。そして、必要があると認めるときは、当該労働者の実情を考慮して、就業場所の変更、作業の転換、労働時間の短縮、深夜業の回数の減少等の措置を講じ、メンタルヘルス不調の予防に努めます。

(7)　集団ごとの集計・分析の実施

　ストレスチェックを通じて労働者のメンタルヘルス不調を防止するためには、本人に結果を通知して、セルフケアや必要な場合は医師による面接指導につなげるだけでなく、ストレスの要因となりえる職場環境の改善を図っていくことも極めて重要です。

　このため、事業者は、実施者にストレスチェック結果を一定規模の集団ごとに集計・分析させるとともに、その結果を勘案し、その必要があると認めるときは、その集団の労働者の実情を考慮して、職場環境の改善により心理的負担の軽減に努めなければなりません。なお、集団ごとの集計・分析や職場環境の改善は努力義務ですが、できるだけ実施することが望ましいものです。

　また、派遣労働者については、ストレスチェックの実施義務は派遣元事業主に課されていますが、集団ごとの集計・分析は、職場単位で実施する必要があることから、派遣先においても派遣労働者に対してストレスチェックを行い、派遣労働者も含めて集団ごとの集計・分析を行うことがよいでしょう。

(8)　不利益取扱いの防止とプライバシーの保護

　ストレスチェック制度は、健康診断とは異なり、結果が事業者に提供されないなど、労働者のプライバシーに配慮した仕組みになっていることに現れているように、労働者の心の健康に関する情報は、特に取扱いに注意が必要です。このため、事業者はストレスチェック制度の実施にあたっては、ストレスチェック結果のみを理由としたり、労働者が受験しないことや面接指導結果を理由とした不利益な取扱いを行ってはいけません。

(9)　外部に委託する場合の留意点

　事業者は、ストレスチェックや面接指導の全部または一部を外部機関に委託する場合には、委託先において、ストレスチェックや面接指導を適切に実施できる体制及び情報管理が適切に行われる体制が整備されているか等について、事前に確認しておくとよいでしょう。

【参考文献】
1）「メンタルヘルス指針基礎研修テキスト」中央労働災害防止協会、2006
2）「事業場におけるストレス対策の実際—ストレスの把握から職場環境等の改善まで—」中央労働災害防止協会、2006
3）「ストレスチェック制度　担当者必携—より良い効果を上げるために—」中央労働災害防止協会、2016

第4章
関係者との連携及び
情報提供の進め方

Chapter 4

　メンタルヘルス対策においては、メンタルヘルス不調の予防や早期の発見と対応、復職者への対応など、さまざまな場面で関係者と連携をとり、情報を共有することが大切です。ただ、メンタルヘルス不調に関する情報は、個人情報のなかでも特に機微な情報ですので、連携における情報の取扱いには特に配慮が必要になります（第2章5参照）。

1　事業場内関係者との連携

(1)　事業場内のネットワークの構築

　企業内のメンタルヘルス活動を円滑に行うためには、関連セクションの連携が不可欠です。通常は安全配慮義務を担う所属長が主となり、メンタルヘルス推進担当者と連携しながら職場でのメンタルヘルスの問題に取り組みます。そして、健康管理・安全衛生部門、人事労務管理部門、所属長の三者が連携しながら解決へと運んでいきますが、場合によっては労働組合を連携組織に含めることもあります。労働組合は人にかかわる組織であるという点で健康管理部門、人事労務管理部門と共通しており、常に社員の声を聞いていることから、例えばメンタルヘルスの低下している人の情報や職場の健康度などの情報リソースになることもあります。それぞれのセクションの意見を集約しながら活動することが大切であり、このことは企業内のセーフティネットということもできるでしょう。

(2)　衛生管理体制

　労働安全衛生法は、事業者に衛生管理体制の整備を義務づけています。衛生管理体制は、衛生管理を担う人と、調査審議機関である「衛生委員会又は安全衛生委員会」で構成されています。

ア　衛生管理を担う人

　衛生管理の実務については、経営トップをはじめさまざまな人が、それぞれの役割を担当します。衛生管理体制のキーパーソンとその職務は、次のとおりです。

① 経営トップ（総括安全衛生管理者）

　事業場の経営トップから選任することとされている総括安全衛生管理者の職務は、衛生管理者などを指揮することと、**表４－１**に示した事項を統括管理することです。

② 衛生管理者

　衛生管理者の職務は、**表４－１**に示した事項のうち「衛生管理に係る技術的事項」とされています。また、衛生管理者は、職場を巡視し、必要があれば健康障害防止のための措置を行います。衛生管理者にはそのための権限が与えられています。

③ 産業医

　産業医の職務は、**表４－２**に示した事項のうち「医学に関する専門的知識を必要とするもの」とされています。また、衛生委員会等の構成員となり医師の立場から意見を述べること、月１回（所定の場合は２カ月に１回）は職場巡視を行い作業環境や作業状況を把握すること、衛生管理者の指導・助言を行うこと、必要があれば事業者や

表４－１　総括安全衛生管理者の統括管理事項

① 労働者の危険又は健康障害を防止するための措置に関すること
② 労働者の安全又は衛生のための教育の実施に関すること
③ 健康診断の実施その他健康の保持増進のための措置に関すること
④ 労働災害の原因の調査及び再発防止対策に関すること
⑤ その他
　・安全衛生に関する方針の表明に関すること
　・労働安全衛生法第28条の２第１項又は第57条の３第１項及び第２項の危険性又は有害性等の調査（リスクアセスメント）及びその結果に基づき講ずる措置に関すること
　・安全衛生に関する計画の作成、実施、評価及び改善に関すること

表４－２　産業医の職務

① 健康診断の実施及びその結果に基づく労働者の健康を保持するための措置に関すること
② 労働安全衛生法第66条の８第１項、第66条の８の２第１項及び第66条の８の４第１項に規定する面接指導並びに同法第66条の９に規定する必要な措置の実施並びにこれらの結果に基づく労働者の健康を保持するための措置に関すること
③ 法第66条の10第１項に規定する心理的な負担の程度を把握するための検査の実施並びに同条第３項に規定する面接指導の実施及びその結果に基づく労働者の健康を保持するための措置に関すること
④ 作業環境の維持管理に関すること
⑤ 作業の管理に関すること
⑥ ①～⑤に掲げるもののほか、労働者の健康管理に関すること
⑦ 健康教育、健康相談その他労働者の健康の保持増進を図るための措置に関すること
⑧ 衛生教育に関すること
⑨ 労働者の健康障害の原因の調査及び再発防止のための措置に関すること

表4－3　衛生委員会等におけるメンタルヘルス対策に関する議題の例

○　年間の心の健康づくり計画における実施項目とスケジュールの検討
○　ストレスチェックの実施と職場環境の評価・改善
○　メンタルヘルス教育の具体的な内容と講師の選定
○　メンタルヘルス不調者への対応方法と関係者との連携手順
○　メンタルヘルス不調者が多発している組織の原因究明と対策
○　心の健康づくりに関する効果的な情報提供やＰＲの方法
○　メンタルヘルス対策チームの設置や事業場外資源の活用等体制の整備

総括安全衛生管理者に勧告することも産業医の職務です。

イ　衛生委員会または安全衛生委員会

　衛生委員会または安全衛生委員会（以下、「衛生委員会等」という。）の役割は、衛生管理に関するさまざまな対策について調査審議することであり、常時50人以上の労働者を使用する事業場にその設置が義務づけられています。

　メンタルヘルスケアの推進にあたっては、事業者が労働者等の意見を聴きつつ、事業場の実態に即した取組みを行うことが必要です。また、心の健康問題に適切に対処するためには、産業医等の産業保健専門職の助言を求めることも必要になります。よって、労使、産業医、衛生管理者等で構成されている衛生委員会等を活用することが効果的です。

　衛生委員会等の付議事項として「労働者の精神的健康の保持増進を図るための対策の樹立に関すること」が労働安全衛生規則に規定されており、心の健康づくり計画の策定、その実施体制の整備等の具体的な実施方法、個人情報の保護に関する規程等の策定等にあたっては、衛生委員会等において十分審議を行うことが必要です。

　表4－3は、衛生委員会等でメンタルヘルス対策について審議をする際の議題の例です。議題について話し合うほか、ストレスやメンタルヘルスに関する基本事項や衛生委員会等の役割についてメンバー間で理解を深めるために、会合の場で勉強会等を開くのもよいでしょう。

(3)　事業場内産業保健スタッフ等の役割

　事業場内産業保健スタッフ等は、互いに協力しながらそれぞれの役割を果たしていくことになりますが、スタッフの種類に応じた役割は次のとおりです。

①　産業医等（産業医その他労働者の健康管理等を行う医師）

　専門的な立場からの心の健康づくり対策の実施状況の把握、ストレスチェックや面接指導の実施、セルフケア・ラインによるケアへの支援、教育研修の企画・実施、情報の収集・提供等全般の助言指導、就業上の配慮が必要な場合の意見具申、専門的治療等が必要な場合の事業場外資源との連絡調整など

②　衛生管理者等（衛生管理者、衛生推進者、安全衛生推進者）

産業医の助言・指導等をふまえた、具体的な教育研修の企画・実施、ストレスチェック制度担当者として実施計画の策定、職場環境等の評価と改善、相談体制づくり、セルフケア・ラインによるケアへの支援、事業場外資源との連絡調整など

③　保健師等

産業医等及び衛生管理者等と協働して行う、ストレスチェックの実施、セルフケア・ラインによるケアへの支援、労働者・管理監督者からの相談への対応、教育研修の企画・実施、職場環境等の評価と改善、保健指導、コーディネートなど

④　心の健康づくり専門スタッフ（精神科・心療内科等の医師、心理職等）

ほかのスタッフと協力して行う、職場環境等の評価と改善、教育研修、相談対応など

⑤　人事労務管理スタッフ

労働時間等の労働条件や労働組織の改善及び適正配置への配慮など

⑷　組織内の連携

職場組織内の連携も重要です。通常、職場の健康管理責任者は所属長ですが、その下の中間管理職との連携も大切です。組織が大きくなればなるほど、各階層の管理職間でメンタルヘルスに関する情報交換や一貫した方針が共有のものになっていないと、メンタルヘルス不調を見逃すことや、メンタルヘルス不調を持った部下へのかかわり方がばらばらになるなど、対象者への望ましい支援ができなくなってしまいます。

そのためには、メンタルヘルス不調を持つ部下にかかわる管理職に対し、配慮の仕方やかかわりの方法などを話して、理解と協力を求めていくことも重要です。場合によっては、産業保健スタッフ等も交え、職場の不安や疑問も解消するように働きかけることが大切です。こうすることで、メンタルヘルス不調を抱える労働者がいても、本人や周囲の人たちも安心して労働生活を送ることができます。

2　事業場外資源の活用
⑴　事業場外資源に関する情報

メンタルヘルスケアを行ううえでは、事業場が抱える問題や求めるサービスに応じて、メンタルヘルスケアに関して専門的な知識を有する各種の事業場外資源を活用することが有効です。また、労働者が相談内容等を事業場に知られることを望まないような場合にも、事業場外資源を活用することが効果的です。事業場と事業場外資源とのネットワークの形成・維持には、事業場内産業保健スタッフ等の協力を得ながら、利用可能な事業場外資源の情報収集とリストの作成、連携方法についての事業場外資源との相談、労働者・管理監督者への事業場外資源に関する情報の提供などを行います。

　主な事業場外資源について以下に述べます。

① 都道府県産業保健総合支援センター

（https://www.johas.go.jp/shisetsu/tabid/578/Default.aspx）

　都道府県産業保健総合支援センターは、産業医や衛生管理者などの事業場内産業保健スタッフ等に対し、産業保健全般について相談対応や研修などのサービスを提供しています。なお、地域産業保健センターの活動に対しても専門的、技術的な支援や、事業場における産業保健活動に寄与するための調査研究等も行っています。

　また、職場におけるメンタルヘルス対策についての総合支援窓口として、事業場が取り組むメンタルヘルス全般についての相談対応や事業場内産業保健スタッフ等への情報提供及び助言、事業場への訪問支援等のサービスを行っています。具体的には、職場環境等の評価と改善の支援、教育研修の支援、事業場内の相談体制づくりの支援等です。

　産業保健スタッフを対象としたさまざまなメンタルヘルスに関する研修を実施したり、メールマガジンや厚生労働省「こころの耳」などのコンテンツをホームページ等を通じて情報提供を行っています。こうしたサービスは、各センターに配置された相談員等によって提供されています。

② 地域産業保健センター（地域窓口）

　地域産業保健センターは、産業医等の選任義務のない労働者数50名未満の小規模事業場の労働者及び事業者に対する産業保健サービスの提供を行っている機関です。メンタルヘルスケアについては、心の健康に関する相談を実施しているほか、心の健康づくり専門スタッフ等の紹介等の助言や情報提供、事業場外資源とのネットワークの形成、維持等に関する支援等を行っています。

③ 健康保険組合

　健康保険組合は、事業者が行う心の健康づくり事業に協力します。健康保険組合に所属する医師、保健師、看護師等が、教育研修、労働者のストレス評価の実施、心の健康相談等、積極的に独自の心の健康管理事業を行っている例もあります。事業場と健康保険組合が話し合い、一つの計画のもとにそれぞれの役割を分担して実施することが望まれます。

④ 労災病院（https://www.johas.go.jp/shisetsu/tabid/573/Default.aspx）

　独立行政法人労働者健康安全機構が運営する労災病院には、勤労者メンタルヘルスセンターが設置されているところがあります。ここでは、労働者に対するストレス関連疾患の診療や相談、職場のストレスに起因する疾病についての研究、労働者のストレス予防に関する研修、ストレスドックによるストレスの早期発見及び健康指導等を行うとともに、産業保健推進センター等を介すること等により産業医等に対する専門的・技術的な支援を行っています。

⑤ 中央労働災害防止協会（https://www.jisha.or.jp/）

　中央労働災害防止協会は、労働災害防止団体法によって設置されている、労働災害防止の

ために事業者等を支援する団体です。中央労働災害防止協会では、事業場の管理監督者、産業保健スタッフ等及びメンタルヘルス推進担当者等に対する教育研修の開催や情報提供、助言等を行うとともに、直接事業場に出向いての教育研修や事業場のストレス調査等を実施しています。

また、心身両面にわたる健康づくりの普及促進のための教育研修や、心理相談員などの健康づくりスタッフの養成のための専門研修、さらには労働者健康保持増進サービス機関等に対する指導援助を行っています。

⑥　労働者健康保持増進サービス機関

労働者健康保持増進サービス機関は、事業者からの委託を受けて、「事業場における労働者の健康保持増進のための指針」に基づいた心身の健康づくり活動やストレスチェック制度等を支援しています。心身の健康づくりでは、健康測定の結果に基づき、心身両面にわたる4つの健康指導（運動指導、メンタルヘルスケア、栄養指導、保健指導）を必要に応じて労働者に実施します。

また、事業場内産業保健スタッフ等と連携しながら、労働者のストレス評価、職場環境等の評価、教育研修等のサービスを提供している機関もあります。都道府県ごとに、労働者健康保持増進サービス機関を中心とした心身の健康づくりを推進するための協議会等が設置され、心身の健康づくりの啓発・普及を行っているところもあります。

⑦　労働衛生コンサルタント、産業カウンセラー、臨床心理士及び精神保健福祉士等

事務所を開いている労働衛生コンサルタントには、心の健康づくり計画及び組織づくり、職場環境等の改善及び健康管理について、事業者に助言を行うことが期待されています。産業カウンセラー、臨床心理士等は、労働者に対するカウンセリングを行っています。事業場に対して、教育研修、カウンセリング等のほか、情報提供、助言等のコンサルテーションサービスを提供している例もあります。

また、精神保健福祉士は、精神障害者の社会復帰に関する相談等、助言、指導、日常生活への適応のために必要な訓練その他の援助を行います。

⑧　精神科、心療内科等の医療機関

精神科は精神疾患の治療を、心療内科はストレスによる身体疾患の治療を担当する診療科です。心の健康問題を持つ患者が、精神科よりも受診に抵抗感が少ないという理由で、心療内科の治療を受ける場合もあります。

メンタルヘルス不調が発生した際には、最も連携をとらなくてはならない機関となります。このことからも、日頃から質の高い医療が提供でき、事業場のことも理解してもらえる医療機関を探しておくことが大切です。

これらの医療機関のなかには、事業場内産業保健スタッフ等と連携して、教育研修、心の健康問題を持つ労働者に対する相談、復職指導等を行っているところもあります。

⑨　地域保健機関

　精神保健福祉センター、保健所、市町村保健センター等が、それぞれの立場から心の電話、精神保健相談、アルコール相談、精神障害者の社会復帰等にかかわっています。

　なお、産業保健総合支援センター等や地域産業保健センターが精神保健福祉センター、保健所、市町村保健センター、事業場等と連絡会議等を通じて情報交換及び連携を行っている例もあります。

⑩　各種相談機関等

　各種相談機関としては、労働組合が実施する心の健康相談、NPO（非営利組織）等が主催する「いのちの電話（https://www.inochinodenwa.org/）」等の相談窓口があり、これらが労働者等によって活用されている例があります。また、断酒会（AA）などのさまざまな自助組織が、心の健康問題を有する者の社会復帰の手助けを行っています。

　このほか、民間企業で、事業場に対して労働者のメンタルヘルスに関するコンサルテーションや相談サービスを提供しているところもあります。こうしたサービスは、EAP（Employee Assistance Program）と呼ばれており、事業者から請け負って、事業場外でメンタルヘルスサービスを提供しています。

⑪　産業医学振興財団（https://www.zsisz.or.jp/）

　公益財団法人産業医学振興財団は、産業医を中心に事業場内産業保健スタッフ等に対して、メンタルヘルス、心の健康づくり等に関し、産業医学ジャーナル、産業医学レビューなどの機関誌等による情報の提供を行うほか、講習・研修の場の提供等を行っています。

⑫　医師会（日本医師会及び都道府県医師会）並びに産業医科大学

　医師会（日本医師会及び都道府県医師会）並びに産業医科大学は、産業医の法令上の要件となっている研修を行っています。また産業医科大学は、心の健康づくりに精通した医師等の養成を行っています。

⑵　家族による健康支援

　メンタルヘルス不調者にとって、家族は最も身近な存在であることが多いため、事業場内だけでなく、家庭においても疾患に関して同じ理解をして、同じ方向性で支援していくことが重要です。うつ病などもそうですが、特にアルコール依存症においては、家庭でのサポートが不可欠であり、常に連携をとっていくことが大切です。

⑶　小規模事業場における事業場外資源の活用

　50名未満の小規模事業場では、メンタルヘルスケアを推進するにあたって、必要な事業場内産業保健スタッフが確保できない場合が多いのが実情です。そのため事業者は、衛生推進者または安全衛生推進者を事業場内メンタルヘルス推進担当者として選任するとともに、地域産業保健センター等の事業場外資源の提供する支援等を積極的に活用し、取り組

むことが必要です。

⑷　事業場外資源の紹介及び利用勧奨の方法

　事業場外資源の積極的な活用を図るためには、労働者一人ひとりに、事業場外資源に関する情報を周知することが必要です。それぞれの事業場外資源の利用方法はもとより、事業場内の相談窓口からの紹介ルートや、利用にあたっての個人情報の保護に関する情報などが十分理解されることが、効果的な活用につながります。

【参考文献】

1）五十嵐千代：「最新地域看護学　各論2」　宮崎美砂子・春山早苗編、日本看護協会出版、2007

2）「労働者の心の健康の保持増進のための指針　公示第6号」厚生労働省、2015

3）「『職場のメンタルヘルス対策における産業看護職の役割』に関する報告書」日本産業衛生学会「職場のメンタルヘルス対策における産業看護職の役割」検討ワーキンググループ、2007

第5章
職場環境等の把握と
改善の方法

Chapter 5

1 職場環境改善とは

(1) 職場環境改善の考え方

　職場環境等の把握と改善（以下、「職場環境改善」という。）は、職場環境等によるストレス要因を改善し、労働者の健康と生産性を向上し、ひいては活気ある職場づくりに貢献する活動です。職場環境改善は、心身の健康問題を未然に防止する一次予防対策です。「労働者の心の健康の保持増進のための指針」（**別添資料1**）では、労働者のセルフケアの支援と並んで、一次予防のための具体的な実施事項にあげられています。またストレスチェック制度では、職場環境改善が次のように努力義務として位置づけられています。

　　「事業者は、検査を行った場合は、当該検査を行った医師等に、当該検査の結果を当該事業場の当該部署に所属する労働者の集団その他の一定規模の集団ごとに集計させ、その結果について分析させるよう努めなければならない。

　　② 事業者は、前項の分析の結果を勘案し、その必要があると認めるときは、当該集団の労働者の実情を考慮して、当該集団の労働者の心理的な負担を軽減するための適切な措置を講ずるよう努めなければならない。」（労働安全衛生規則第52条の14）

　労働者の心の健康の保持増進のための指針には、職場環境等について以下のように記載されています。

　　「労働者の心の健康には、作業環境、作業方法、労働者の心身の疲労の回復を図るための施設及び設備等、職場生活で必要となる施設及び設備等、労働時間、仕事の量と質、パワーハラスメントやセクシュアルハラスメント等職場内のハラスメントを含む職場の人間関係、職場の組織及び人事労務管理体制、職場の文化や風土等の職場環境等が影響を与えるもの。」

　職場環境改善の方法もさまざまです。わが国では、労働時間の短縮、有給の取得の推進など、勤務時間や休日の取り方の改善がよく取り上げられます。しかしミーティングの頻度など情報の伝達や相談の方法の改善、作業の方法の改善、温度や騒音、分煙など作業場所の環境の改善、上司や同僚とのコミュニケーションの改善、教育研修や相談窓口の設置なども行われています。

(2)　職場環境改善の有効性

　職場環境改善を行うことによって、仕事のストレス要因や健康状態が改善したり、あるいは生産性が向上したりすることが国内外の多くの研究によって報告されています[1]。厚生労働省によって実施されている労働安全衛生調査などの全国調査のデータを分析した結果では、職場環境改善を実施している事業場の労働者では、仕事上の強い悩み、不安に関するストレス反応の個数が少ないことが報告されています。ストレスチェック制度のなかで実施された職場環境改善に関する調査では、ストレスチェック後に職場環境改善を受けた労働者の6割が、自分のストレスを改善するのに「有効」（「有効」と「やや有効」の合計）だったと回答していました[2]。ストレスチェック後に職場環境改善を受けた労働者では、心理的ストレスが改善していることも報告されています[3]。

　国内の製造業の事業場において製造ラインで働く労働者を対象に行った研究では、従業員参加型の職場環境改善対策を実施した職場の労働者は、対策を実施しなかった職場の労働者に比べて、自分の生産性への自己評価が改善していました[4]。対策にかかった費用は労働者一人あたりの費用（対策に参加した労働者の時間に対する間接費用）が7,600円であったのに対して、生産性の増加から期待できる便益は15,200円と考えられました[5]。ストレスチェック制度において職場環境改善を経験した労働者でも、生産性が増加していました。職場環境改善を実施することには一定の費用がかかりますが、実施することによって、それを上回る生産性の向上が期待できます。

2　職場環境等の評価

(1)　職場環境等の評価

ア　職場環境等の評価方法

　職場環境等を評価する方法はさまざまです。質問票による労働者の調査データの集団分析に基づくもの、労働時間、疾病休業率など客観的なデータの分析に基づくもの、職場巡視などによる評価、労働者の意見を小グループ討議などを通じて集約することによる評価などがあります。このうち、質問票による調査に基づく評価がよく用いられます。職場環境等の評価では複数の方法を組み合わせて情報を収集することで、職場環境等の実態をより正確に把握できます。

イ　質問票による職場環境等の評価の留意事項

　質問票による職場環境等の評価では、分析対象の集団が一定の規模（人数）以上であること、また集団分析結果の取扱いについて留意することが求められます。

　ストレスチェック制度では、個人のストレスチェック結果を集団として集計、分析に利用する際の留意事項が示されています（心理的な負担の程度を把握するための検査及び面接指導の実施並びに面接指導結果に基づき事業者が講ずべき措置に関する指針（別

添資料2))。個人のストレスチェック結果の集団的な分析結果は、労働者の同意なく事業者が把握可能とし、実施者から事業者に提供することができます。ただし、分析の対象の職場の人数（回答者）が少ない場合には個人が特定されるおそれがあることから、10名を下回る場合には、分析の対象となる労働者全員の同意がないと集団的な分析結果を事業者に提供することは不適当であるとされています。

　また集団分析の結果は、分析の対象となった集団の責任者（管理監督者など）にとっては機微な情報であることから、事業場内で制限なく共有することは不適当とされています。集団的な分析の方法、分析結果の利用方法（集団的な分析結果の共有範囲を含む。）等について、衛生委員会で審議したうえで各事業場での取扱いを内部規定として策定するべきであるとされています。また集団的な分析結果は、事業者が5年間保存するよう努めなければならないこととなっています。

(2)　職業性ストレス簡易調査票による評価

ア　職業性ストレス簡易調査票

　職業性ストレス簡易調査票は、職場で比較的簡便に使用できる自己記入式のストレス調査票です[6]。職業性ストレス簡易調査票は57項目からなり、仕事のストレス要因、ストレス反応、緩衝要因の大きく3つから構成されています。以下のような特徴があります。

① 　ストレスの反応だけではなく、仕事のストレス要因、ストレス反応及び緩衝要因が同時に測定できる、多軸的な調査票です。

② 　ストレス反応では、心理的反応ばかりでなく身体的反応（身体愁訴）も測定できます。

③ 　心的ストレス反応では、ネガティブな反応ばかりでなく、ポジティブな反応も評価できます。

④ 　あらゆる業種の職場で使用できます。

⑤ 　項目数が57項目と少なく、約10分で回答できるため、労働の現場で簡便に使用できます。

イ　仕事のストレス判定図

　「仕事のストレス判定図」（図5-1）は、職業性ストレス簡易調査票を活用して、集団単位での仕事のストレス要因を数値化する簡便な方法です[7]。ストレスチェック制度では、標準的な集団分析の方法として位置づけられています。

　仕事のストレス判定図は、米国のR.カラセク教授、J.ジョンソン教授及びスウェーデンのイテオレル教授らによる「要求度・コントロール・社会的支援モデル」に基づいています。この考え方では、仕事の要求度が高いだけでなく、同時に仕事のコントロール

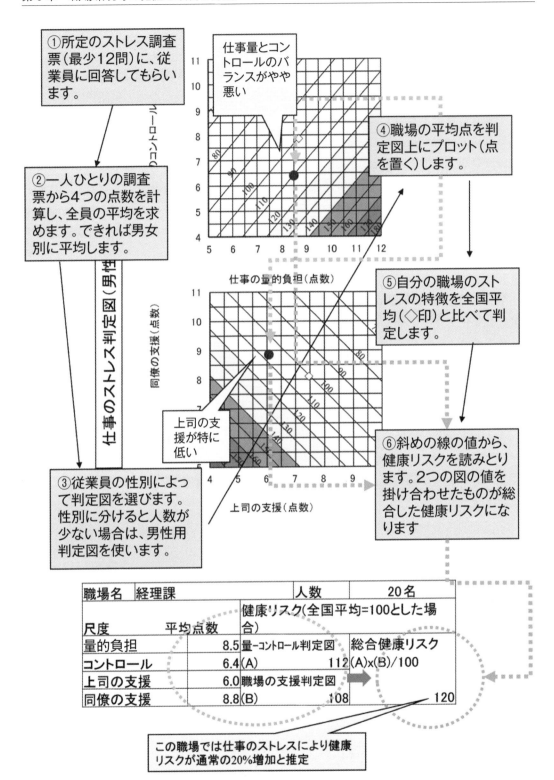

①所定のストレス調査票（最少12問）に、従業員に回答してもらいます。

②一人ひとりの調査票から4つの点数を計算し、全員の平均を求めます。できれば男女別に平均します。

③従業員の性別によって判定図を選びます。性別に分けると人数が少ない場合は、男性用判定図を使います。

仕事量とコントロールのバランスがやや悪い

④職場の平均点を判定図上にプロット（点を置く）します。

⑤自分の職場のストレスの特徴を全国平均（◇印）と比べて判定します。

⑥斜めの線の値から、健康リスクを読みとります。2つの図の値を掛け合わせたものが総合した健康リスクになります

上司の支援が特に低い

仕事のストレス判定図（男性）

同僚の支援（点数）

仕事の量的負担（点数）

上司の支援（点数）

職場名	経理課		人数	20名
尺度	平均点数	健康リスク（全国平均=100とした場合）		
量的負担	8.5	量-コントロール判定図		総合健康リスク
コントロール	6.4	(A)	112	(A)x(B)/100
上司の支援	6.0	職場の支援判定図		
同僚の支援	8.8	(B)	108	120

この職場では仕事のストレスにより健康リスクが通常の20%増加と推定

図5−1　仕事のストレス判定図の使用方法

と呼ばれる、仕事のうえの裁量権や決定の余地も低いという二重苦の状態におかれた場合に心身の健康問題が起きやすくなるとされます。また上司や同僚からの支援（人間関係）が低い場合にはさらに健康問題が起きやすくなると考えます。

　仕事のストレス判定図では、職業性ストレス簡易調査票から、仕事の量的負担、仕事のコントロール、上司の支援、同僚の支援の4つの得点を計算し、対象となる職場の回答者全員の平均値を求めます。これらの4つの平均値を、2つの判定図、つまり「仕事の量−コントロール判定図」と「職場の支援判定図」の上にプロット（点を置く）します。まず、結果を全国平均（図中に◇で示されている）と比較し、この集団における仕事のストレス要因の特徴を判断します。また仕事のストレス判定図は、全国平均を100としたときに、仕事のストレス要因のためにどの程度、自覚症状、血圧、疾病休業などの健康問題が増加するかを示した「健康リスク」値が示されています。プロットされた位置に相当する数値を判定図から読み取ることで、この値を知ることができます。例えば120の線上に位置していれば、この集団は仕事のストレス要因のために20%増しに健康問題が起きやすい職場であると評価できます。これまでの調査では、仕事の量−コントロール判定図で健康リスク値が120を超えている場合には、すでに何らかのストレス問題が職場で発生している場合が多いとされています。

　仕事のストレス判定図は男女別に判定図が用意されています。しかしストレスチェック制度では、性別の情報を集計に必ずしも含めない場合もあるため、男女をあわせて男性用の判定図を使用することが勧められています。ただし女性のデータを男性の判定図にあてはめた場合、仕事の量−コントロール判定図でのストレス評価がいくらか過大になる傾向があるとされています。

　仕事のストレス判定図の使用にあたっては、産業保健スタッフとともに評価することが望ましいとされています。仕事の量的負担については、過小な場合にもストレスとなることがあるため注意が必要です。仕事のストレス判定図は、評価する集団の規模が小さくなると評価が不安定になったり、個人の影響が大きくなったりするため、できれば20名以上程度、最低でも10名以上程度を一つのグループとして使用することが望ましいとされています。

(3)　新職業性ストレス簡易調査票による評価

　今日、組織風土やワーク・エンゲイジメント（労働者の仕事へのポジティブなかかわり）などに注目した職場のメンタルヘルス対策が注目されています。これらに対応する新しい職業性ストレス簡易調査票（以下、「新調査票」という。）が開発されています[8]。新調査票では、作業レベル、部署レベル、事業場レベルの仕事の資源のほか、ワーク・エンゲイジメント、職場の一体感（職場のソーシャルキャピタル）、職場のハラスメントなどを測定できるのが特徴です。

　新調査票は、職業性ストレス簡易調査票（以下、「現行調査票」という。）に追加して使用するものです。新調査票で新規に追加された尺度は、仕事の負担3尺度、作業レベル資源5尺度（1尺度は項目追加）、部署レベル資源8尺度、事業場レベル資源8尺度です。またアウトカムについては6尺度が新規に作成されました（表5－1）。「短縮版」を使用する場合、現行の職業性ストレス簡易調査票（57項目）に、新規23項目を追加した42尺度80項目の調査票となります。項目については，東京大学大学院医学系研究科精神保健学分野が運営する「事業場におけるメンタルヘルスサポートページ」（http://www.jstress.net）で閲覧することが可能です。

　新調査票の尺度の採点方法は、各項目の得点1～4点を項目数分合計し、これを項目数で割って1～4点の範囲になる得点を計算することとされています。得点はすべて点数が高い方が良好な状態（仕事の負担が少なく、仕事の資源が多い）を示すように変換されています。これは尺度ごとの比較を容易にする工夫です。現行調査票にある尺度（例えば仕事の量的負担）であっても、新調査票を使う場合には得点の計算方法が異なるので注意が必要です。

表5－1　職業性ストレス簡易調査票（現行版）と新職業性ストレス簡易調査票（新版）の尺度

区分	現行版である尺度	新版で追加した尺度
仕事の負担	仕事の量的負担 仕事の質的負担 身体的負担度 職場での対人関係 職場環境	情緒的負担 役割葛藤 ワーク・セルフ・バランス（ネガティブ）
作業レベル資源	仕事のコントロール 仕事の適性 技能の活用性 仕事の意義	役割明確さ 成長の機会 （新奇性） （予測可能性）
部署（グループ） レベル資源	上司からのサポート 同僚からのサポート 家族友人からのサポート	経済・地位報酬 尊重報酬 安定報酬 上司のリーダーシップ 上司の公正な態度 ほめてもらえる職場 失敗を認める職場 （グループの有能感）
事業場レベル資源		経営層との信頼関係 変化への対応 （手続きの公正性） 個人の尊重 公正な人事評価 多様な労働者への対応 キャリア形成 ワーク・セルフ・バランス（ポジティブ）
アウトカム	心理的ストレス反応 身体的ストレス反応 仕事満足度 家庭満足度	職場の一体感（ソーシャル・キャピタル） 職場のハラスメント ワーク・エンゲイジメント （職務の遂行） （創造性の発揮） （積極的な学習）

　注：（　）内は推奨版に含まれていない項目

　新調査票のフィードバック様式は、組織レベル用（事業場や部署別の集計結果を示した様式）のみが作成されています。2010年に実施された全国調査に回答した被雇用者1,633名（男性847名、女性786名）のデータを標準データとし、そのデータと比較して職場組織の特徴を評価できるフィードバック様式が作成されています。この様式では、「いきいきプロフィール全体図」で、個人のいきいき（ワーク・エンゲイジメント）及び職場のいきいき（職場の一体感）を確認し、これらの背景となる仕事の負担及び仕事の資源の状態を、領域別のレーダーチャートで確認し、おおまかな傾向をつかめるようにされています。さらに、領域別の各下位尺度の解析結果を棒グラフで表示し、具体的にどの要因が、その傾向の原因となっているかを確認できます。これらの様式も、新調査票と同様、「事業場におけるメンタルヘルスサポートページ」で閲覧することが可能です。

3　職場環境改善の実施

⑴　改善主導型別のアプローチ

　職場環境改善の計画立案を誰が中心となって行うか（改善主導型）により分類でき、①経営層主導型、②管理監督者主導型、③従業員参加型に大きく分けられます[9]（図5-2）。職場環境改善をはじめようとするとき、どの方式をとるのか決めておくとよいでしょう。各方式の特徴、実施に向いている職場、考えられるメリット及びデメリットを整理しまし

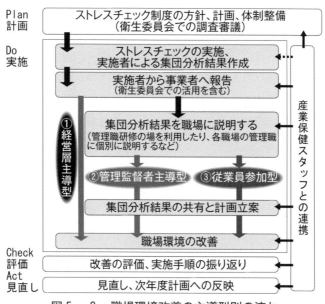

図5-2　職場環境改善の主導型別の流れ

注1　①～③は重なるものもある。
注2　図はストレスチェックの集団分析結果を活用した例で示しているが、ストレスチェックやその他の調査を実施せずに職場環境改善に取り組む方法もある。
出典：労働者健康安全機構「これからはじめる職場環境改善～スタートのための手引き～」2018

表５−２　職場環境改善の主導型別の特徴、メリット、デメリットの比較

	①　経営層主導型	②　管理監督者主導型	③　従業員参加型
特徴	集団分析の結果をもとに、経営層が事業場全体としての対策を進める職場環境改善です。	部署ごとの集団分析結果をもとに、管理監督者が対策を進める職場環境改善です。	各部署で働く従業員が、対策の立案や計画の策定に主体的に参加する職場環境改善です。
実施に向いている職場	課題が明確で、経営層が明確な方針を指示することができる場合。	課題が部署ごとで異なる場合。管理監督者が職場環境改善に取り組む意欲を持っている場合。	問題を皆で解決しようという雰囲気がある部署。多忙すぎる部署、人間関係に明らかな問題がある部署では実施が難しい場合があります。
メリット	労働時間削減、人員配置など事業場全体としての取組みが必要な場合に有効です。	管理監督者の自主性を引き出し、部署ごとの特徴を反映した対策が実施できます。	従業員の意見を反映することにより、きめ細かい対策が実施できます。従業員同士のコミュニケーションも改善します。
デメリット	部署ごとの業務内容や課題の特徴を反映した対策にならない場合があります。	管理監督者の権限を越えた対策は実施できません。管理監督者の独りよがりな対策にならないように工夫が必要です（産業保健スタッフ、従業員の意見を聞く等）。	従業員参加での意見交換会を開催する必要があります。対策は、部署内での改善に限定されます。

出典：労働者健康安全機構「これからはじめる職場環境改善〜スタートのための手引き〜」2018

た（表５−２）[10]。

⑵　職場環境改善の手順

ア　PDCA ステップでの実施

職場環境改善は、PDCA サイクルで実施します（表５−３）。

ストレスチェック制度以外で職場環境等の調査を実施しこれを参考に職場環境改善を進める場合には、これに相当する手順を行います。また、ストレスチェックなど職場環境等の調査を実施しないで職場環境改善を行うこともあります。

イ　ステップ１：計画、実施前準備

①　職場環境改善の体制づくり

職場環境改善の方針や目的を確認し、体制を整え、実施方法を決定していきます。このステップで重要なことは、関係者間で合意形成を行っておくことです。事業者には主体的にかかわってもらい、方針の表明をしてもらいます。職場環境等の改善のために、関係者による体制づくりを行います。職場環境改善の担当者には、産業医、保健師、衛生管理者などの産業保健スタッフがなる場合も、人事労務担当者がなる場合もあります（以下、ここで定めた担当者を「推進担当者」という。）。

衛生委員会のなかで職場環境改善の推進体制をつくることも可能です。衛生委員会とは別の推進組織をつくり、衛生委員会と連携しながら職場環境改善を行うこともできま

表 5 － 3　職場環境改善の PDCA サイクルとその内容

PDCA		内容
Plan	計画	職場環境改善についての方針の作成 ストレスチェックの集団分析とその結果の活用手順* 実施計画の作成
Do	実行	（1）ストレスチェックの実施*
		（2）集団分析の実施*
		（3）職場報告　事業者向け
		（4）職場報告　職場向け
		（5）職場環境改善
Check	評価	実施状況と効果の評価
Act	改善	次年度以降の方法の改善

* ストレスチェック制度の中で行う場合。
出典：小田切優子「ストレスチェック制度を利用したいきいき職場づくりのための職場環境改善
　　　スタートのための手引き～やってみよう職場環境改善～」2018

す。また職場環境改善に外部の専門家を利用するかどうかも決めておきます。どの場合でも、産業医、保健師等には参加してもらうとよいでしょう。

② 集団分析の実施方法の検討

　ストレスチェック制度のなかで職場環境改善を行う場合には、集団分析の方法とその活用方法について衛生委員会等で審議します。人数の少ない部署の集団分析を行う場合には、衛生委員会等で審議して最少の分析人数を決めておきます。集団分析結果の開示の範囲や方法についても決めておきます。例えば、事業場全体の集計結果は事業場内ウェブサイトを通じて労働者全員に周知する、部署別の分析結果の一覧は事業者、産業医及び保健師等、職場環境等の推進関係者のみが見ることができる、管理職は自分の所轄する部署の分析結果を見ることができる、などです。

③ 実施手順の策定

　職場環境改善の実施手順を策定します。改善主導型別のアプローチのどの方式を採用するか、管理監督者への研修や労働者への周知はどうするかなどを決めます。職場環境改善の計画については、衛生委員会等でも審議します。

ウ　ステップ 2 ：実施

① 職場環境等に関するデータの収集と分析

　職場環境等に関するデータを収集します。ストレスチェック制度は、職場環境等に関する現状を反映したデータを収集できるよい機会です。ストレスチェックの受検は労働者にとっては義務ではありませんが、受検率の低さはデータの信頼性に対する問題となります。受検にあたりストレスチェック制度の意義を、労働者に理解してもらえるように説明します。

　集計した結果を集団単位で分析するには、ストレスチェックに「職業性ストレス簡易調査票」を使用した場合は、「仕事のストレス判定図」を用いるとよいでしょう。また、このほかの尺度の得点を平均して比較することもあります。さらに、残業時間、産業保健スタッフの日頃の活動から得られた情報もあわせて検討します。

② 事業者や管理監督者への結果説明

　事業者・経営層や管理監督者に集団分析の結果を説明します。分かりやすい言葉で、図やグラフなどを用いて簡潔に提示します。数値のみで評価せず、部署の実態（業務の繁忙等）とすり合わせ、実情を正しく理解してもらうことが大切です。

③ 職場環境改善の実施

　職場環境改善を進めるにあたっては、これまでの集団分析の結果やその他の情報を総合して職場の状況を分析し、これに基づいて職場環境改善の計画を立案します。次に、その計画を実行します。

　改善主導型のうち、①経営層主導型では、事業者や経営層が中心となって職場環境改善の計画を立案します。②管理監督者主導型では、管理監督者が中心となって職場環境改善の計画を立案します。この場合、推進担当者が管理監督者に職場環境改善の方法を事前に研修しておきます。③従業員参加型では、従業員参加型のワークショップを開催して、計画を立てます（後述）。職場環境改善では課題に対して決まった対策があるわけではありません。それぞれの部署における状況を理解し、課題に応じて改善のための計画を作成する必要があります。後述する「職場環境改善のためのヒント集（メンタルヘルスアクションチェックリスト）」から対策を選択することもできます。

　効果的な計画立案のポイントを以下にあげます。

㋐　問題の指摘にとどまらず、「どうするとより良くなるか」を中心に問題解決型で考えます。

㋑　職場環境等を幅広く捉え、さまざまな角度から働きやすい職場にする方法を検討します。

㋒　多忙な時期は避ける、取り組みやすい時期を選ぶなど、現場の状況に合わせて、無理なく実施できる計画を立てます。

㋓　職場で働く労働者自身の意見をできるだけ拾い上げて、計画の立案に活かすようにします。

エ　ステップ3・4：評価と改善

　計画が実施された後、推進担当者はその実施状況と効果を評価します。評価には、2種類があります。プロセスの評価（パフォーマンスの評価と呼ぶ場合もある）では、対策が計画どおり実施されたかどうかを評価します。計画どおり実施されていなければ何が障害になったかを調べ、次年度に向けて改善方法を考えます。アウトカムの評価では、

目的とする健康やストレスの指標が改善したかどうかを評価します。こうした評価結果をもとに、次年度に向けて計画を改善し、よりよい対策につながるようにします。

　評価の基準については、職場環境改善の計画の時点で決めておきます。例えばどのようなものを指標にして効果を評価するのか決めておきます。これには「職場の仲間との普段の会話が増えること」を期待するというように定性的な指標や、あるいは「計画的な有休取得率が○％向上する」ことを期待する等のように定量的な指標で評価する方法があります。1年経てば、次のストレスチェックの結果を評価の指標にすることもできるでしょう。

4　職場環境改善のためのツール

⑴　職場環境改善のためのヒント集

　「職場環境改善のためのヒント集（メンタルヘルスアクションチェックリスト）」は、職場環境改善の好事例を6領域、30項目にまとめたものです[11]（資料：101〜103頁参照）。このヒント集は「現場ですぐに、既存の資源を活用しながら低コストで改善できる優先対策のヒント」を提供する点に特徴があります。

　ヒント集は本来、労働者によるグループ討議において、職場環境改善のアイデアについて意見交換する際の参考資料として使用されることを目的に作成されています。しかし、産業保健スタッフ等が管理監督者と相談して職場環境等の改善を検討する場面でも活用されています。ヒント集を使って管理監督者や労働者が、①自分たちの職場での課題や対策を具体的に考えることができる、②優先順位の高い対策ポイントを見つけることができる、③幅広い職場環境に着目して改善を進めることができるようになります。

　ヒント集に関する情報は、書籍のほか、事業場におけるメンタルヘルスサポートページ（http://www.jstress.net）に掲載されています。

⑵　メンタルヘルス改善意識調査票（MIRROR）

　「メンタルヘルス改善意識調査票」（MIRROR）は、労働者の意見調査により職場環境改善の目標と計画を策定することを支援するための質問票です。MIRROR には、職場の望ましい状態が45項目列記されています。労働者に、それぞれの項目について「1．実現されており改善は不要」、「2．できれば改善が必要」、「3．ぜひ改善が必要」、あるいは「4．この職場とは関係がない」の4つの選択肢から選んでもらいます。その結果から要望率（「2．できれば改善が必要」、「3．ぜひ改善が必要」の回答の合計割合）及び実現率（「1．実現しており改善は不要」の回答の割合）を計算し、項目の優先ランキング一覧を作成します。要望率と実現率の上位10項目をもとにして、各職場で討議しながら職場環境等の改善の計画を検討します。MIRROR に関する情報は、ホームページ【職場におけるメンタルヘルス対策ガイド】（http://plaza.umin.ac.jp/~omhp-g/improvement.html）に掲載されてい

ます。

　なお、ヒント集や MIRROR は、ストレスチェックの調査票として使用するものではな
く、ストレスチェックの集団分析をもとに職場環境改善を行う際のツールであることに注
意してください。

5　従業員参加型職場環境改善

　改善主導型別のアプローチのうち、従業員参加型職場環境改善では、従業員参加型のワー
クショップを通じて職場環境改善の計画を立て、実施します。ここでは従業員参加型の
ワークショップの実施方法について説明します[12]。

(1)　グループ討議の参加者の選定

　従業員参加型職場環境改善では、職場環境等の改善提案を検討するためのグループ討議
を中心に活動が実施されます。効果的な職場環境等の改善のためには、職場の管理監督者
と労働者全員が参加する方法が最も効果的であり、かつ労働者の半数以上が参加する場合
に効果的であることが知られています。

(2)　グループ討議の流れ（表5－4）

　1グループが5～8名になるようにグループに分かれます。通常は労働者だけでグルー
プをつくり、後のグループ発表において管理監督者が参加することが一般的です。グルー
プごとに、メンバーから進行役、記録係、発表係を選びます。討議のおおまかな流れ、持
ち時間について説明します。事業場内メンタルヘルス推進担当者、あるいはほかの産業保
健スタッフが進行役であるファシリテータ（アクショントレーナーとも呼びます）になり、
グループ討議の運営を行います。それぞれのグループが自分たち自身で討議を進められる
よう支援することが主眼であり、助言やコメントは最小限にとどめます。

　「仕事のストレス判定図」などの職場のストレス調査の集団分析結果や、そのほかに職場
の最近の状況で注目してもらいたいポイントがあれば情報提供します。これについてメン
バーで意見交換をしてもらいます（10～15分間程度）。

　職場環境等の改善の方法を各メンバーが提案しグループで討議します（30分）。職場環
境改善のためのヒント集などを参考にしてもらいます。グループ討議では、はじめに実施
されている「良い工夫」や改善事例（以下、「良い改善」という。）を3つまであげてもら
います。実施済みの良い事例をまず取り上げることで、議論が活発になり、自由に意見が
でるようになります。次に「これから取り上げたい」改善についてグループで討議しても
らいます。いくつも提案が出た場合には優先順位が高いもの（緊急なもの、あるいはすぐ
に実施できるもの等）を3つまで決めてもらいます。

　グループからの発表を行います。模造紙やパワーポイントを使って、グループごとに検

表5－4　従業員参加型職場環境改善におけるグループワークの進め方

職場の概要について把握する	事前準備	作業方法、作業と休憩時間、労働時間、人員構成、作業条件、作業者の健康状態、作業能率、生産性など問題になっている点について情報を集めておく。仕事のストレス判定図の調査結果を参考にするのもよい。必要なら対象職場を巡視する。ただし、この時点ではヒント集への記入は行わない。
↓		
①グループ討議について説明する	10分	ファシリテータが、これから行う職場環境等の改善提案を作成するためのグループ討議の目的、進め方、時間配分について説明する。討議の結果が、実際の職場環境改善にどう使われる予定であるかについても話しておく。
↓		
②グループを編成	10分	5～8名のグループに分かれて、テーブルにつく。グループ内で討議の進行役、記録係、発表係を決める。
↓		
③職場の概要についての意見交換	15分	職場環境等の現状について、働きやすい点、働きにくい点に注目して意見交換する。「仕事のストレス判定図」などストレス調査の結果があれば、これについてファシリテータが説明したり、疑問点に答える。
↓		
④ヒント集を使った点検	30分	1）グループごとにヒント集を使いながら点検を行う。 （1）項目ごとに「提案する」か「提案しない」を選び印をつける。 （2）「メモ」欄には職場で実施されている良い事例や、個々人の提案を簡単に書き留める。 （3）重要さと実行しやすさを考慮して優先度の高い項目には「優先」のところに印をつける。 2）最初は、すでに行われている「良い工夫」を取り上げる。これが終わったら、次に新しい改善を検討する。この順序は重要である。
↓		
⑤グループ討議のまとめ	10分	グループごとに、すでに行われている良い改善事例を3つまで選ぶ。また今後取り上げるべき改善を3つまで選ぶ。全体発表会での発表準備をする。
↓		
⑥全体討議	グループ数×10～15分	グループごとに討議内容を発表する。その後全体討議を行って、管理監督者や産業保健スタッフのコメントや助言を得ながら具体的な改善提案に向けてしぼりこみを行う。全体討議では、ファシリテータが中心となって全体としての結論をまとめる。
↓		
改善計画の作成	後日	全体討議でのまとめに従って、具体的な改善計画をたてる。何を、どの時期に実施するかを決め、予定表を作成する。改善計画とその予定表は、職場の全員が見ることができるようにしておくとよい。

※時間は目安である。

討経過の概要と、良い改善（3つまで）、改善提案（3つまで）を発表します。すべてのグループの発表が終わったら、優先的に実施する改善提案について職場の管理監督者が中心となってまとめます。ファシリテータがコメントを付け加えるのもよいでしょう。このまとめを計画として文書化し、人事・労務などと相談して職場環境等の改善を進めます。またグループ討議の結果から出てきた改善提案を、誰が責任者として実施するかを決めておきます。そして職場環境改善活動の実際を、衛生委員会や事業場内産業保健スタッフ、外部機関など、活動推進の担当者がフォローするようにしましょう。

6　職場環境改善の事例

職場環境改善の実践事例を経営層主導型、管理監督者主導型、従業員参加型の主導型別に紹介します。

(1)　経営層主導型職場環境改善の事例：中規模企業での取組み

ア　計画(P)

従業員150名のある企業では、ストレスチェック制度を実施していますが、データが活用できていませんでした。人事・労務担当者から経営層に、せっかく集まったストレスチェックデータを活用しましょうと提案しました。経営層は良い考えと賛同してくれ、担当者に基本方針を作成するように指示しました。担当者は案を作成し経営層の承認を得るとともに、衛生委員会でも審議してもらい、その意見を方針に反映しました。

イ　実行(D)

担当者は、ストレスチェック実施を委託している外部機関から集団分析結果を入手し、分かりやすい資料にまとめなおし経営層に報告しました。この企業では、仕事の量的負担が平均より高いことが分かりました。経営層は課題が数値として見える化できたことを評価し、すでに行っている労働時間の削減の対策を強化することと、管理監督者への教育研修を実施することを担当者に指示しました。この内容は、衛生委員会でも審議されました。担当者は、具体的な計画の策定と実施を担当しました。労働時間削減の対策の強化については、部課別の残業時間の集計を行い、毎月の部課長会で経営層から削減について指示を受けることにしました。また同じような業務を行っているにもかかわらず、仕事の量的負担の高い職場と平均的である職場の管理監督者にヒアリングを行い。何が違いになっているのか調べました。その結果、仕事のスケジュール作成を部下と意見交換しながら決めている、定期的なミーティングで仕事の見通しを伝えている職場では、仕事の量的負担が高くないことが分かりました。これをもとに、管理監督者の研修を計画し実施することにしました。

ウ　評価・改善(C・A)

毎月の部課長会で、毎回部課別の残業時間について情報提供がされること、その結果、残業時間が減少することを目標としました。また管理監督者の研修が、全員参加で実施されることを目標としました。1年後のストレスチェックでは仕事の量的負担が改善することを目標としました。部課長会での残業時間に関する情報提供は毎回実施され、平均残業時間が改善しました。しかし、管理監督者の研修へは対象者のうち70％しか参加できなかったため、次年度は開催日や開催方法を改善して実施する予定です。

(2)　管理監督者主導型職場環境改善の事例：研究開発職場

ア　計画(P)

電機製造業 A 事業所の 1 部門（約700名）でメンタルヘルス不調の防止・ストレス対策のための職場環境等改善を計画・実施しました。関係者に職場環境等改善の目的・意義について説明し、実施について承認を得ました。衛生委員会でも審議しました。

イ　実行(D)

職業性ストレス簡易調査票を全社員に対して実施しました。集団分析結果を20名以上の部課（16部署）について、仕事のストレス判定図を用いて集計しました。集団分析の結果を、当該職場の管理監督者に返却しました。「職場環境改善のためのヒント集」（以下、「ヒント集」という。）を用いて、各職場の管理監督者と産業保健スタッフとで個別に検討会を実施しました。検討会の実施後、管理監督者が改善計画を作成し、実施しました。

そのうちの一つの職場の事例を紹介します。この部署は、ソフトウェアからハードウェアまでの幅広い研究開発を行っている職場で、男性23名、女性 3 名（平均年齢31歳）が所属していました。仕事のストレス判定図による結果では、仕事のコントロールが7.0、仕事の量的な負担が6.7と全国平均より良好で、「仕事の量－コントロール」健康リスクは93と全国平均の100を下回っていました。しかし上司の支援、同僚の支援はそれぞれ、6.5、7.0といずれも全国平均よりも低く「職場の支援」健康リスクは123と全国平均を大きく超えていました。

この職場の管理監督者と産業保健スタッフと対策検討会を 1 時間程度かけて行いました。ヒント集を参考に職場で現在行われているよい点について話し合いを行った後、仕事のストレス判定図を参考に改善すべき点について検討を行いました。その結果、以下が計画としてあげられました（＊領域は101頁のヒント集を参照）。

領域 A.作業計画への参加と情報の共有：繁忙時やピーク時は、急な業務配分の再割り当てが必要になることもあることから、日々の状況をヒアリングする機会を増やすことで、必要な改善を行いやすい体制にする。

領域 E.職場内の相互支援：職場内だけでは解決し難い技術課題もあるため、職場を超えて、技術者同士の交流の機会を作る。

ウ　評価・改善(C・A)

職場環境等の改善のための対策を検討・立案するに際してヒント集を活用したことで、対策のヒント・手がかりが得られ、検討のための議論も行いやすかったとの声が、職場の管理監督者から聞かれました。提案された職場環境改善の計画のほとんどが各職場で実施されました。 1 年後のストレスチェックで結果を評価したところ、仕事のストレス判定図で健康リスク値が高かった職場の多くでは、健康リスク値が全国平均前後まで改

善していました。

(3)　従業員参加型職場環境改善の事例：建機メーカー

ア　計画(P)

　ある中堅建設機械メーカーの事業場では、総務部・開発部の担当者を中心に安全衛生委員会で審議し、開発部の社員60名に対し職場環境改善を通したメンタルヘルス対策に関するグループ討議の実施を計画しました。グループ討議では、心身ともに明るく健康的な職場づくりのキーパーソンとなる管理職及び社員が、職場環境の改善の視点からみたメンタルヘルス対策について検討することで、快適に働ける健康的な職場づくりのアイデアを出し合うことを目的としました。

イ　実行(D)

　開発部に所属する社員60名全員が参加できるように、2時間半の職場改善検討会を複数回実施しました。検討会では、ストレスチェックの集団分析結果をフィードバックし、職場環境等の改善のためのヒント集の使い方を説明した上で、グループ討議を実施しました。講義は外部講師が担当し、グループ討議のファシリテータは同事業場の保健師、衛生管理者等が担当しました。

　各グループとも、良い点・すでに行われている事例の討議から、改善すべき点の討議という流れで進めました。お菓子を食べお茶を飲みながら、終始和やかな雰囲気で討議が進みました。どのグループからも一つ以上の改善提案がありました。良い点として多かったのは、①同僚で相談し合え、上司に相談しやすい雰囲気がある、②働き甲斐がある、③作業の計画目標作成への参加、④作業しやすい環境・設備、⑤定期的なグループミーティングの開催、資料のファイルや整理・共有化が進んでいるなどでした。

　今後職場で改善したい点としては、①過大な作業量を見直す、②労働時間の目標値を定め、残業の恒常化をなくす、③定期ミーティングでコミュニケーションを良くする、④特定時期に業務が集中しないようにする、⑤個人ごとの作業場所の仕事をしやすくする、⑥作業のための情報を入手しやすくするための標準化（ツールの導入とルール化）などがあげられました。

　最後には管理監督者（部門長）も参加し、提案のうち有望なものを取り上げるとともに、トップにも改善へ向けて働きかけてみるとの発言がありました。

ウ　評価・改善(C・A)

　検討会終了後、開発部の各部署ごとに、グループ長から改善計画を提出してもらいました。約3カ月後に、改善計画の進捗状況について、中間報告を行うこととしました。ストレス等の改善状況は、1年後のストレスチェックの集団分析によって行う計画です。

コラム　コロナ禍での職場環境改善

　コロナ禍により、感染を防止するために対面での会議が制限されたり、テレワークで勤務する労働者が増えて職場環境の範囲が広がったりしたため、職場環境改善には新しい課題が生じました。

　第1に、部署の労働者が集まって意見交換するワークショップ型の従業員参加型職場環境改善は、コロナ下でも増えています。しかしながら感染対策上、実施をためらう場合もあるかもしれません。その場合には、経営層主導型や管理監督者主導型の職場環境改善は可能です。経営層主導型や管理監督者主導型の職場環境改善において、労働者の意見を聴く機会を設けることで、従業員参加型の利点を取り入れながら職場環境改善が実施できると期待されます。

　コロナ禍では、職場の感染症対策を実施することも、労働者の心の健康によい影響があることが知られています。職場の感染症対策を部署の労働者の意見を聴きながら実施することも効果的な職場環境改善と考えられます。さらに、オンライン会議ツールを使用して従業員参加型の職場環境改善を行っている事例もあります。労働者がオンライン会議ツールを使っての意見交換に習熟している場合には、このような方法もあると思われます。

　第2に、テレワーク労働者がいる職場では、個人によって自宅での職場環境がまちまちとなるため、共通した職場環境改善の対策が立てにくくなるという課題があります。しかしながら、職場環境改善の対象となる職場環境等は、物理的環境だけではなく、労働時間やスケジュール、職場のコミュニケーションなども含まれます。特にテレワークでは、職場のコミュニケーションの促進が重要とされています。テレワーク労働者がいる場合でも、共通した職場環境改善等に着目することで、部署全体に効果のある職場環境改善を計画することが可能であると思われます。

【参考文献】

1）吉川徹他「科学的根拠に基づいた職場のメンタルヘルスの第一次予防のガイドライン：職場のメンタルヘルスのための職場環境改善の評価と改善に関するガイドライン」『産業ストレス研究』20: 135 – 145, 2013

2）浅井裕美他「ストレスチェック制度施行開始1年度の実施状況，有用性および課題：労働者へのインターネット調査」『産業ストレス研究』25（2）: 257-271, 2018

3）今村幸太郎、川上憲人「ストレスチェック制度の1年目の現状と課題，効果評価」『医学のあゆみ』2017; 263: 230-233

4）堤　明純、島津明人、入交洋彦、吉川徹、川上憲人「職業性ストレス調査票と職場環境改善のためのヒント集を活用した職場環境改善」『産業ストレス研究』2006; 13（4）: 211-217

5）吉村健佑他「日本における職場でのメンタルヘルスの第一次予防対策に関する費用便益分析」『日本産業衛生学雑誌』55（1）: 11-24, 2013

6）下光輝一、原谷隆史他「職業性ストレス簡易調査票の信頼性の検討と基準値の設定」労働省平成11年度「作業関連疾患の予防に関する研究」報告書、2000, pp 126-138

7）川上憲人他「仕事のストレス判定図マニュアル」労働省平成11年度「作業関連疾患の予防に関する研究」報告書成果物、2000, pp 11-16

8）井上彰臣、川上憲人「職業性ストレス簡易調査票の開発と応用新職業性ストレス簡易調査票の開発」『産業ストレス研究』2013; 20（2）: 147 -153

9）小田切優子「ストレスチェック制度を利用したいきいき職場づくりのための職場環境改善スタートの手引き～やってみよう職場環境改善～」2018: http://mental.m.u-tokyo.ac.jp/jstress/

10）労働者健康安全機構「これからはじめる職場環境改善～スタートのための手引～」2018. https://www.johas.go.jp/sangyouhoken/johoteikyo/tabid/1330/Default.aspx

11）吉川　徹、川上憲人、小木和孝、堤明純、島津美由紀、長見まき子、島津明人「職場環境改善のためのメンタルヘルスアクションチェックリストの開発」『産業衛生学雑誌』2007; 49, 127-142

12）平成16年度厚生労働科学研究費補助金労働安全衛生総合研究事業「職場環境等の改善等によるメンタルヘルス対策に関する研究」職場環境改善のためのヒント集（アクションチェックリスト）作成ワーキンググループ（編）、「メンタルヘルス対策に重点をおいた職場環境等の改善マニュアル―職場環境改善のためのヒント集の活用法―」2005年

資料　職場環境改善のためのヒント集（メンタルヘルスアクションチェックリスト）

領　　域	項　　目	「仕事のストレス判定図」との対応			
		仕事の量的負担	仕事のコントロール	上司の支援	同僚の支援
A　作業計画への参加と情報の共有	1．作業の日程作成に参加する手順を定める 　作業の分担や日程についての計画作成に、作業者と管理監督者が参加する機会を設ける。		◎		
	2．少数人数単位の裁量範囲を増やす 　具体的なすすめ方や作業順序について、少数単位又は作業担当者ごとに決定できる範囲を増やしたり再調整する。		◎		
	3．個人あたりの過大な作業量があれば見直す 　特定のチーム、又は特定の個人あたりの作業量が過大になる場合があるかどうかを点検して、必要な改善を行う。	◎	○	○	○
	4．各自の分担作業を達成感あるものにする 　分担範囲の拡大や多能化などにより、単調な作業ではなく、個人の技量を生かした達成感が得られる作業にする。		◎	○	
	5．必要な情報が全員に正しく伝わるようにする 　朝の短時間のミーティングなどの情報交換の場を設け、作業目標や手順が各人に伝わり、チーム作業が円滑に行われるように、必要な情報が職場の全員に正しく伝わり、共有できるようにする。		◎	○	○
B　勤務時間と作業編成	6．労働時間の目標値を定め残業の恒常化をなくす 　1日、1週、1箇月ごとの労働時間に目標値を設け、ノー残業デーなどを運用することなどで、長時間労働が当たり前である状態を避ける。	◎	○		
	7．繁盛期やピーク時の作業方法を改善する 　繁盛期やピーク時などの特定時期に個人やチームに作業が集中せず作業の負荷や配分を公平に扱えるように、人員の見直しや業務量の調整を行う。	◎	○		
	8．休日・休暇が十分取れるようにする 　定められた休日日数がきちんと取れ、年次有給休暇やリフレッシュ休暇などが計画的に、また必要に応じて取れるようにする。	◎	○		
	9．勤務体制、交代制を改善する 　勤務体制を見直し、十分な休養時間が確保でき、深夜・早朝勤務や不規則勤務による過重負担を避けるようにする。	◎	○	○	
	10．個人の生活条件に合わせて勤務調整ができるようにする 　個人の生活条件やニーズに応じて、チーム編成や勤務条件などが柔軟に調整できるようにする。 （例：教育研修、学校、介護、育児）	◎	○	○	○

注）　◎＝特に関係あり　　○＝関係あり

領　　域	項　　目	「仕事のストレス判定図」との対応			
		仕事の量的負担	仕事のコントロール	上司の支援	同僚の支援
C　円滑な作業手順	11.　物品と資材の取り扱い方法を改善する 　物品と資材、書類などの保管・運搬方法を工夫して負担を軽減する。 （例：取り出しやすい保管場所、台車の利用、不要物の除去や整理整頓など）	◎	○		
	12.　個人ごとの作業場所を仕事しやすくする 　各自の作業場のレイアウト、姿勢、操作方法を改善して仕事をしやすくする。 （例：作業台の配置、肘の高さでの作業、パソコン操作方法の改善など）	◎	○		
	13.　作業の指示や表示内容を分かりやすくする 　作業のための指示内容や情報が作業中いつでも容易に入手し確認できるようにする。 （例：見やすい指示書、表示・ラベルの色分け、標識の活用など）	○	◎	○	
	14.　反復・過密・単調作業を改善する 　心身に大きな負担となる反復作業や過密作業、単調作業がないかを点検して、適正な負担となるよう改善する。	◎	○		
	15.　作業ミス防止策を多面に講じる 　作業者が安心して作業できるように、作業ミスや事故を防ぎ、もし起こしても重大な結果に至らないように対策を講じる。 （例：作業手順の標準化、マニュアルの作成、チェック方法の見直し、安全装置、警報など）	◎	○		
D　作業場環境	16.　温熱環境や音環境、視環境を快適化する 　冷暖房設備などの空調環境、照明などの視環境を整え、うるさい音環境などを、個々の作業者にとって快適なものにする。	○	○	○	○
	17.　有害環境源を隔離する 　健康を障害するおそれのある粉じん、化学物質など、人体への有害環境源を隔離するか、適切な防護対策を講じる。	○			
	18.　職場の受動喫煙を防止する 　職場における受動喫煙による健康障害やストレスを防止するため、話し合いに基づいて職場の受動喫煙防止対策をすすめる。			◎	◎
	19.　衛生設備と休養設備を改善する 　快適で衛生的なトイレ、更衣室を確保し、ゆっくりとくつろげる休憩場所、飲料設備、食事場所や福利厚生施設を備える。	◎		○	○
	20.　緊急時対応の手順を改善する 　災害発生時や火災などの緊急時に適切に対応できるように、設備の改善、通路の確保、全員による対応策と分担手順をあらかじめ定め、必要な訓練を行うなど、日頃から準備を整えておく。	○	○	○	

領　　域	項　　目	「仕事のストレス判定図」との対応			
		仕事の量的負担	仕事のコントロール	上司の支援	同僚の支援
E　職場内の相互支援	21.　上司に相談しやすい環境を整備する 　　従業員が必要な時に上司や責任者に問題点を報告し、また相談しやすいように普段から職場環境を整えておくようにする。 （例：上司に相談する機会を確保する、サブリーダーの設置、相談しやすいよう職場のレイアウトを工夫するなど）			◎	○
	22.　同僚に相談でき、コミュニケーションがとりやすい環境を整備する 　　同僚間でさまざまな問題点を報告しあい、また相談しあえるようにする。（例：作業グループ単位で定期的な会合を持つ、日報やメーリングリストを活用するなど）			○	◎
	23.　チームワークづくりをすすめる 　　グループ同士でお互いを理解し支えあい相互に助け合う雰囲気が生まれるように、メンバーで懇親の場を設けたり研修の機会を持つなどの工夫をする。			◎	◎
	24.　仕事に対する適切な評価を受け取ることができる 　　作業者が自分の仕事のできや能力についての評価を、実績に基づいて、納得できる形で、タイミングよく受け取ることができるようにする。			◎	○
	25.　職場間の相互支援を推進する 　　職場や作業グループ間で、それぞれの作業がしやすくなるように情報を交換したり、連絡調整を行ったりするなど、相互支援を推進する。	○	○	○	○
F　安心できる職場のしくみ	26.　個人の健康や職場内の健康問題について相談できる窓口を設置する 　　心の健康や悩み、ストレス、あるいは職場内の人間関係などについて、気兼ねなく相談できる窓口または体制を確保する。 （例：社内のメンタルヘルス相談窓口の設置）	○	○	○	○
	27.　セルフケアについて学ぶ機会を設ける 　　セルフケア（自己健康管理）に役立つ情報を提供し、研修を実施する。 （例：ストレスへの気づき、保健指導、ストレスへの上手な対処法など）	○	○	○	○
	28.　組織や仕事の急激な変化にあらかじめ対処する 　　組織や作業編成の変更など職場の将来計画や見通しについて、普段から周知されているようにする。	○	○	○	○
	29.　昇進・昇格、資格取得の機会を明確にし、チャンスを公平に確保する 　　昇進・昇格のモデル例や、キャリア開発のための資格取得機会の有無や時期が明確にされ、また従業員に公平にチャンスが与えられることが従業員に伝えられているようにする。		○	◎	○
	30.　緊急の心のケア 　　突発的な事故が生じた時に、緊急処置や緊急の心のケアが受けられるように、あらかじめ職場内の責任者や産業保健スタッフ、あるいは社外の専門家との連絡体制や手順を整えておく。	○		○	

第6章
メンタルヘルス不調への
気づきと対応

Chapter 6

1 労働者によるセルフチェックと自発的な相談

　労働者が自発的に相談できるようにするためには、第一にストレスへの気づきをよくすること、第二にメンタルヘルス不調への偏見を減らすこと、そして第三に相談しやすい環境をつくることが必要です。

　第一は、「ストレスへの気づき」です。メンタルヘルス対策としてこれが最も重要です。ストレスへの気づきには、ストレス要因への気づきとストレス反応への気づきの2つがあります。ストレス要因つまり「刺激」及びその「反応」ということになります。気づきをよくするためには、ストレス要因とストレス反応についての知識を持つことが必要であり、そのために健康教育が行われます。それとともに、身体感覚を高めることと、心の状態を客観的にみる目を養うことが大切です。多忙な日常業務に追われて自らを省みる時間をとるのは難しいかもしれませんが、帰宅後寝るまでの時間、あるいは週末の余裕のある時間に、自分のストレスの状態を客観的にみることを習慣化することも有用です。多くの人がストレス要因に気づいていないし、またストレス反応を自覚していません。

　最近では、ストレス反応のチェックは、ストレスチェック制度も義務化されましたし、社内のイントラネットやインターネットで簡単にできるようになっています。しかし、簡便にチェックできるので有用性が高いものの、こうしたセルフチェックには落とし穴のあることにも十分な注意が必要です。「問題ありません」という結果をむやみに信じることは危険です。一方、結果が要注意であっても、問題ないこともあります。こうしたセルフチェックの仕組みの効用と限界を知っておくこと、疑問が残る場合には、産業医、保健師など身近にいる産業保健スタッフに相談することが大切です。

　第二は、メンタルヘルス不調への自分自身の偏見を減らすことです。ストレスやメンタルヘルス不調への気づきがあっても、「恥ずかしい」とか、「情けない」という気持ちになると、自発的に相談することが妨げられます。メンタルヘルスについての正しい知識と適切な態度を持つことが大切であり、そのためにも健康教育が必要です。集合教育や小冊子、あるいはオンラインでの記事の配信などにより教育を行います。

　第三は、相談しやすい環境の整備です。実際に相談できる窓口を社内及び社外に設置します。相談窓口を設置しても労働者が使いにくくては意味がありません。また相談が有益であることが必要です。利用率や利用者の声を適宜把握して、より使いやすい窓口にしていく努力が欠かせません。第二のメンタルヘルス不調への偏見の除去は相談しやすい職場の雰囲気づくりに役立ちます。

2　管理監督者、事業場内産業保健スタッフ等による相談対応

(1)　管理監督者による相談対応

　メンタルヘルスケアにおける管理監督者の役割は、部下への目配りと必要に応じた声かけと傾聴でしょう。

　職場において最も大切なのはコミュニケーションです。コンピューターが普及し、メールにより用件を伝え、相談することが多くなっています。メールには都合がいいときに読めるという利便性があります。相手が忙しいとか、機嫌が悪いとか考慮する必要がありません。会話の背後にあるものを憶測する必要もありません。記録として残ることも有用です。

　傾聴は面接者の基本姿勢を示す言葉で、文字通り「耳を傾ける」ことです。そして「聞く」ではなく、「聴く」です。相手の語ることに注力して聴いて理解しようとすることです。よくいわれるように、コミュニケーションのうち、言葉を介するものは実は一部です。むしろ非言語的コミュニケーションである身振り手振り、顔や特に目の表情などが果たす部分が大きいのです。傾聴においても、当然相手の言葉だけでなく、非言語的部分に注目する必要があります。また情報を発信する際にも、言語的な部分だけでなく、非言語的な部分にも十分に配慮することが大切です。

　最近では、テレワークが普及し、オンライン会議システムなどで相談を受ける機会も増えると思われます。主に上半身の映像となるため、直接対面よりは視覚的に確認できる情報は減りますが、そこでも非言語的コミュニケーションには留意したいものです。

　傾聴では、相手の一挙一動に注目しますが、「関心を持って聴こう」という姿勢を持つことがその前提です。一対一の人間として相対しているということが大切な点です。仕事だからとか、職責上だからだとかいった態度では、傾聴にはなりません。上司という高い立場から見下ろしているかのような感覚では傾聴は難しいでしょう。相手の言葉や気持ちに焦点を当てます。気を入れて聴いてくれているかどうかは、話し手にはすぐに分かるものです。

　傾聴で重要なことは、話し手の話の中身とその話にまつわる気持ちに「共感する」ことです。気持ちに共感することは、感情移入とは少し違います。感情移入は、相手に、あるいは相手の状況に気持ちを入れることです。感情移入では位置関係はさまざまですが、共感は「共に感じる」ことであり、立ち位置は対等です。そして、共感では、客観的な視点

を保持することが大切です。

このように共感では、自分を常に意識して客観視し、相手と自分がそれぞれどのような気持ちを抱いているのか、相手との間でどのような感情の交流が起きているのかを客観的にみようとします。

管理監督者は、基本的に産業保健スタッフにつなぐ役割を負っています。部下の話の内容からメンタルヘルス不調の疑いがあると判断した場合には、産業保健スタッフへ相談に行くように指示します。もちろん機械的に産業保健スタッフを紹介するのではなく、まずは部下の話を傾聴し、共感するプロセスが必要です。

(2) 産業保健スタッフによる相談対応

産業保健スタッフの役割の第一は、当該の労働者の現在の状態が病的かどうか、あるいは今後病的状態になるリスクがどの程度あるのかという判断を行うことです。さらに業務に関連したストレスがどの程度あるのか、業務調整が必要かどうかの判断を行います。通常、保健師等がまずは相談対応を行って、次に産業医の面接につなげます。産業医が必要と判断した場合には、産業医をサポートする精神科医が面接して、病状の判断及び就業上の措置について意見を述べます。

産業保健スタッフの面接においても、まずはラポール（信頼関係）をつくることから始めます。管理監督者と同じように、傾聴（関心を抱く、共感を示す）が重要です。それに引き続いて、産業保健の観点から必要な情報を収集して判断を行うことになります。

(3) 早期発見のためのポイント

心の病の早期発見のポイントは、「変化」を把握することです。変化を把握するためには、普段の状態をきちんとみておくことが必要です。

ア 勤怠状況

① 無断欠勤

無断欠勤は通常就業規則上も解雇事由に入る、あってはならないことです。そのことは当該の労働者自身も重々分かっているのですが、病状のために、ついつい連絡ができなくなってしまいます。

② 病気欠勤が多い

病名を問わず、病気欠勤が多いのは、背景にメンタルヘルス上の問題のあることを示唆します。メンタルヘルスの状態が良くなく、免疫力が落ちていて、病気にかかりやすくなっている可能性が考えられるからです。

③ 月曜日（休日明け）または金曜日に欠勤が多い

休日明けに突発休が続くようであれば、メンタルヘルス上の問題の存在が示唆され

ます。何とか自分にむち打って頑張って出ていたのが、週末になると頑張りがきかなくなったり、休日になりホッとして、どっと疲れが出てしまいます、月曜日になってもその状態が続き出社ができません。

④　遅刻が多い（特に月曜日の朝）、昼食休みからの帰社が遅い、早退が多い

　　欠勤にいたる前段階です。この状態で管理監督者に対応していただけると欠勤しないで済むこともあります。

⑤　「風邪をひいた」、「お腹の調子が悪い」などを理由とする欠勤が多い

　　メンタルヘルス上の問題の始まりには、こうした欠勤が非常に多くみられます。お腹の調子が悪い、下痢でトイレ通いをする、気持ち悪い、吐き気がする、などで休むことも多くなります。頭が痛い、頭が重い、微熱、身体がだるいなどの風邪のような症状は、心の病でもごく普通にみられます。

イ　事故

　事故の要因は多様ですが、事故の発生は、注意力や集中力、持続力が低下する心の病の危険信号の場合もあります。もちろん、たまたま運の悪いことが重なっただけということがあるかもしれませんが、偶然の産物に見えるものも、よく観察してみると、実はそれらの背景に個人なり、組織なりの重大な問題が隠されていることも少なくありません。事故は本人のみならず、他人にも重大な被害をもたらす危険があります。

ウ　仕事の能率低下

　仕事の能率低下は、具体的には以下のような事態として現れます。

①　仕事をするのにいままで以上に努力を要する

②　仕事をするのに時間がかかる

③　期限までに仕事を完成できない

④　不注意や判断力低下からミスをする

⑤　間違った決断をする

⑥　なかなか決断ができない

エ　症状

　症状を把握するとか、診断するということを、専門家のように行う必要はありません。しかしながら、何かの病気の症状かもしれないと「気づく」ことは大切です。どのような病気であっても、最初は自分で気がつくか、周囲の人が気づくかのどちらかです。その後に、ときにはためらいの時期があって、初めて医療機関を受診するわけです。その場合にも、心の病は身体症状として始まることが多いため、内科などを経て精神科医にたどりつきます。重要なのは、「以前と比べて変わった」という点です。

①　元気がない、口数が少なくなった、「自信がない」・「迷惑をかけている」という言動

これらは、いずれも「抑うつ状態」において、現われやすい現象です。気持ちが沈んで、気力が落ちるので、周囲から見ても、元気がなく、口数が少ないようにみえます。

②　多弁、落ち着かない、攻撃的になる

おしゃべりになり、普段冗談を言わないような人がジョークを言うので周囲がびっくりしてしまいます。「酒でも入ってるんじゃないの」と言われてしまいそうですが、実際、一杯入った状態に似ています。

③　疑い深い、被害妄想的、孤立している

性格的に猜疑心の強い人がいます。何に対しても慎重で、ときには疑い深くなってしまうタイプです。いつもはそうではないのに、あるときから疑い深くなり、孤立してしまうといった場合は、病気である可能性が出てきますが、本人には病識（自分が病気であるという意識）がないこともあります。

④　不安な表情、離席が多い

メンタルヘルス不調になってくると、概ね不安げな表情が多くなります。席に着いていることを苦痛に感じて落ち着かなくなり、トイレに行ったり、お茶を飲みに行ったり、タバコを吸いに行ったりします。

⑤　居眠り、ボーッとしている

居眠りが多くなったり、ボーッとしていて話しかけても気がつかないことが多くなります。この背景には、よく眠れないことや、睡眠薬を飲んでいて薬の影響が残っていることもあります。

3　メンタルヘルスにかかわる病気

メンタルヘルス不調の原因となる精神疾患の中でポピュラーなものはうつ病ですが、もちろん精神疾患はうつ病だけではありません。数多い精神疾患の治療やケアを的確に行うためには、診断の前提となる国際的にシェアされた分類が必要です。

(1)　精神疾患の分類

現在、国際的に次の2つの分類が使われています。

①ICD－10　（WHO, 1992）

精神および行動の障害の分類

（ICD－10　Classification of Mental and Behavioural Disorders）

②DSM－5　（American Psychiatric Association, 2013）

精神疾患の診断・統計マニュアル　第5版

（Diagnostic and Statistical Manual of Mental Disorders 5th Edition）

ICD－10は国家の公式統計に用いられる分類です。労働者災害補償保険法の補償対象と

表 6 － 1　ICD-10の分類

1．症状性を含む器質性精神障害
　（例：認知症）
2．精神作用物質使用による精神及び行動の障害
　（例：飲酒、喫煙、麻薬）
3．統合失調症、統合失調型障害及び妄想性障害
4．気分障害
5．神経症性障害、ストレス関連障害及び身体表現性障害
　（例：不安障害、強迫性障害、急性ストレス反応、PTSD、適応障害、解離性障害）
6．生理的障害及び身体的要因に関連した行動症候群
　（例：摂食障害、非器質性睡眠障害、性機能不全）
7．成人のパーソナリティ及び行動の障害
8．知的障害
9．心理的発達の障害（例：自閉症スペクトラム）
10．小児期及び青年期に通常発症する行動及び情緒の障害
　（例：多動性障害、行為障害、チック障害）
11．特定不能の精神障害

するかどうかの決定にはこの分類に基づく診断名が用いられています。現行の ICD-10 は、表 6 － 1 に示したとおり、精神疾患を 1 ～10までの大きなカテゴリーに分けています（11は 1 ～10のどれにも分類できない病気です）。

　WHO は、平成30（2018）年に ICD-11の内容を総会で発表し、令和元（2019）年の年次総会で承認されました。WHO は令和 4 （2022）年 1 月に ICD-11を正式に発効する予定です。各国はそれまでの期間に国内での適用作業を進め、ICD-11を導入していくことになります。

　ICD-11のカテゴリーの区分は、ICD-10とは大きく変わっています。一例では、睡眠・覚醒障害や性別不合に関する病態などが新設されています。日本国内で正式に使用するためには、和訳だけでなく、ICD-10から ICD-11への改訂で変更・追加された疾患名の和文名の審議、分類項目の確認や、ICD-10と ICD-11の変換表の作成、従来の疾病分類表・死因分類表の見直しなどが必要となるため、国内の正式な導入までは ICD-10が使用されることになります。

　DSM － 5 はアメリカ精神医学会の分類です。精神疾患が22の大きなカテゴリーに分けられています。精神疾患の診断にはこの分類が使われることが多いのですが、ICD-10、ICD-11とは異なる部分があります。診断書に書かれた病名が何を根拠にしているのかを確認することが必要です。

(2)　うつ病

　うつ病は、ICD － 10では 4 の「気分障害」（表 6 － 1 ）に分類されています。これは ICD-11でも変わっていません。気分障害には、もう一つ重要な病気として双極性障害が

あります。単純化していえば、抑うつ状態のみを繰り返すタイプがうつ病、抑うつ状態と躁状態を繰り返すタイプが双極性障害ということになります。

　DSM－5は、気分障害というカテゴリーをなくして、あらたに「抑うつ障害群」と「双極性障害および関連障害群」を設けました。うつ病と双極性障害を異なる病気として位置づけたことになります。理論上は、躁状態のみを繰り返す躁病がありうるので、それも双極性障害として扱われますが、実際は躁状態のみの症例は稀で、経過を追っていくと、多くの場合、躁状態の後には抑うつ状態が出現します。

ア　うつ病の症状

①　身体症状

　うつ病では頭痛、目まい、耳鳴り、身体各部位の痛み、しびれ、微熱などさまざまな身体症状がみられます。

②　食欲低下・体重減少

　ほぼ確実に食欲は落ちます。「食べても美味しいと感じない、何かを食べたいという気持ちになれない」という段階から、「食べたくない、吐き気がする、吐く」という段階までさまざまです。多かれ少なかれ体重も減ってきます。2 kg 程度の体重減少はよくありますが、5 kg も減ってしまうことがあります。

③　睡眠障害

　早朝覚醒といわれる「朝早く目覚めるタイプ」の睡眠障害がうつ病では特徴的です。もちろん寝つきが悪いとか（入眠障害）、途中で目が覚めるとか（中途覚醒）、眠った気がしない（熟眠障害）などの睡眠障害もみられます。ときには、過眠もみられ、この場合は朝に目が覚めないので定時の出社ができません。

④　日内変動

　日内変動といわれる状態も特徴的です。朝に調子が悪く、午後に調子が出てくるというものです。最初は一日中悪いのですが、うつ病から回復してくる過程では、だんだん午後から夜にかけて調子がよくなります。次いで、朝は悪いが昼前には調子が出るようになり、ついには朝から調子がよくなります。こうなると病気の回復は本物です。気をつけたいのは、夜は調子がよくなるので、「明日は出社します」と上司に電話するのですが、翌朝になるとまた調子が悪くなり上司に電話することができず、無断欠勤してしまって、信用をなくしてしまう場合があることです。

⑤　罪責感

　「調子が悪く成果が出ないし、欠勤して、会社に迷惑をかけている。申し訳ない。会社を辞めたい」と突然言い出す場合があります。責任を感じてこのような発言をすることはもちろんですが、実際には仕事ができているにもかかわらず、「まったくできていない。無駄飯食いだ。月給泥棒だ」と語る方もいます。これは、抑うつ状態により

自己評価が低くなり、実態以上に悪く自己評価してしまうために生じる現象です。この自責感は「死んでお詫びする」という気持ちにまで至ることもあり、要注意です。自己評価の低下というのも、うつ病の主な症状の一つです。

⑥　自殺願望

　自殺をしたいという願望は、それ自体として、抑うつ状態ではよくみられる症状です。自殺願望がすべて病的な状態でみられるわけではありませんが、その多くは病的な状態でみられるものです。「願望」といっても欲するというより、「死ぬしかない」としか考えられなくなってしまう状態といえます。例えば、貧困状態にあっても、誰もが死のうと思うわけではありません。会社に大きな損失を与えても、死んでお詫びをしなくてはとまで思う人はごく一部です。つらい身体の病気になっても、死にたいと思う人はやはり少数です。通常は、死にたくなるほどの苦しみを体験しても、生きたいという気持ちの方が勝つのです。それなのに死にたいという気持ちが強くなるのは、抑うつ状態だから、と考えられます。

⑦　否定的認知

　抑うつ状態では、自分に対しても、将来に対しても、周囲に対しても、悲観的にとらえてしまう傾向があります。自分のやってきたことを否定し、孤立無援の状態であると考えてしまい、将来はないと考えてしまいます。こうした認知は心理的視野狭窄によるもので、抑うつ状態が改善してくれば変わります。そのため、「辞めたい」という話に対して、「いまは結論を出さないで、状態が良くなってから考えましょう」と伝え、重大な結論は状態が改善してから検討してもらうよう促すことが重要です。状態が良くなってくると、今後のことを心理的視野狭窄のないさまざまな観点で、考えられるようになるからです。

⑧　興味の喪失

　何をやってもつまらないと訴えます。テレビをみてもつまらない、ただつけているだけという話をよく聞きます。本来は多彩な趣味がある人であっても、それが、ちっとも面白くないと感じます。

⑨　意欲低下

　脳のエネルギーのレベルが低下するうつ病においては、意欲の低下が特徴的です。「どうも最近やる気がしない、意欲が出ない」というレベルから、「一日中何もできず、風呂に入ることすら億劫で、1週間も入浴していない」という状態まで、さまざまなレベルがあります。

⑩　注意力・集中力の低下

　注意力や集中力の低下はミスや作業場での事故につながる症状であり、特に注意を要するものです。また注意力や集中力が落ちると、仕事の能率が悪くなり、仕事がはかどらず残業が多くなりがちです。残業が多くなると無理が重なり、うつ病の状態が

余計に悪くなり、さらに注意力・集中力が低下して、悪循環に入るため、労務管理上、特に注意を要します。時間外労働はやめ、ときには、一定期間休むなどの方法を考える必要があります。

イ　うつ病の治療

うつ病への対応は、薬物療法、心理療法、環境調整が三本柱となりますが、まずは休養を十分にとることが最も重要です。うつ病の方は生真面目であることが多く、会社や周囲の人に迷惑をかけていると考えて、焦り、早期の復職を希望します。しかし、うつ病では、「十分すぎるほど十二分に休ませること」が治療のポイントです。そして再発させないコツでもあります。「休み方を身につける」という意味もあります。うつ病になりやすい人は、休み方を知らない人ともいえます。

再発を繰り返さないために、うつ病になった経過をきちんと把握し、うつ病を生じた背景、誘因（うつ病になったきっかけ）などを分析して、適切な対策を講じます。そうしないと繰り返す可能性が高くなります。

うつ病では、脳内の神経伝達物質の変化がみられるため、うつ病は身体疾患と同じような意味での「病気」であると考えられています。そのため薬が必要です。最近では、SSRI（Selective Serotonin Reuptake Inhibitors：選択的セロトニン再取込み阻害剤）及びSNRI（Serotonin Noradrenaline Reuptake Inhibitors：セロトニン・ノルアドレナリン再取込み阻害剤）といった抗うつ薬を使います。これらは従来の抗うつ薬に比べて、格段に効果が高いということではありませんが、副作用が少ないので、服用しやすいのが最大の利点です。薬物療法により平均3カ月程度で改善しますが、薬物療法はさらに半年～1年程度続けるのが一般的であり、その方が再発する可能性が少なくなるとされています。またカウンセリング（心理療法）も再発防止に有効です。

最近では、うつ病の「再発（一度治ったものが再び病的状態になる）」や「再燃（改善していたものの、ぶり返す）」、さらに「遷延性うつ病（治らずに長引いている）」が大きな問題となっています。もともと、うつ病は再発をしやすい病気ですが、職場では復職後の早期に病状が悪化して、再休職に入る人が少なくありません。この背景には、最近、職場環境が厳しくなり、業務負荷が増大していることがあります。また従来であれば、復職当初は定型的業務など軽減業務をしばらく行いながら、職場に徐々に慣れていくといった配慮が可能でしたが、簡単な業務は外注化される傾向にあり、そうした配慮が難しくなっています。

(3)　双極性障害

歴史的には、うつ病は「躁うつ病」と呼ばれてきました。「躁うつ病」には抑うつ状態のみを繰り返すものと躁状態と抑うつ状態が交替するものとがあることは知られていたので

すが、長い間、両者を分けて扱うことはされませんでした。もともと、「躁うつ病」は、これといった背景要因がなくても発症し、特別な治療をしなくても自然によくなって病前の状態に戻ることが多いが、再発を繰り返す病気として認識されてきました。放置しておくと、どんどん病状が悪化して精神機能が壊れていく統合失調症と対置される病気として扱われてきたのです。

　うつ病と双極性障害を分けた方がよいと考えられるようになった背景には、遺伝の影響が双極性障害で明らかに高いこと、治療に用いる薬物が異なること（気分安定薬を用い、原則として抗うつ薬は使わない）、治療のゴール設定が異なることなどがあげられます。

ア　躁状態と軽躁状態の症状

　躁状態では、気分が異常かつ持続的に高揚し、開放、易怒的（ささいなことに怒りやすくなること）になります。自分が病気であるという認識をもつことができません。これを「病識がない」といいます。主な症状は次のようなものです。こうした症状のため、職場、学校、家庭での生活を維持できなくなり、入院が必要になることも珍しくありません。

① 　自尊心が肥大し、自分中心に世界が回っている感じをもつ。

② 　睡眠欲求が減少し、眠らなくても支障を感じない。

③ 　しゃべらずにはおれない気持ちになる。普段より多弁になり、話声も大きくなる。

④ 　観念奔逸（頭に次々と考えが浮かんでくること）、またはいくつもの考えが頭のなかでせめぎあっているといった主観的な体験があり、それが言葉として表現されるので、話の内容に一貫性がなくなり支離滅裂になる。

⑤ 　活動的ではあるが、注意散漫であり、仕事上のミスが多発する。

⑥ 　目的志向性の活動が増加する。そのため、例えば、新しい企画の提案をしてくるが、直属の上司がそれを取り上げてくれないと、それが我慢できず、社長に手紙を書いたりメールをしたりという直接行動をとる。やりたいと思ったことを止められると怒りが生じ、イライラしてじっとしていられない状態になる。

⑦ 　困った結果を引き起こす可能性が高い活動に熱中するようになり、例えば、高額の品物を次々に買う、異性関係が乱れる、飲酒量が極端に増えるなどの現象が生じる。周囲が注意をしても、そうした行動を思いとどまることができない。

　軽躁状態は、躁状態と症状そのものは同じですが、周囲とのトラブルが躁状態ほど顕著ではないというのが相違点です。そのため必ずしも入院を必要としません。社会的または職業的な機能に著しい障害が生じることがないため、本人はもちろん周囲も「ちょっと元気すぎる働き者」と判断していることが少なくないのです。しかし、よく観察すると、空回りをしていることが分かります。本人も周囲も困っていないことも多いため、軽躁状態の人が精神科医を受診することは少ないです。そのため、軽躁状態は見逃され

やすいということを知っておく必要があります。

　軽躁状態に早く気がつくには、その人の「いつもの状態」と比較することが役立ちます。言葉数が多くなる、声が大きくなる、活動的になるなどがよい目安になります。また、自分の思ったようにことが進まないとイライラして、怒りを感じることが多くなることを本人に理解させておくことも軽躁状態への気づきを早めます。

イ　双極性障害の治療

　双極性障害の治療で重要なのは、躁・抑うつの気分の波の振幅を可能な限り小さくし、日常生活に支障をきたさないようにすることです。また、躁・抑うつのエピソードの間にある寛解期（気分の波が小さくて安定している期間）の長さを可能な限り長くすることも重要です。

　その鍵を握るのが薬物療法です。双極性障害のエピソードはこれといった背景なしに脳のリズム異常として生じることが少なくありません。治療薬のひとつである気分安定薬は、てんかん発作を抗てんかん薬でコントロールするのと同じように、継続的に服用することにより、リズム異常の発生を防ぎます。また、最近は非定型抗精神病薬により治療効果があることも分かってきました。

　こうした治療薬の効果を上げるには、生活のコントロールが必要です。双極性障害の人は、軽躁状態が自己のベストコンディションだと考える傾向があります。この状態にならないと、万全ではないと考えやすいのです。自覚的なベストコンディションの80%程度のレベルで生活をコントロールすることが、抑うつ状態に陥る頻度を減少させる可能性が高まります。また、意欲が高まっていると睡眠を削ってでも何かに没頭しようとします。いつも以上に脳活動が増えているにもかかわらず脳の休息を減少させると、うつ状態を引き起こします。そのため睡眠の重要性も繰り返し助言します。

(4)　不安障害

ア　パニック障害

　パニック障害は、パニック発作を主症状とする病気です。このパニック発作では、動悸、息苦しさ、震え、吐き気、目まい、手足のしびれや硬直などの症状が急に生じて、「おかしくなるのではないか」、「死んでしまうのではないか」、という恐怖感をともなうことが多くみられます。概ね10分くらいの間に不安発作はピークに達します。最初の発作では救急車で病院に運ばれることもありますが、多くの場合、病院に着くころには発作はおさまっています。

　パニック発作を体験した人の多くは、再びパニック発作が起こるのではないかという不安を抱くのですが、この不安を「予期不安」と呼んでいます。例えば、通勤途上の混んでいる電車の中で最初のパニック発作を経験した人は、混んでいる電車に乗ると再び

パニック発作が起こるのではないかと心配になり、満員電車に乗れなくなることがよくみられます。無理をして自家用車で通ったり、空いている朝早い時間帯の電車に乗るなどして、パニック発作になりそうな状況を避ける回避行動をとることが多くなります。

　パニック障害は、短期間で軽快することは少なく慢性的に経過することが多い病気です。その理由の一つは、検査では身体的異常がないので、病院で「気のせい」といわれたり、「過換気症候群」、「心臓神経症」、「自律神経失調症」などと診断されて、適切な治療を受けられていない場合が多いことです。パニック障害は慢性化する過程で、うつ病を発症することも多いことが知られています。

イ　社交不安障害：SAD

　社交不安障害は、これまで「あがり症」、「赤面恐怖」、「対人恐怖症」などといわれたものです。会議でプレゼンテーションする際に、強い不安を抱き、頭が真っ白になり、混乱してしまう状態を指します。人前で話をすることにより、その人達から悪い評価を受けるのではないか、失敗して恥ずかしい思いをするのではないかという不安から、震え、発汗、動悸などの身体症状が現れます。人と一緒に食事をすることができない、公衆トイレが使えない、人前で記帳ができないなど、社会生活に支障を生じることもあります。

　この社交不安障害は、かつては性格の問題であると考えられていたのですが、いまは、薬物療法や心理療法によって症状が改善することが明らかになり、「心の病」の一つであるとされています。生涯有病率（一生の間にこの病気にかかる人の割合）は3〜5％とされています。

ウ　強迫性障害

　頭ではおかしいと分かっていながら嫌な考え（強迫観念）がどうしても頭から離れず、それを打ち消すために表面的には意味があるように見える行為（強迫行為）を何度も繰り返してしまうことが、強迫性障害の特徴です。

　例えばトイレに行った後に、手がばい菌に汚染されていると感じ、手を何度も洗ってしまうこと（洗浄強迫）や、鍵を何度も確認する（確認強迫）、何か行動をするときに必ず決まった順番でやらないと気がすまない（儀式）といったものがあります。

　多くの者は、強迫症状が奇異であったり、不合理であるという自覚（病識）を持っているため、思い悩むことになります。また、強迫観念や強迫行為のために、日常生活に支障が出てきてしまうことも少なくありません。一般的にこれらの強迫症状はストレスにより悪化する傾向があります。強迫性障害は神経伝達物質を含む脳の機能障害が関連していると考えられています。強迫性障害の治療法は、SSRIなどの抗うつ薬を用いた薬物療法と認知行動療法などの心理療法です。

(5)　心的外傷及びストレス関連障害

　DSM-5では、ストレス反応として成人にみられる障害が、「急性ストレス障害」、「心的外傷後ストレス障害（PTSD）」、「適応障害」の3つに整理されました。

　「急性ストレス障害」は心的外傷後ストレス障害と同じレベルの強いストレス要因にさらされた直後から生じるストレス反応のことで、症状の持続が3日以上1カ月のものであり、1カ月を超える場合は、通常PTSDと診断することになっています。

ア　心的外傷後ストレス障害（PTSD）

　通常の日常生活においては体験しないような衝撃的な出来事に遭遇した際に生じる「心の傷」をトラウマと呼んでいますが、トラウマへの反応のなかで特定の症状を呈する一群の病態がPTSDです。最近は、PTSDやトラウマという言葉が、やや安易に使われる傾向がありますが、命の危険を感じるレベルの強い恐怖感をともなう体験が診断上必須となります。症状としては、体験等の一部や全体にかかわる追体験（フラッシュバック）、トラウマの原因になった障害、関連する事物に対しての回避傾向、強い不安、不眠などの過覚醒症状などがみられます。

　米国において、ベトナム戦争からの帰還兵に多くみられ、国家賠償の対象として取り上げられるようになってから、とりわけ注目されるようになりました。戦争やテロ以外に、レイプなどの犯罪、大規模な自然災害、交通事故を体験したり、目撃することで生じます。阪神・淡路大震災（平成7年）、東日本大震災（平成23年）では、多くのPTSDの患者が発生しました。

　治療にはSSRIなどの抗うつ薬を中心とする薬物治療と心理療法が用いられています。心理的外傷となる出来事への情緒的な反応を軽減するには、認知行動療法を含む心理療法もかなり有効です。

イ　適応障害

　職場における適応障害は、職場という環境における「ヒト」と「環境」との適応がうまくいかない状態を示します。適応障害では、環境に問題がある場合もあれば、本人に問題がある場合もあります。環境が苛酷であれば、多くの人が適応障害になり、個人のストレス耐性（ストレスに耐える力）が弱ければ、環境の問題がわずかであっても不適応に陥ることになります。職場では異動・上司の交替・業務変更などが契機となり、適応障害が生じています。ほかの人にとっては些細な出来事であっても、その人にとっては強いストレス要因となりえます。うつ病や不安障害など、ほかの心の病に比べて軽症であり、通常ストレスの原因がなくなると速やかに軽快します。主たる状態から、抑うつ気分を主症状とするもの、不安を主症状とするもの、勤怠問題のように行為の障害を主とするものなどに分けられています。

　治療は、何が適応障害の原因になっているのかを明らかにし、特定された原因を除去することに尽きるのですが、現実にはそう簡単ではありません。職場に問題がある場合は、職務内容の変更、配置転換、職種転換なども考慮します。個人の側に課題があるのであれば、課題を克服するための方法を考えなければなりません。この場合にはカウンセリングが有効です。対症的に、抗うつ薬や抗不安薬などの薬物療法を行うこともあります。

　職場における適応障害は、最近増加傾向にありますが、職場環境が厳しくなってきていることと、若い社員によくみられるストレス耐性の低下が、この増加傾向に関与していると考えられています。こうした人に対しては、職場環境と本人の特性を十分に考慮して、マネジメントの工夫をすることが必要です。

⑹　身体症状症及び関連症

　身体症状症はいままで身体表現性障害と呼ばれていたものです。心理的問題が背景にあり、その問題が不安、抑うつ、悲しみなどの精神症状として現れずに、身体症状として現れるものです。身体症状は多様です。頭痛、背部痛、腰痛、関節痛、舌痛、顎関節痛などのさまざまな痛みが生じます。目まい、立ちくらみ、耳鳴り、聴覚障害、喉の違和感などの耳鼻科系の症状もあります。眼痛、視力障害、視野障害など眼科系の症状、胸痛、息苦しさ、咳などの呼吸器系の症状、動悸、胸の締め付けられる感じなど循環器系の症状、胃痛、胃のもたれ、吐き気、嘔吐、下痢、便秘、腹痛などの消化器系の症状、生理不順、生理痛など婦人科系の症状、頻尿、排尿困難など泌尿器科系の症状など多岐にわたります。こうした身体症状のために日常生活が妨げられます。

　身体症状症には、詐病のような意図的な要素はありません。本人は身体症状を苦痛に感じています。身体症状が長く続くと周囲から「気のせい」、「気の持ち方」などといわれることが少なくありませんが、本人は実際につらい思いをしているのであり、「気持ちの問題」と片付けられると当惑してしまうのです。病気として適切に扱うことが必要です。

⑺　発達障害

　メンタルヘルス不調で休職し、状態が回復して職場復帰をしてもすぐに症状が再燃してまた休んでしまう例が少なくありませんが、そうなる要因として、その人のもつ「パーソナリティの偏り」が問題になることがあります。こうした事例の特徴は、同僚・管理監督者・人事担当者、さらには産業保健スタッフに、「自己中心的で、協調性に乏しく、自分の感情をコントロールすることができない」といった印象を与えやすいことです。そう感じた同僚・管理監督者・人事担当者・産業保健スタッフは、その人に対する「陰性感情」をもちやすく、一般に、できればかかわりたくないし、支援もしたくないと考えてしまうこともあります。結果として、発達障害圏の人たちは職場で良好な人間関係を構築し維持す

ることが困難となり、環境適応に苦労し精神疾患の発症、再燃の要因になると考えられています。

「発達障害」は、最近まで小児の病気として扱われてきたため、成長して社会人となった人についての情報がほとんどありませんでした。したがって、一般の精神科医が関心をもつ機会も少ない時期が長くありました。ところが、平成22年前後から発達障害に関する精神医学的知見が少しずつ蓄積されました。その結果、大学生、そして大学を卒業して職場に入った人にも、発達障害のために社会的な適応がうまくできないで、問題を抱えながら仕事をしている人の存在がクローズアップされ、代表的な発達障害である「アスペルガー障害」に注目が集まりました。アスペルガー障害を持つ者も「自己中心的で、協調性に乏しく、自分の感情をコントロールすることができない」といった印象を与えやすいことが分かってきたわけです。

こうした背景があって、企業でもいままでパーソナリティの偏りと判断していた事例を発達障害の視点で見直すことが必要となりました。発達障害の原因はいまだ特定されていません。しかし、発達障害は文字通り発達の障害であり、乳幼児期の発達の過程で生じた、脳の特定部位の機能異常であると考えられています。遺伝の関与もみられます。こうした点がパーソナリティ障害とは明らかに異なるのですが、ある時点で横断的にみると、パーソナリティ障害と区別がしにくいという事態が生じます。

アメリカ精神医学会の「精神疾患の診断・統計マニュアル」（DSM-5）は、発達障害を「神経発達障害群」と呼んで、①知的能力障害群　②コミュニケーション障害群　③自閉症スペクトラム障害　④注意欠如・多動性障害　⑤限局性学習障害　⑥運動障害に分類しています。職場で問題になるのは主に③と④となります。

ア　自閉症スペクトラム障害（ASD）

自閉症スペクトラム障害には、程度が重いものから軽いものまで自閉症のすべてが含まれています。従来は、自閉症とアスペルガー障害のように、重症度の違いによって病名を使い分けていたのですが、病気としての本質は両者に違いはなく、症状の出方が人によって異なったり、同じ人でも発達段階によって異なったりするだけであると考えて、病名が整理されました。そして、その考え方をあいまいな境界を持つ連続体という意味である「スペクトラム」という言葉で表現しました。ですから、DSM-5に基づく正式な診断名としては「自閉症スペクトラム障害」、それに障害の程度が付記されることになります。しかし、職場に提出される診断書は必ずしもそうはならず、今後も、発達障害やアスペルガー障害がそのまま使われることも予測されます。

自閉症スペクトラム障害に特徴的な症状は、次の4つだとされていますが、特に㈠〜㈢は重なり合っており、きれいに分けることはできません。

㈠　社会性の障害

　　㈑　コミュニケーション障害

　　㈒　強いこだわり・限られた興味

　　㈓　知覚過敏

　㈐の核となる現象は、相手の立場に立って想像することが困難なため相手の気持ちを推し量るのが苦手で、相手の気持ちに配慮した行動ができないことです。結果として相手の嫌がることを、悪気はないものの無造作に言ってしまいます。さらに、相手が嫌な思いをしていることにまったく気がついてないこともあります。

　㈑のコミュニケーション障害の特徴は、非言語的なコミュニケーションがうまくできないことです。表情や動作から相手の気持ちを読みとることができません。このところ、管理監督者から部下のコミュニケーション障害に関する相談がくるようになりました。「何度注意をしても同じ間違いをする。注意を上の空で聞いている風でもないので、その理由を尋ねても答えは返ってこない。大学もそれなりの成績で卒業しているし、自分のしたいことは普通以上にできるので、知的な障害があるとも考えられない。どう指導したらいいのか知りたい」といった内容です。

　㈒の強いこだわり・限られた興味では、興味のあることには必要以上に没頭するが、そうでないことは手がつかない、といったことが生じます。例えばミニカーを集める大人がいます。これもこだわりですが、その先に本物の車のイマジネーションを「展開」しながら楽しんでいます。ところがこの障害によるこだわりは、例えば同じミニカーをずっとぐるぐる走らせて、本物の車をイマジネーションするというより、ただくるくるとタイヤを回し続けている感じです。求められている仕事と本人の興味が重なれば成果が出ますが、そうでないとうまく進まず、「好きなことしかしない、融通が利かない」と思われてしまうことがあります。

　㈓については、聴覚過敏の頻度が高いといわれています。ある社員は、「耳の中に入ってきた音が出ていかなくて、頭の中をぐるぐる回っている感じ」だといっていました。この社員からは、耳に入る音を可能なかぎり少なくしたいので、就業中に耳栓とイヤーマフを使う許可をしてほしいという希望がありました。聴覚過敏が強くなると、同僚などとの関係がよくない状況下では、誰かが自分のことをうわさしているのではないかと考えることがあります。これは医師から、幻聴あるいは妄想として捉えられる可能性のある症状ですが、そうした精神病症状ではありません。

イ　注意欠陥・多動性障害（ADHD）

　注意欠陥・多動性障害に特徴的な症状は次の3つだとされています。

　　㈐　不注意

　　㈑　多動性

　　㈒　衝動性

　(ア)の、不注意が日常生活で引き起こす出来事は、忘れ物・なくし物が多い、約束が守れない、期日までに提出物が出せないなどで、管理監督者から何度注意を受けても直せないということが生じます。この場合重要なのは、コミュニケーションに問題があってこうした問題が生じているわけではなく、目の前のことに気を取られ、ほかの重要なことがすっかり注意から外れてしまうことによって起きると考えられています。そのため、文書の誤記・内容の不正確さ、身の回りの整理整頓ができない、作業を順序立てて行うことができない、気が散りやすくて仕事を仕上げることが難しいといった症状もみられます。

　(イ)の多動性は、大人になると目立たなくなるといわれていますが、大人になっても身体をよく揺らす、会議中にそれほど重要ではない理由で何度も席を離れてしまう、ついつい人の話に口をはさんでしまう（口の多動）などがあります。誰にでも躊躇なく愛想よく声をかける人もいて、職場を明るくする存在になっている場合もあります。

　(ウ)の衝動性の症状としては、言いたいことを言わないで我慢しているとイライラする、些細なことでもつい叱責してしまう、会議中に不用意な発言をするなどがあげられます。

　自閉症スペクトラム障害、注意欠陥・多動性障害はともに、定義上大人になってから発症することはないので、診断に際しては、幼児から中学生の時期にそうしたことを示唆する症状があったことを確認することも重要です。

　注意欠陥・多動性障害には使用できる薬物があります。薬の効果は症状を軽減することです。この効果で環境への適応が改善する可能性がありますが、服用を継続しても発達障害がなくなるわけではありません。したがって、「治す」というよりも「補う」という考え方が重要です。本人にとっては、足が不自由な人が松葉杖の使い方を身につけるのと同じように、失敗した体験から「このような状況のときは、こう行動する」という対処パターンを身につけていくことになります。また、職場には、就業の継続ができるようにする配慮として、各人各様の症状に配慮して、仕事の内容や与え方を見出すことが求められます。簡単な作業ではありませんが、取組みを始め、それを少しずつ進めていくことが必要です。

(8)　パーソナリティ障害

　パーソナリティ障害は、人格上の偏りが、本人に苦痛をもたらし、あるいは社会生活上の問題を生じさせた状態です。通常青年期など若年に始まります。幼少時期の環境などさまざまな外的要因と生まれ持った気質とがあいまって生じると考えられています。

　パーソナリティ障害とまではいえないのですが、人格の未熟さ、社会性の未熟さが目立つ人が増えています。こうした人々は、対人葛藤を生じやすく、ストレス耐性が低いため、適応障害になりやすいのです。他責（他人を責める）傾向が強く、「上司が悪い」、「組織が悪い」と思いがちであり、目が自分に向くことが少ないことが問題です。治療は心理療法

が中心であり、ものの見方、考え方、行動の偏りを小さくすることを目指します。

(9)　依存症（嗜癖）

　嗜癖とは本来、ある特定のものを好き好む癖のことですが、精神科領域では飲酒や薬物摂取などへの習慣に強くとらわれてしまい、社会生活、職業生活、人間関係などに支障が生じているのに、自分ではコントロールできない状態を示す用語として使われています。今日では、「依存」という用語も広く使われています。

　嗜癖はアルコールや薬物、食物などの物質を摂取する「物質嗜癖」、ギャンブル、借金、買い物、仕事など行動に関する「行動嗜癖」、刹那的な恋愛や暴力的な人間関係などの「人間関係嗜癖」の3つに大別されます。問題の背景には家族の機能不全があるといわれています。嗜癖の特徴は、本人も周囲もなかなか問題を認めたがらないという「否認」です。そのため相談や治療に結びつき難く、問題が深刻化して生活や人間関係が破綻してしまうことも少なくありません。治療は本人や周囲が問題であることを認識するところからスタートします。回復には本人も家族もこうした問題意識を持ち続け、過去の自分や人間関係の持ち方を振り返り、これからの生き方を再構築していくことが重要です。そのためには、病気の知識を学ぶ心理教育や、家族教室、自助グループへの参加が有効です。

　アルコール依存症は、従来より指摘されている職場の3Ａ（Absenteeism：欠勤、Accident：事故、Alcohol：アルコール）の一つです。アルコール依存症は、アルコール関連問題の頂点に位置するものであり、アルコール関連問題のなかで最も重症な病態であると考えられます。アルコール関連問題は、身体的問題、精神的問題、社会的問題に分けられます。身体的問題は、肝障害、膵障害、上部消化管障害、中枢神経障害、末梢神経障害、心筋障害など多岐にわたります。アルコールによる精神的問題には、振戦せん妄、アルコール性幻覚症、アルコール性コルサコフ症候群、アルコール性認知症などがあります。また、アルコール問題が絡むと自殺のリスクが急増することも知られています。社会的問題としては、家庭における問題（夫婦関係の不良、別居、離婚、家族への暴力など）、職業上の問題（遅刻、欠勤、生産性低下、労働災害、失職など）、経済的問題（借金など）、刑事問題（飲酒運転事故、暴力事件など）などがあげられます。アルコールに関しては寛容であった日本の職場の風土が、この問題の背景にあることが指摘されています。

(10)　統合失調症

　統合失調症は精神科領域の代表的な疾患で、多様で特異な病像を示し、しばしば慢性の経過をたどり、適切な対応がなされないとやがて人格変化を残すため、そのケアが難しい病気であることは昔も今も変わりません。一般人口の0.7〜0.9％に出現するといわれ、思春期が好発時期です。原因はまだ分かっていませんが、遺伝、性格、環境、ストレス、ホルモンなどが複合的に関与していると考えられています。以前は精神分裂病と呼ばれてい

ました。

　急性期の症状として、幻聴（人が自分の悪口を言っている）や体感幻覚（コンピューターで操られ、体がビリビリする）、被害妄想（盗聴器がしかけられている、同僚が自分のうわさをする）、作為体験（自分が他人から操られてしまう）、思考伝播（自分の考えが他人に分かってしまう）といったものがあります。急性期の多くは病識（自分が病気にかかっているという自覚）が希薄なため、精神科受診の遅れの大きな要因となります。

　治療の原則としては病期に即した対応が必要で、急性期においては脳内の神経伝達物質（ドーパミンなど）に作用する抗精神病薬が用いられます。最近では非定型抗精神病薬の発達がめざましく入院治療の必要性が低下しています。薬をきちんと服用することで激しい症状はやわらぎ、再発を防ぐこともできます。治療や生活を支えていくうえで、家族の援助が有効であり大切です。

　いまでは、統合失調症は、単一の病気ではなく、多様な原因から生じる「症候群」と考えられています。短期間で回復して、以後完治といってよいほど経過のよい例もあります。統合失調症の病状が落ち着けば、適正配置を行うことによって、安定的に業務を遂行することは十分に可能です。

4　メンタルヘルス不調への対処

(1)　精神科医の面接による病状の判断

　ストレス反応がある一定のレベルを超えると病的な状態になってしまいます。メンタルヘルス不調である可能性が考えられた場合には、産業医の判断を得て、精神科医の受診を勧奨します。精神科医への依頼事項は、病的状態であるかどうかの判定です。治療が必要な状態であると判断された場合には、治療が開始されます。

(2)　就業上の措置に関する判断

　治療の必要性の有無については精神科医が判断しますが、就業上の措置の必要性の有無については、精神科医の面接結果を根拠として、産業医が判断することになります。休業が必要なこともあれば、時間外労働・交代制勤務・深夜業・出張・危険作業・車両運転などについて制限することで対処できることもあります。

(3)　管理監督者や人事担当者への助言指導

　当該の労働者の就業上の措置に関して、その理由や内容等について産業医が管理監督者や人事労務担当者に説明し、助言指導を行います。

(4)　フォローアップ

　メンタルヘルス不調者を定期的にフォローアップしていきます。まずは、心のケアを継

続して行うという意味合いです。当初、治療が必要ないと判断された者であっても、心身の状態が変化して治療が必要になることもあります。また病状の推移に合わせて、就業上の措置の変更を行うことも必要です。産業医は、管理監督者や人事担当者に対して、労働者のフォローアップによって生じた就業上の措置の変更等について説明し助言指導します。

5　自殺の実態と予防を含めた対応

(1)　自殺の実態

　図6-1に警察庁が作成した自殺者数の年次推移を示しました。

　令和2年は、自殺者総数は21,081人で、自殺者が最も多かった平成15年の34,427人と比べると約13,000人減少しました。自殺者は平成10年に30,000人を超え、その状態が続いていましたが、平成24年にようやく30,000人を切りました。人口10万人あたりの自殺死亡率はピーク時の平成15年が27.0、令和2年は16.7で10ポイント以上下がっています。ただ、令和元年から令和2年で自殺者数も自殺死亡率も若干上がっており、世界的な新型コロナウイルス感染症拡大の影響の可能性が考えられています。

　性別の自殺者数は、男性14,055人、女性7,026人で、男性は女性の約2倍でした。自殺死亡率は男性22.9、女性10.9で、男性は女性の約2倍となっていました。令和元年に比し、令和2年では男性より女性の自殺者数及び自殺死亡率の上昇が目立っています。新型コロナウイルス感染症の拡大により、女性の負担がより高まった可能性が考えられています。

　年齢階級別の自殺死亡率は図6-2のとおりで、例年は50歳代が最も高く、80歳代、70歳代、40歳代、60歳代の順となっていました。中高年が最も高いのは先進国のなかでも日本の特徴です。ところが、令和2年は新型コロナウイルス感染症拡大の影響により、少し変化が出ていると思われます。50歳代が最も高いのは同じですが、次いで80歳代と20歳代が同率、40歳代、30歳代、70歳代と続き、労働者年齢の自殺死亡率が軒並み上がっていました。

　職業別自殺者数は、無職者11,718人、被雇用者・勤め人6,742人、自営業・家族従事者1,226人の順となっており、被雇用者・勤め人の総数に占める割合は32%でした。

　動機別では、健康問題10,195人、経済・生活問題3,216人、家庭問題3,128人、勤務問題1,918人で、勤務問題の総数に占める割合は9.1%でした。

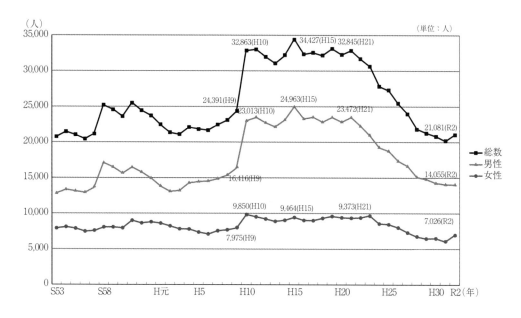

図6－1　自殺者数の年次推移

資料：警察庁自殺統計原票データより厚生労働省作成

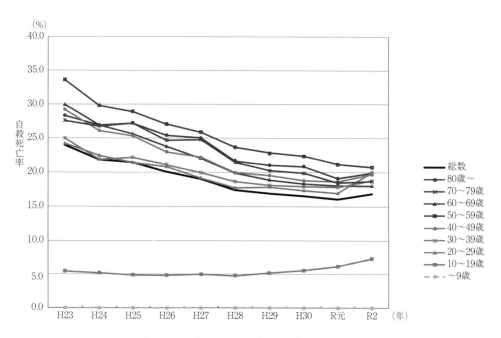

図6－2　年齢階級別自殺死亡率の年次推移

資料：警察庁自殺統計原票データ、総務省「人口推計」及び「国勢調査」より厚生労働省作成

(2)　自殺対策基本法

　「自殺対策基本法」（平成18年法律第85号）は、自殺対策に関する基本理念と基本対策となる事項を定めた法律です。この法律は基本理念として、自殺を個人的な問題としてのみ捉えることを排し対策を社会的な取組みとして行うこと、単に精神保健的観点のみならず自殺の実態に即して行うことなど5項目を掲げています。この法律は平成28年に改正され、次の8項目を基本的施策として掲げました。さらに施策を推進するために、都道府県は「都道府県自殺対策計画」、市町村は「市町村自殺対策計画」をそれぞれ策定することとされました。

　① 　調査研究の推進と体制整備
　② 　人材の確保
　③ 　心の健康の保持に係る教育と啓発の推進
　④ 　医療提供体制の整備
　⑤ 　自殺発生回避のための体制整備
　⑥ 　自殺未遂者の支援
　⑦ 　自殺者の親族などの支援
　⑧ 　民間団体の活動の支援

　また、この法律に基づく指針として、「自殺総合対策大綱～誰も自殺に追い込まれることのない社会の実現を目指して」が平成29年に策定されました。この大綱では、令和8（2026）年までに人口10万人あたりの自殺死亡率13.0以下が目標値として設定されています。

(3)　労働者の自殺対策

　自殺対策は、自殺が起こることを予防すること（プリベンション：自殺対策体制整備や教育）、現に起こりつつある自殺の危険に介入し、自殺を防ぐこと（インターベンション：危機介入）、不幸にして自殺が生じてしまった場合にほかの人に与える影響を最小限とし、新たな自殺やメンタルヘルス不調を防ぐこと（ポストベンション：事後対策）、の3つに分けられます。

ア　プリベンション

　事業場単位で見れば、自殺の数は限られています。自殺予防のための体制整備をするにしても、教育をするにしても、継続性を維持することが難しければ、実効があがりません。日常のメンタルヘルス対策を組織的に一歩一歩着実に実施していくことが、結果的に自殺予防対策になると考えるべきです。まずは事業者が「心の健康づくり計画」を策定し、その計画に基づいて、4つのケアを継続的かつ計画的に行うことが重要です。

　最近では、事業場内産業保健スタッフの一員である心の健康づくり専門スタッフとして非常勤精神科医や心理職が配置される例も増えてきています。非常勤精神科医の業務

内容としては、①精神科領域の健康相談、②心の健康問題で休業中の労働者に対する復職判定やフォローアップなど、メンタルヘルス対策における産業医の活動のサポートがあります。

①の利点は、自殺のリスクがあると考えられる事例を把握して産業保健スタッフとタイムリーな連携が取れることです。また、職場環境の改善が状態の悪化を防げる可能性があれば、精神科医がほかの産業保健スタッフと連携し環境調整につなぎます。

②は、「職場復帰支援の手引き」に基づいた業務です。復職判定は産業医の業務ですが、精神科医が心の健康づくり専門スタッフや事業場内産業保健スタッフとして支援します。事業場外の精神科医療機関との連携、休業中の労働者本人・職場の管理監督者・労務管理担当者などとの話し合いを円滑に進めることにコミットします。職場復帰直後は状態の悪化や再発が多くみられるため、このような支援は自殺予防対策としても重要です。

全国労働衛生週間などのイベントとして「職場のメンタルヘルス研修会」などが企画され、精神科医がその講師となることも増えています。対象が従業員全員である場合は、「セルフケア」を中心に、管理監督者が対象の場合は、「ラインによるケア」を中心に啓発教育を行います。労働者本人にはもちろんのこと、日常的に労働者と接する管理監督者にも、安全配慮義務の観点から心の健康づくりについての正しい知識や対処法を身につけることが求められています。その際、単なる病気の説明にとどまらず、具体的な対応や職場の活性化を含めた内容に話を展開する必要があります。

イ　インターベンション

労働者の自殺に対し、職場において危機介入しうる有資格者としては、産業医、保健師・看護師、公認心理師などがあげられます。これらのスタッフは研修を受けて危機介入時の動き方を知っておく必要があります。

自殺の兆候に最初に気づくのは、職場では上司や同僚です。気づいた同僚は、管理監督者にそのことを伝えます。管理監督者は安全配慮義務を果たすために本人に声かけをします。管理監督者は本人に同伴し、産業保健スタッフに相談をします。これが原則です。

状況が切迫している場合には、家族に連絡し支援を求めることが必要となります。個人情報保護や守秘義務よりは安全確保が優先されなければならないことは明白ですので、まずは安全確保の観点に立って対応を迅速に行うことが重要です。

特に注意してほしいのは、労働者に専門医療機関への受診勧奨を行うのは原則として産業医であることと、受診に同伴するのは原則として家族だということです。もちろん当該の労働者には十分に説明を行って、受診についての同意を求めます。状況が切迫していて家族の到着を待てない場合においても、電話等で受診に関して家族の了解を得るよう心掛けてください。

また、事業場外資源である保健所、都道府県や政令指定都市の精神保健福祉センター

から助言を得ることもできます。

ウ　ポストベンション

　不幸にして自殺が生じてしまった場合に、日本人は自殺についてはどちらかというとそっとしておくこと、触れないでおく方がよいと考える傾向がありますが、これは自殺対策としては再考する必要があります。自殺は遺族や職場に大きな影響を与えることが少なくないので、その影響を最小限とし、新たな自殺やメンタルヘルス不調の発生を防ぐための対策、ポストベンションを行います。

① 　遺族への対応

　家計を支えている労働者が急に自殺で亡くなると、遺族は心理的ショックを受けるだけでなく、経済的にも大きな不安を抱きます。また、遺族にはどうして救うことができなかったのかなど自責的な感情も湧き起こります。これらの感情の持って行き場がなくて、遺族から職場に対し「職場には問題がなかったのか」という質問が出ることがあります。このような場合の職場側の初期対応は非常に重要です。

　職場側は、事実を具体的に、かつ誠実に話すことが大切です。遺族の気持ちに沿った話し方をすることがトラブルの発生を防ぎます。求めがあるときには非常勤精神科医を含む産業保健スタッフが同席し、健康情報を開示して説明します。遺族のなかに二次的なメンタルヘルス不調を示唆する症状を訴える方がいる場合には、まずは相談に応じる姿勢を示すことも大切です。

② 　職場の者への対応

　現在休職中であっても一緒に仕事をしていた人の自殺は、管理監督者や故人と精神的につながりが強かった同僚には相当な心理的ショックを与えます。管理監督者は、その部下に対して事前により適切な配慮や対応ができなかったかと自問自答することが多くなります。職場の同僚は、心理的ショックに加えて、故人の残した業務の整理や後任が決まるまでの業務の分担などの負荷も重なります。管理監督者や身近で働く同僚やつながりの強かった社員に対し、自殺者に対する思いを聴き、また、大きなショックによって生じる急性ストレス反応を伝えておくことが、二次的なメンタルヘルス不調の防止に役立つことがあります。その役割は非常勤精神科医を含む産業保健スタッフが担うのですか、この役割を果たすには、訓練を受けてそのための知見やスキルを身につけておくことが必要です。

③ 　かかわった専門家同士の話合い

　自殺が起こってしまったケースにかかわりのある専門家同士が事後の早いうちに集まり、問題点を共有しておくことが必要です。その後の対策、かかわった専門家の心の整理などを十分に語り合う習慣をつけるようにします。これは、産業医、精神科医、保健師・看護師などの自らのメンタルヘルスを維持することに役立ちます。

第7章
職場復帰における
支援の進め方

Chapter 7

　メンタルヘルス不調のために長期にわたって休業した労働者が復職をする際に適切な支援を行うことも、重要なメンタルヘルス対策の一つです。最近注目されている「治療と仕事の両立支援」の観点からも職場で推進すべき取組みといえるでしょう。その過程では、当該労働者に加えて、上司、人事労務管理スタッフ、産業医など多くの関係者が関与することになります。事業場内メンタルヘルス推進担当者は、関係者間の情報交換の場を設定したり、意見を集約したりといったコーディネーターの役割を求められることが多いでしょう。

　メンタルヘルス不調を持つ労働者の職場復帰支援の骨子は、本質的には身体疾患の場合と変わるものではありません。例えば、休職が認められる期間や職場復帰後の業務上の配慮等に関する制度は、両者で同一のものにすべきです。しかし、メンタルヘルス不調には、関係者が理解を深めておくことでよりよい支援が可能となる特徴や留意点があることも事実です（表7－1）。したがって、その職場復帰支援は、それらをふまえた配慮を行うことが大切です。

　職場復帰支援は、いつどこの部署で事例が発生しても、同じ手順で進められるべきです。これは、ほかの安全衛生活動や人事労務管理と同様です。そのためには、各々の関係者の

表7－1　メンタルヘルス不調を持つ労働者の職場復帰支援における特徴・留意点
　　　　（特に、身体疾患と比較して顕著な点）

・長期休業例が多い
・再発、再燃例が少なくない
・本人が復職を希望した時点では時期尚早である例が散見される
　（本人、家族の焦りによることも多い）
・業務遂行能力の回復について、見通しが立ちにくい例が多い
・受け入れ側にとって、支援のあり方が分かりにくい
・疾病についての偏見、不適切な見方などがまだ職場内にみられることが多い
・復職後のフォローアップも重要である
・心の健康問題は自殺とも関連が深いため、自殺のリスクについても注意を要することがある

役割や活動を、実情に即した形で規程・マニュアル化して、どのような事例にも、それに沿った対応が行われるように制度化することが必要です。

厚生労働省は「心の健康問題により休業した労働者の職場復帰支援の手引き」(以下「復職支援手引き」という。全文は、**別添資料3**参照。)を公表しています(平成16年、平成24年改訂)。「復職支援手引き」には、メンタルヘルス不調により休業した労働者のうち、主として治療によって比較的短期に寛解し、医学的に業務に復帰するのに問題がない程度に回復したと考えられる者に対する支援のあり方が紹介されています。この内容は、多くの職場で参考にすることができます。

「復職支援手引き」では、衛生委員会等で調査審議を行い、産業医等の助言を得て、各事業場の実態に即した「職場復帰支援プログラム」を策定するよう求めています。

定められた職場復帰支援プログラムは、職場内に広く周知される必要があり、そのための教育研修は非常に重要となります。

1　職場復帰支援の流れ

「復職支援手引き」では、職場復帰支援活動が5つのステップに分けられています(図7－1)。第1ステップは当該労働者の休業開始時から始まり、第5ステップはその職場復帰後のフォローアップです。これは、職場復帰支援を、復職前後の狭い範囲の活動ではなく、休業開始から復職後の職場再適応時点までの間に行う一連の取組みとみなすべきであることを意味しています。休業に入った労働者が雇用の継続や仕事に関して不安を感じることなく治療に専念できるように配慮したり、職場環境に問題があれば早期にその改善に取り組んだりすることは、職場復帰支援の第一歩です。また、当該労働者は、職場復帰をした後も、従来と同レベルの仕事ができるようになるまでに、ある程度の時間と適切な支援が必要ですし、メンタルヘルス不調は一旦回復したようにみえても、短期間のうちに再燃、再発する例が少なくありません。受け入れ側の管理監督者や同僚のストレスが高まる可能性もあり、それへの対応も考慮されなければなりません。

以下では、「復職支援手引き」に沿って、職場復帰支援の要点を整理します。

(1)　第1ステップ：病気休業開始及び休業中のケア

健康問題による休業の開始時に、当該労働者は、主治医の診断書を提出します。提出先は、従来管理監督者(上司)になっている事業場が大半でした。しかし、常勤かそれに近い産業医がいる事業場では、個人情報保護の面から、産業医に提出されるようにするのがよいでしょう。産業医は、そのなかから、人事労務管理スタッフや管理監督者に対して、各々の業務を遂行するうえで必要な情報(例えば、見込まれる休業療養期間、当該労働者のメンタルヘルス不調の要因となったと考えられる職場の問題)だけを伝えるのです。

診断書が管理監督者や人事労務担当部署に提出される事業場でも、それが速やかに事業

<table>
<tr><td colspan="2">＜第1ステップ＞病気休業開始及び休業中のケア</td></tr>
<tr><td>ア　病気休業開始時の労働者からの診断書（病気休業診断書）の提出
イ　労働者に対する事務手続きや職場復帰支援の手順の説明</td><td>ウ　病気休業期間中の労働者の安心感の醸成のための対応
エ　その他</td></tr>
</table>

↓

<table>
<tr><td colspan="2">＜第2ステップ＞主治医による職場復帰可能の判断</td></tr>
<tr><td>ア　労働者からの職場復帰の意思表示と職場復帰可能の判断が記された診断書の提出</td><td>イ　産業医等による精査
ウ　主治医への情報提供</td></tr>
</table>

↓

<table>
<tr><td colspan="2">＜第3ステップ＞職場復帰の可否の判断及び職場復帰支援プランの作成</td></tr>
<tr><td>ア　情報の収集と評価
（ア）労働者の職場復帰に対する意思の確認
（イ）産業医等による主治医からの意見収集
（ウ）労働者の状態等の評価
（エ）職場環境等の評価
（オ）その他
イ　職場復帰の可否についての判断</td><td>ウ　職場復帰支援プランの作成
（ア）職場復帰日
（イ）管理監督者による就業上の配慮
（ウ）人事労務管理上の対応
（エ）産業医等による医学的見地からみた意見
（オ）フォローアップ
（カ）その他</td></tr>
</table>

↓

<table>
<tr><td colspan="2">＜第4ステップ＞最終的な職場復帰の決定</td></tr>
<tr><td>ア　労働者の状態の最終確認
イ　就業上の配慮等に関する意見書の作成</td><td>ウ　事業者による最終的な職場復帰の決定
エ　その他</td></tr>
</table>

↓

職　場　復　帰

↓

<table>
<tr><td colspan="2">＜第5ステップ＞職場復帰後のフォローアップ</td></tr>
<tr><td>ア　疾患の再燃・再発、新しい問題の発生等の有無の確認
イ　勤務状況及び業務遂行能力の評価
ウ　職場復帰支援プランの実施状況の確認</td><td>エ　治療状況の確認
オ　職場復帰支援プランの評価と見直し
カ　職場環境等の改善等
キ　管理監督者、同僚等への配慮等</td></tr>
</table>

図7－1　職場復帰支援の流れ

場内産業保健スタッフに伝達されるようにしておくことが大切です。

　休業を開始する労働者に対しては、安心して療養に専念できるように、休業中の事務手続きや職場復帰をする際の手順などについて説明を行います。

　休業中、管理監督者や事業場内産業保健スタッフ等は、休業やその継続に必要な事項及び職場復帰支援のためにあらかじめ検討しておいた方がよいと考えられる事項について、労働者に連絡を取って確認します。労働者本人の同意を得たうえで、主治医から情報を得ることが必要となる場合もあるでしょう。

　当該労働者が休業中に不安や悩みなどを相談できる場を紹介することも望まれます。事

業場内外の相談窓口や、傷病手当金制度などの支援制度、公的あるいは医療機関が実施している職場復帰支援サービスなどに関する情報を分かりやすく伝えます。

　なお、病状によっては、職場から頻回に本人と接触を試みるのは適切でないこともあります。その点についても、主治医の意見、判断を仰ぐのがよいでしょう。

　また、この時点で、主治医に対して、傷病による休業や職場復帰に関する事業場の諸制度等を伝えておくことも大切です。事業場が職場復帰を認めるおおよその回復レベル（例えば「1日落ち着いて机に向かっていることができる」など）も併せて伝えると、主治医と職場の間で復職可能時期の判断にズレが生じる事態を回避しやすくなります。休業前の本人の様子、業務内容、仕事ぶりなども情報提供すれば、診断や治療に活かされることが期待できます。

(2)　第2ステップ：主治医による職場復帰可能の判断

　休業中の労働者から職場復帰の希望があったら、主治医による職場復帰可能という判断が記された診断書（復職意見書）を提出するよう求めます。本人の復職意思と主治医の同意のあることが、職場復帰支援を進めていくための前提要件となります。診断書には、復職後当面どのような就業面の配慮が望ましいかについても、具体的な意見を記してもらうように、主治医に依頼するとよいでしょう。

　なお、現状では、この復職意見書の内容は、仕事がどのくらいできそうかではなく、症状の改善具合に関する記述が中心となっていることが多く、また労働者本人や家族の強い希望が反映されている場合もあることに注意が必要です。

(3)　第3ステップ：職場復帰の可否の判断及び職場復帰支援プランの作成

　最終的な職場復帰決定に向けて、必要な情報の収集と評価を行ったうえで職場復帰の可否を判断し、可能と決定した場合には、具体的な支援プランを準備します。この過程は、労働者本人、管理監督者（上司）、事業場内産業保健スタッフ、人事労務管理スタッフ等の間で十分な話し合いを持ち、よく連携しながら進めていきます。精神科医や心理職などの専門的な知識や技術を持った「心の健康づくり専門スタッフ」（**別添資料1**「労働者の心の健康の保持増進のための指針」を参照のこと）が配置されている事業場では、これらのスタッフから、助言、助力をしてもらうことができます。

　産業医が選任されていない50名未満の小規模事業場においては、事業場内メンタルヘルス推進担当者が核となって、管理監督者（上司）、人事労務管理スタッフ、主治医との連携を図りながら、検討を行っていくことになります。必要に応じて産業保健総合支援センター等の事業場外資源を活用するのもよいでしょう。

　通常、職場復帰の準備には、ある程度の時間を要することが多いため、職場復帰に関する面談などは、それを考慮した日程調整を行う必要があります。

　職場復帰の可否とその支援プランに関して協議した結果は、必ず記録にまとめ、関係者がその内容を互いに確認しながら、その後の取組みを進めていきます。記録のまとめ方に定まった形式はありませんが、復職支援手引きに例示されている「職場復帰支援に関する面談記録票」（200頁）が参考になります。

ア　情報の収集と評価

　職場復帰の可否を適切に判断するためには、3つの評価が必要です。当該労働者本人の「病状の改善度」、「業務遂行能力の回復度」そして復帰先として予定されている職場の「職場環境」の評価です。労働者本人、管理監督者（上司）などの関係者から、そのために必要な情報を収集することになります。情報を集めるにあたっては、労働者のプライバシーに十分配慮しなければなりません。収集する情報と行うべき評価の主な内容は以下のとおりです。

①　労働者の職場復帰に対する意思の確認

　労働者に職場復帰の意思、就業意欲があることを確認し、職場復帰の可否を決定した後、支援プラン実施の説明を行って同意を得ます。

②　主治医の意見

　診断書に記載されている情報が少なく、それだけでは職場復帰を検討していくのが困難な場合、産業医等は、労働者の同意を得た上で、主治医から追加の情報や意見を収集することになります。それには、復職支援手引きに例示されている「職場復帰支援に関する情報提供依頼書」（199頁）等を用いるとよいでしょう。

③　労働者の状態等の評価

　産業保健スタッフ（主として産業医）は、治療経過、病状の回復状況、今後の通院治療の必要性、休業中の生活状況、業務の遂行に影響を及ぼす可能性のある症状や服用している薬の副作用の有無などについて確認し、その時点での業務遂行能力（どのくらい仕事ができるか）についての評価を行います。それには、生活リズム（起床・就寝時間など）、昼間の眠気の有無、注意力・集中力の程度、業務遂行と関係のある行動（読書やパソコン作業、軽度の運動等）の実施状況と、それらによる疲労の回復具合などを聴き取ると参考になります。通勤が安全にできるかどうかの評価も大切です。

　症状（例えばうつ病であれば、憂うつな気分、興味の減退、疲れやすさ、集中力の低下、睡眠困難など）と業務遂行能力は、必ずしも同時に改善せず、後者は前者に遅れる場合も多いことが知られています。しかし、通常主治医が評価するのは、主として症状の改善度であり、これが十分であると判断された場合には、「復職可」の意見が出されることが少なくありません。したがって、産業保健スタッフには、その評価を受けて、業務遂行能力を評価（多くの場合、推定）することが求められるのです。業

	6	7	8	9	10	11	12	13	14	15	16	17	18	19	20	21	22	23	24	1
	睡眠	朝食	新聞	掃除		図書館		昼食	昼寝		散歩		テレビ	夕食	インターネット		入浴		睡眠	

（例）5月1日

熟睡できた　中途覚醒なし / おいしかった / 頭に入った / 集中できたが少し疲れた / 予定より30分オーバー / 少し足をのばした / 眠くなった / 長男と話し、楽しかった / 目の疲れがひどい / 寝付くのに30分くらい

（全体として）生活のリズム・気分の変動はほぼ安定。昨日の外出の疲れからか、昼寝をしてしまった。

図7－2　生活記録表の例

務遂行能力の評価は、実際に作業をさせてみないと難しい面もありますが、主治医からの情報に加えて、上述した事柄などを労働者本人から聴き取り、さらに復帰予定職場の現況を調べれば、ある程度の推定ができるでしょう。生活記録表（図7－2）（起床、食事、外出、就寝などの時間や状態の安定性などを記入するもの）をつけて提出してもらうのも有用です。

　診断名にあまりとらわれすぎずに、業務遂行能力を見直しも含めて適切に判断し、可能な支援を模索する姿勢が望まれます。今後の就業に関して、本人の希望する業務内容、業務面の配慮や期間、管理監督者、人事労務管理スタッフ及び事業場内産業保健スタッフに対する要望なども確認しておきます。その際には、希望どおりの対応がなされると保証するわけではないことを伝えておいたほうがよいでしょう。

　必要に応じて、（可能であれば）家族からも本人の家庭での状態（病状の改善の程度、食事・睡眠・飲酒等の生活習慣など）について情報を収集します。

④　職場環境の評価

　評価は、当該労働者だけでなく受け入れ側の職場についても行う必要があります。いくら本人の健康状態、業務遂行能力がよくなっていても、職場の受け入れ態勢に問題があると、職場復帰やその後の適応に支障をきたすおそれが高くなります。

　評価する事項としては、表7－2のようなことがあげられます。

⑤　その他

　治療に関する問題点や、本人の性格・行動、家族の支援状況など職場復帰の阻害要因となりうる問題点があれば、それらについても整理し、その善後策について検討するとよいでしょう。

イ　職場復帰の可否についての判断

　アの「情報の収集と評価」の結果をもとに、当該労働者の職場復帰が可能か否かにつ

表7－2　職場環境の評価項目

・予定されている（求められる）業務と当該労働者の能力、意欲・関心が適合しているか
・職場の人間関係はどうか
・業務の量（作業時間、作業密度など）や質（責任の重さ、困難さなど）はどうか
・上司から明確な指示命令が出せるか
・業務量の時期的な「山・谷」は大きいか
・復帰者を支える職場の雰囲気やメンタルヘルスに関する理解はよいか
・業務上の配慮（仕事の内容や量の変更、就業制限等）は可能か
・当該労働者の仕事ぶりについて定期的に評価ができるか
・人事労務管理上の配慮（配置転換・異動、勤務制度の変更等）は実施可能か　など

いて判断を行います。この判断は、事業場内産業保健スタッフ等を中心にして、管理監督者等の意見もよく参考にしながら総合的に行われることが望まれます。

　産業医が選任されていない50名未満の小規模事業場においては、人事労務管理スタッフ及び管理監督者等、衛生推進者等が、主治医及び産業保健総合支援センター等の事業場外資源による助言をもとに、この判断を行うことになります。

ウ　職場復帰支援プランの作成

　職場復帰が可能と判断されたら、具体的な職場復帰支援プランをつくります。職場復帰を円滑に進めるためには、元の就業状態に戻すまでにいくつかの段階を踏むのがよいでしょう。それぞれの段階に応じた支援の内容及び期間を決めていきます。当該労働者には、上述したような計画に基づき着実に職場復帰を進めることが長期的、安定的な就業の継続等につながることを十分に理解してもらう必要があります。本人の一時的な希望を十分な吟味をしないまま全面的に受け入れて職場復帰支援プランが決定されることがないようにすべきです。復帰に対する焦りや周囲への遠慮などから、本人が実施に無理のある性急なプランを提案することも少なくないからです。

　プラン作成の際に検討すべき内容を表7－3にまとめました。

⑷　第4ステップ：最終的な職場復帰の決定

　上記の職場復帰の可否についての判断及び職場復帰支援プランの作成を経て、最終的な職場復帰の決定を行います。産業医が選任されている事業場では、産業医が職場復帰に関する意見を書面にまとめ、それをもとに関係者間で手続きを進めていきます。その書式については、復職支援手引きに例示されている「職場復帰に関する意見書」（201頁）が参考になります。

　最終的な職場復帰の決定は、通常人事労務管理スタッフが行います。その結果は、速やかに労働者に通知されなければなりません。管理監督者、産業保健スタッフも、その内容

表7-3　職場復帰プラン作成の際に検討すべき項目

●職場復帰日
●管理監督者（上司）による業務上の配慮
　・業務に関する支援の内容や方法
　・業務内容や業務量の変更
　・就業制限
●治療上必要なその他の配慮
●人事労務管理上の対応
　・配置転換や異動の必要性
　・フレックスタイム制度や裁量労働制度などの勤務制度の運用の必要性
　・その他、段階的な就業上の配慮（出張制限、業務制限、転勤についての配慮）の可否及び
　　必要性
●産業医等による医学的見地からみた意見
　・安全（健康）配慮義務に関する助言
　・その他、職場復帰支援に関する医学的見地からみた意見
●フォローアップ
　・管理監督者によるフォローアップの方法
　・事業場内産業保健スタッフ等によるフォローアップの方法
　・就業制限等の見直しを行うタイミング
　・すべての就業上の配慮や医学的観察が不要となる時期についての見通し
●その他
　・職場復帰に際して当該労働者がみずから責任をもって行うべき事項
　・試し出勤制度等がある場合は、その利用についての検討
　・事業場外資源が提供する職場復帰支援プログラム等の利用についての検討

を確認して、各々の役割を遂行することが求められます。

　就業上の措置は、あくまで当該労働者が健康を確保しながら円滑な職場復帰を実現できるためのものであり、それを超えた強い制限は行うべきではありません。

　職場復帰及び就業上の措置に関する決定事項は、主治医にも伝えるべきです。「復職支援手引き」には、その書式の見本となる「職場復帰及び就業上の配慮に関する情報提供書」（202頁）が示されています。

　職場復帰にあたり、人事労務管理上の配慮に伴い処遇の変更を行うことについては、あらかじめ就業規則に定めるなどルール化しておくとともに、その変更は合理的な範囲に留めることが重要です。

　また、職場復帰にあたってストレスが過大となるのは、当該労働者本人だけとは限りません。受け入れ側の管理監督者や同僚のストレスも高まることが多いものです。本人に対してどのような接し方（声のかけ方、仕事の与え方）をすればいいか分からない、本人の病状が再燃した場合に、自分に責任が負わされるのではないかといった心配や不安が、管理監督者にはよくみられます。また同僚は、本人の業務遂行能力の回復が想定よりも遅れ、期待どおりの仕事がこなせない状態が長引くと、それが健康上の問題であると理屈の上で

は分かっていても、その分の業務負担が自分にかかってくるため、感情面ではやり切れない思いが積もりがちになります。そうした点に対する配慮も軽視すべきではありません。

　彼らに対する具体的な支援としては、当該労働者に対して配慮すべき点を明確にすること、困った点、判断に苦しむ事柄などが生じた場合には産業保健スタッフにいつでも相談できることを、相談窓口の紹介を含め、はっきりと伝えることが重要です。

⑸　第5ステップ：職場復帰後のフォローアップ

　復職後の当該労働者や職場の様子を経過観察して、必要に応じてプランを見直します。

　職場復帰後のフォローアップとしては、管理監督者による日常の観察と業務面の配慮、事業場内産業保健スタッフによる面接などがあります。この面接の間隔は、本人の状態や職場の諸事情などによって決められればよいのですが、職場復帰当初は、2週間～1カ月程度にしたいところです。職場復帰後のフォローアップで行うべき事項を**表7-4**に示しました。

　管理監督者、同僚等への配慮とは、職場復帰する当該労働者への配慮や支援を行う管理監督者や同僚等に、過度の負担がかかることのないように配慮することを指しています。彼らに対しては、セルフケアやラインによるケアを促進するための教育研修・情報提供を行うことが望まれます。

　また、円滑な職場復帰には、家族による支援も重要となるため、家族との連携を図ることも検討する余地があります。

表7-4　職場復帰後のフォローアップで行われるべき事項

●疾患の再燃・再発、新しい問題の発生等の確認
　疾患の再燃・再発についての、早期の気づきと迅速な対応が不可欠
●勤務状況及び業務遂行能力の評価
　労働者の意見だけでなく、管理監督者からの意見も合わせて客観的な評価を行う
●職場復帰支援プランの実施状況の確認
　職場復帰支援プランが計画どおりに実施されているかを確認する
●治療状況の確認
　通院状況、病状や今後の見通しについての主治医の意見を労働者から聞く
●職場復帰支援プランの評価と見直し
　さまざまな視点から評価を行い、問題が生じている場合は、関係者間で連携しながら、職場復帰支援プランの内容の変更を検討する
●職場環境等の改善等
　職場復帰する労働者がよりストレスを感じることの少ない職場づくりをめざして、作業環境・方法や、労働時間・人事労務管理など、職場環境等の評価と改善を検討する
●管理監督者、同僚等の配慮等
　職場復帰をする労働者を受け入れる職場の管理監督者や同僚等に、過度の負担がかかることのないよう配慮する

このフォローアップ期間をどのくらいにすべきかは、事例によって異なりますが、多くの例で少なくとも数カ月は必要でしょう。

2　管理監督者及び事業場内産業保健スタッフ等の役割

(1)　管理監督者

職場復帰支援プランの作成にあたって、復職の可否、業務面の配慮などについて、積極的に意見を述べます。当該労働者が職場復帰支援プランに沿って仕事をしていく過程では、指示や助言、相談対応などをこまめに行います。言動を注意深く観察して、気になった点があれば、産業保健スタッフに相談しながら、早期に対応することが望まれます。人事労務管理面の問題については、人事労務管理スタッフと連携することが必要となります。

職場内に当該労働者のメンタルヘルス不調と関連が深いストレス要因がある場合には、速やかにその改善を図ります。これには、復職後の本人の職場適応を円滑にすることと、周囲の同僚から同じようなメンタルヘルス不調を発生させないことの2つの意味があります。

(2)　事業場内産業保健スタッフ等

ア　人事労務管理スタッフ

当該労働者の配置転換、異動、勤務時間の短縮などが必要となる場合には、産業保健スタッフ等と連携しながら、人事労務管理面の手続き、調整を行います。

イ　産業保健スタッフ

産業医、保健師、衛生管理者等は、専門的な立場から、必要な助言、指導等を行います。各々の役割は、事業場規模や産業保健スタッフの充足度などによって異なります。通常、産業医は、主治医との情報交換や医学的な判断に関して中心的な役割を担います。保健師等は、産業医を補助するとともに、当該労働者や管理監督者の相談対応にあたることが望まれます。衛生管理者等は、ほかの産業保健スタッフ等と連携をし、必要な補助、連絡調整などを行います。事業場内に心の健康づくり専門スタッフ（精神科医、心療内科医、心理職など）がいる場合には、その専門的な立場から、産業保健スタッフに対して助言、提案を行うことが期待されます。

事業場内メンタルヘルス推進担当者は、当該労働者、管理監督者、人事労務管理スタッフ及び産業保健スタッフ間の連携、調整に関して、重要な役割を担うことが求められます。必要に応じて、産業保健総合支援センター、民間のメンタルヘルスサービス機関などの事業場外資源に助言を求めるための窓口機能を果たします。

3　教育研修の重要性

上述した職場復帰が円滑に進められるためには、上司、同僚等の職場関係者に対する教

育研修が非常に重要です。

　まず、日頃からメンタルヘルスの基礎知識や職場復帰の手順、各人が果たすべき役割等を十分に理解してもらっておくことによって、第1ステップがスムーズに開始されます。第1ステップのなかで、主治医からの情報に職場の問題点が含まれている場合には、産業医や人事労務管理スタッフと連携し、それを改善するための働きかけに関する研修を行うとよい場合があります。

　疾病による休業は、多くの労働者にとって、働くことへの自信を失わせる出来事です。したがって、特に管理監督者に対しては、当該労働者（部下）の焦りや不安に対して耳を傾けるとともに、健康の回復を優先させ、何らかの問題が生じた際には早めに相談するように働きかけ、さらには事業場内産業保健スタッフと適切な連携を図ることができるようになる研修を行うことが望まれます。

　また、第5ステップにおいて、受入れ側の職場関係者のストレスの高まりを軽減するために、彼らの困惑等を受け止め、必要に応じて助言を行う場を設けるのも重要な取組みです。

　これらの教育研修は、小グループで行われるのが一般的です。一方的な講義形式に終始するのではなく、参加者間のディスカッションや事例検討等も取り入れることにより、職場復帰に関する様々な事項について理解が深められます。

4　個人情報の保護

　職場復帰支援においては、当該労働者の健康情報が数多く扱われます。これらは、個人情報のなかでも特に機微なものですから、行政から示されている個人情報保護に関する法令、通達、「労働者の心身の状態に関する情報の適正な取扱いのために事業者が講ずべき措置に関する指針」（**別添資料9**）を順守した適正な取扱いをする必要があります。

　一般に労働者の健康情報の伝達は、個人情報保護の面から、「必要最小限を」「できるだけ限定された範囲で」「本人の了解のもとに」行うのが原則です。当該労働者が、自らの健康情報に関して、周囲のだれが何を知っているのかを理解できるように配慮すべきです。

　また、管理監督者や同僚の当該労働者に関する情報（言動の変化への気づきなど）は、その提供者にとっても個人情報となりえることにも注意しましょう。

(1)　情報の収集と労働者の同意

　取り扱う労働者の個人情報は、職場復帰支援と事業者が果たすべき責務（労働者の生命、健康を職場における危険因子から保護する義務）の遂行のために必要な最小限のものとします。その収集にあたっては、原則として本人の同意を得ることが必要です。主治医や親族から情報を集める場合にも、利用目的を明確にして、本人の同意を得るべきです。労働者の健康情報を第三者に伝える際も同様です。

　こうした対応が誤りなく円滑に行われるために、衛生委員会等で労働者の同意の取り方、

情報収集の進め方などの基本的な手続きを定めておくのがよいでしょう。

(2)　情報の集約・管理

　職場復帰支援にかかわる人が、それぞれの役割を果たすうえで必要な情報に限定して取り扱うことを原則にします。健康情報は、まず産業医のもとに集約され、産業医がそれらのうち人事労務管理や就業面の配慮などのために必要であると判断した事柄のみを該当者に伝えるような仕組みにするのがよいでしょう。

　復職支援において行われる情報交換は、主治医-産業保健スタッフ（特に、産業医などの医療関係者）間、産業保健スタッフ-職場関係者（管理監督者、人事労務管理スタッフ）間の2つに大別できます。両者は、内容が大きく異なります。例えば、病名や細部にわたる病状の経過、治療の詳細（内服薬の種類など）は、産業医が職場関係者に必要な助言をするためには役立ちますが、職場関係者は知る必要がないばかりか、知ったばかりに不適切な判断をしてしまうおそれさえあります。したがって、産業保健スタッフ－職場関係者間ではどのような情報交換をするのかを、ある程度定めておきたいものです。

　産業医は、主治医から得られた情報を適宜加工（必要な内容に絞り込んで、場合によっては表現も改変）したうえで、職場関係者に伝達するべきです（例えば、管理監督者や人事労務担当者には、診断名や詳細な病状の経過は伝えない）。

　産業医が非常勤で出務頻度が低い事業場や産業医の選任義務がない事業場でも、医療専門職でない者が、労働者の健康情報を加工されていない生の状態で取り扱うことをできるだけ回避できるように工夫しましょう。

(3)　情報の漏えい等の防止

　健康情報の漏えいがないように、その防止措置を講じることも重要です。健康情報を取り扱う者は、その保護措置について理解を深めるために、教育研修を受けることが望まれます。また、事業場外資源を活用する際にも、労働者のプライバシーが守られるように、適切な措置を講じることが求められます。

(4)　情報の取扱いルールの策定等

　このような健康情報の取扱いに関しては、衛生委員会等の審議をふまえたうえで、一定のルールを策定し、関連する文書の書式、取扱い方法、保管方法等について定めて、関係者に周知しておく必要があります。

　個人情報の保護、適正な取扱い、それに関する留意事項に関しては、個人情報の保護に関する法律、「雇用管理に関する個人情報のうち健康情報を取り扱うに当たっての留意事項」（**別添資料7参照**）などが示されており、これらをよく理解して順守することも求められます。

5　その他の検討・留意事項

⑴　主治医との連携のあり方

　産業保健スタッフ等や管理監督者が主治医に連絡をとる際には、事前に本人に説明し同意を得ておくことを原則とします。

　主治医に対しては、連絡をとる者の立場や役割、病気休業・休職や職場復帰に関連する社内規則、個人情報保護に関する事項などについて、説明をすることも大切です。

　主治医に求める情報は、職場復帰支援に関して職場で配慮すべき内容を中心とした最低限のものに留めるべきです。状況によっては、本人、主治医を含めた三者面談を行うことも考えられます。

　書面による情報提供を依頼したり、職場関係者が情報収集のために直接面談を求めたりすることによって発生する費用を誰（どの部署）が負担するかに関しては、あらかじめ各事業場で取り決めをつくっておくべきです。

⑵　職場復帰可否の判断基準

　メンタルヘルス不調は多様であり、また職場復帰の可否は、当該労働者側の要素だけによって決定できるものではないことからも、その厳密な判断基準を一律に定めることは極めて困難です。個々の事例ごとに当該労働者の病状の回復度、業務遂行能力の改善の見込みを丁寧に評価し、職場の諸事情、社内の諸制度などもふまえたうえで、総合的に判断しなければなりません。

　職場復帰の可否に関する判断については、さまざまな判例が蓄積されているため、それらを参照してトラブルの防止を図ることも望まれます。場合によっては、法律の専門家に相談することも有用です。なお、参考として判断基準の例を表７－５に示します。

⑶　試し出勤について

　メンタルヘルス不調によって休業した労働者は、職場復帰時点では、まだ従前の業務遂行能力を取り戻していないことが多いものです。また、休業が長くなった場合には、職場

表７－５　職場復帰可否の判断基準の例

●労働者が職場復帰に向けて十分な意欲を示している ●通勤時間帯に一人で安全に通勤ができる ●決まった勤務日、時間に就労が継続して可能である ●電話などによる通常の問い合わせへの対応ができる ●作業による疲労が翌日までに十分回復する ●適切な睡眠覚醒リズムが整っている、昼間に強い眠気がない ●一定の業務遂行に必要な注意力・集中力が回復している　など

復帰を前に強い不安を抱きがちです。

　そこで、企業や自治体によっては、「試し出勤」の制度を設けているところがあります。「試し出勤」は、職場復帰を予定している労働者が、正式な職場復帰前に、期間を定めて本来の職場などに試験的に継続して出勤する制度を指します。「試し出勤」を導入したことにより、職場復帰が円滑に進むようになったという報告もあります。特に、休業中に組織変更や人事異動があり、職場環境が大きく変わった場合などでは、それに徐々に慣れていく場が提供されることになり、意義が大きいといえましょう。

　「試し出勤」には、当該労働者の就業に関する不安の緩和に寄与するとともに、労働者自身が実際の職場で自分自身及び職場の状況を確認しながら復帰の準備を行うことができるという利点がある一方で、労働災害や通勤時の事故が発生した際の補償、人事管理上の位置づけをどうするかという問題があります。負担の少ない作業ではあっても、職場内で上司の指揮下で行われる場合、作業内容が業務に当たる場合などでは、労働基準法が適用されることがある点、賃金等について合理的な処遇がなされるべき点に留意しなくてはなりません。制度の運用にあたっては、産業医等を含めてその必要性を検討するとともに、主治医からも療養の支障にならないという判断を得る必要があります。

　また、こうした制度は、職場の都合で実施するのではなく、当該労働者の主体的な考えや判断に基づいて運用するようにしなければなりません。目的を明確にして、それと矛盾した長期にわたる期間を設定するのは不適切です。

⑷　「元の職場への復帰」の原則

　事業場の規模や組織体制などによって例外もあるでしょうが、「まずは元の職場へ復帰すること」を原則とするべきです。当該労働者にとって、休業前の職場で休業前と同じような仕事に就くことが最も不安や負担感が小さいと考えられるからです。

　当該労働者が多少元の業務に苦手意識を持っていたとしても、管理監督者や産業保健スタッフを交えてよく話し合ってみると、むしろ得意とする仕事も交ざっていることが分かるかもしれません。その場合には、仕事の与え方を工夫すれば、うまく職場復帰ができるばかりでなく、それが本人の自信につながる可能性もあります。

　しかし、メンタルヘルス不調にその職場の人間関係が大きな影響を及ぼしている例、その職場にいる限り避けて通れない事柄が本人の大きな負担になっている例、安全面から元の職場に戻すことが適切でないと判断される例では、職場復帰時点で別の職場に異動したほうがよいこともあります。

⑸　職場復帰後の就業上の措置

　職場復帰後は、一定期間労働負荷を軽減し、段階的に元へ戻す配慮が求められます。そうした制度については、衛生委員会等の審議を経て、ルール化しておく必要があります。

・短時間勤務（適切な生活リズムを確保する意味では、始業時間を遅らせるのではなく、終業時間を早める方が望ましい場合が多い）
・軽作業や定型作業への従事
・残業・深夜業務の禁止
・出張の制限（顧客との交渉・トラブル処理などの出張、宿泊を伴う出張などの制限）
・交替勤務の制限
・特定の業務の制限（危険業務、運転業務、高所作業、窓口業務、苦情処理業務等の禁止や免除）
・フレックスタイム制度の制限または適用（フレックスタイム制度のある職場でも、復帰当初はあえてその制度を利用しない方がよい場合がある）
・転勤についての配慮

　具体的な配慮の例としては、**表7−6**のようなものがあげられます。

⑹　職場復帰に関する判定委員会

　事業場によっては、管理監督者、産業医、心の健康づくり専門スタッフ、人事労務管理スタッフ等による職場復帰の判定委員会が設置されているところがあります。これには、手続きを組織的に行うことができる、事例ごとの不公平感が生じにくいなどの利点があります。一方で、多人数が参加するため、そこでの決議について責任の所在が不明確になったり、日程調整が難しく委員会の開催が遅延してしまったりすることも起こりがちですので、そうした事態が生じないような仕組みづくり、調整が必要です。

⑺　事業場外資源の活用など

　職場復帰支援に関して、最近注目を集めているものに、リワークプログラムがあります。リワークプログラムは、在職精神障害者の職場復帰支援プログラムの通称です。主なプログラムとして、地域障害者職業センターによるものと民間の医療機関によるものがあります。両者の間で、対象疾病の範囲、職場に対する働きかけの程度、1クールの期間などに違いはありますが、主として休業を繰り返すメンタルヘルス不調者に対し、症状の再燃、再発をもたらす個人的因子を分析して、自らに問題を自覚させるとともに、認知行動的アプローチなどを用いて、その改善に向けた働きかけを行う点が共通しています（一部の機関に、そうした要素を含んでいない取組みを「リワークプログラム」と称しているところも見受けられます）。

　これは、一通りの治療を行い、病状が改善したために職場復帰をした労働者が再休業に至ってしまう要因のなかには、職場側の問題だけではなく、本人側の問題も少なからずあるという分析を背景としています。すなわち、メンタルヘルス不調の場合、自宅療養により症状が改善していることが、そのまま仕事ができることを意味するとは限らないという

ことです。勤務可能な水準まで病状を回復させ、さらにその再燃、再発を抑止するための特別な働きかけの重要性を提起した意味でも、リワークプログラムの存在意義は大きいといえましょう。

　医療機関におけるリワークプログラムの目的としては、以下の事項があげられています。

① 　自らの症状を把握して病状の安定化を図り、悪化の徴候があれば早期の対処を行うための症状や体調の自己管理ができるようにすること

② 　セルフケアができるようになるために、自分の病気を知り症状などを理解すること

③ 　病気の理解が進み自己の症状がモニターできることに加え、なぜ自分が病気になったのかの洞察ができるようになること

④ 　（気分障害の場合）気分障害に特徴的な認知の偏りや考え方、物事の受け取り方のパターン化された思考を修正する心理的手法を学び、身につけること

⑤ 　集団での協働作業を通じて、コミュニケーション能力を回復させる（高める）こと

⑥ 　キャリアの再構成を行うこと

　プログラムの洗練化、標準化も進められており、よい成績も報告されていますが、参加は周囲から強要するのではなく、本人の意思に委ねるべきです。また、労働者がリワークプログラムに参加している場合でも、職場として行うべき上述した労働者の評価や職場への働きかけは怠らないようにせねばなりません。

　リワークプログラム以外にも、メンタルヘルス不調者が職場復帰時に活用できる事業場外機関のサービスはいくつもあります。それらの内容は多様であり、労働者がそうしたサービスを利用している場合には、事業場内産業保健スタッフあるいは事業場内メンタルヘルス推進担当者が内容を確認し、当該機関の担当者と連携を図りたいものです。

　また、労働者にその利用を勧めるにあたっても、プログラムが事業場で必要としている要件に合ったものかどうかを、あらかじめ検討することが望まれます。

　職場復帰が難航している例などで、状況によっては主治医の治療や対応に関して、ほかの医師の意見を聞くのを勧めることも考えられますが、それはあくまで本人の治療方針の問題であることから、慎重に行うとともに、最終的には本人の意思に委ねることが肝要です。

(8)　働き方の変化と職場復帰支援

　働き方改革関連法が施行された影響もあり、多様な働き方が推進されつつあります。特に、テレワークの導入は、新型コロナ禍によって一部の職場で加速されました。テレワークは、労働者の健康に従来の働き方とは異なる影響を及ぼす可能性があります。また、労務管理面でも新しい課題が生じています。そうしたことから、職場復帰支援については、以下のような点に留意することが求められます。

　まず、休業者から出社を伴う通常勤務は難しいけれど、テレワークであれば就労できる

ため復職したいという希望が出される可能性があります。その場合、テレワークがあくまで一時的、臨時的な勤務形態であると位置づけられ、そのことが労働者に周知されていれば、復職要件を変える必要はないと考えられます。通常の出退社ができることが復職可能要件になっていれば、復職は時期尚早としてよいでしょう。しかし、在宅での業務が実質的に以前の通常業務と変わらない場合や、その職場でテレワークが定常化しているような場合には、復職に関する規程の類を見直し、テレワークをどのように扱うかを明確化しておくべきです。

　復職後については、仕事に関する相談がしにくい、自らの不調感や業務遂行能力の回復度が自覚しづらい、外出が少なくなりがちであるといった面が懸念されます。

　当該労働者がテレワークをしない場合でも、上司など指示命令を出したり観察・評価をしたりする者がテレワークに従事していると、それらに支障が生じ、当該労働者の再適応状況を把握するのが難しくなり、不調が再燃した際に早期に適切な対応を行うことができない事態も起こりやすいでしょう。それについても、対応法を決めていく必要があります（詳細は別添資料10「テレワークの適切な導入及び実施の推進のためのガイドライン（抄）」を参照）。

別 添 資 料

別添資料 1

労働者の心の健康の保持増進のための指針

（平成18年3月31日付け健康保持増進のための指針公示第3号）

（改正　平成27年11月30日付け健康保持増進のための指針公示第6号）

1　趣旨

　労働者の受けるストレスは拡大する傾向にあり、仕事に関して強い不安やストレスを感じている労働者が半数を超える状況にある。また、精神障害等に係る労災補償状況をみると、請求件数、認定件数とも近年、増加傾向にある。このような中で、心の健康問題が労働者、その家族、事業場及び社会に与える影響は、今日、ますます大きくなっている。事業場において、より積極的に心の健康の保持増進を図ることは、労働者とその家族の幸せを確保するとともに、我が国社会の健全な発展という観点からも、非常に重要な課題となっている。

　本指針は、労働安全衛生法（昭和47年法律第57号）第70条の2第1項の規定に基づき、同法第69条第1項の措置の適切かつ有効な実施を図るための指針として、事業場において事業者が講ずる労働者の心の健康の保持増進のための措置（以下「メンタルヘルスケア」という。）が適切かつ有効に実施されるよう、メンタルヘルスケアの原則的な実施方法について定めるものである。

　事業者は、本指針に基づき、各事業場の実態に即した形で、ストレスチェック制度を含めたメンタルヘルスケアの実施に積極的に取り組むことが望ましい。

2　メンタルヘルスケアの基本的考え方

　ストレスの原因となる要因（以下「ストレス要因」という。）は、仕事、職業生活、家庭、地域等に存在している。心の健康づくりは、労働者自身が、ストレスに気づき、これに対処すること（セルフケア）の必要性を認識することが重要である。

　しかし、職場に存在するストレス要因は、労働者自身の力だけでは取り除くことができないものもあることから、労働者の心の健康づくりを推進していくためには、職場環境の改善も含め、事業者によるメンタルヘルスケアの積極的推進が重要であり、労働の場における組織的かつ計画的な対策の実施は、大きな役割を果たすものである。

　このため、事業者は、以下に定めるところにより、自らがストレスチェック制度を含めた事業場におけるメンタルヘルスケアを積極的に推進することを表明するとともに、衛生委員会又は安全衛生委員会（以下「衛生委員会等」という。）において十分調査審議を行い、メンタルヘルスケアに関する事業場の現状とその問題点を明確にし、その問題点を解決する具体的な実施事項等についての基本的な計画（以下「心の健康づくり計画」という。）を策定・実施するとともに、ストレスチェック制度の実施方法等に関する規程を策定し、制度の円滑な実施を図る必要がある。また、心の健康づくり計画の実施に当たっては、ストレスチェック制度の活用や職場環境等の改善

を通じて、メンタルヘルス不調を未然に防止する「一次予防」、メンタルヘルス不調を早期に発見し、適切な措置を行う「二次予防」及びメンタルヘルス不調となった労働者の職場復帰を支援等を行う「三次予防」が円滑に行われるようにする必要がある。これらの取組においては、教育研修、情報提供及び「セルフケア」、「ラインによるケア」、「事業場内産業保健スタッフ等によるケア」並びに「事業場外資源によるケア」の4つのメンタルヘルスケアが継続的かつ計画的に行われるようにすることが重要である。

さらに、事業者は、メンタルヘルスケアを推進するに当たって、次の事項に留意することが重要である。

① 心の健康問題の特性

心の健康については、客観的な測定方法が十分確立しておらず、その評価には労働者本人から心身の状況に関する情報を取得する必要があり、さらに、心の健康問題の発生過程には個人差が大きく、そのプロセスの把握が難しい。また、心の健康は、すべての労働者に関わることであり、すべての労働者が心の問題を抱える可能性があるにもかかわらず、心の健康問題を抱える労働者に対して、健康問題以外の観点から評価が行われる傾向が強いという問題や、心の健康問題自体についての誤解や偏見等解決すべき問題が存在している。

② 労働者の個人情報の保護への配慮

メンタルヘルスケアを進めるに当たっては、健康情報を含む労働者の個人情報の保護及び労働者の意思の尊重に留意することが重要である。心の健康に関する情報の収集及び利用に当たっての、労働者の個人情報の保護への配慮は、労働者が安心してメンタルヘルスケアに参加できること、ひいてはメンタルヘルスケアがより効果的に推進されるための条件である。

③ 人事労務管理との関係

労働者の心の健康は、職場配置、人事異動、職場の組織等の人事労務管理と密接に関係する要因によって、より大きな影響を受ける。メンタルヘルスケアは、人事労務管理と連携しなければ、適切に進まない場合が多い。

④ 家庭・個人生活等の職場以外の問題

心の健康問題は、職場のストレス要因のみならず家庭・個人生活等の職場外のストレス要因の影響を受けている場合も多い。また、個人の要因等も心の健康問題に影響を与え、これらは複雑に関係し、相互に影響し合う場合が多い。

3 衛生委員会等における調査審議

メンタルヘルスケアの推進に当たっては、事業者が労働者等の意見を聴きつつ事業場の実態に即した取組を行うことが必要である。また、心の健康問題に適切に対処するためには、産業医等の助言を求めることも必要である。このためにも、労使、産業医、衛生管理者等で構成される衛生委員会等を活用することが効果的である。労働安全衛生規則（昭和47年労働省令第32号）第22条において、衛生委員会の付議事項として「労働者の精神的健康の保持増進を図るための対策の樹立に関すること」が規定されており、4に掲げる心の健康づくり計画の策定はもとより、その実施体制の整備等の具体的な実施方策や個人情報の保護に関する規程等の策定等に当たっては、

衛生委員会等において十分調査審議を行うことが必要である。

　また、ストレスチェック制度に関しては、心理的な負担の程度を把握するための検査及び面接指導の実施並びに面接指導結果に基づき事業者が講ずべき措置に関する指針（平成27年4月15日心理的な負担の程度を把握するための検査等指針公示第1号。以下「ストレスチェック指針」という。）により、衛生委員会等においてストレスチェックの実施方法等について調査審議を行い、その結果を踏まえてストレスチェック制度の実施に関する規程を定めることとされていることから、ストレスチェック制度に関する調査審議とメンタルヘルスケアに関する調査審議を関連付けて行うことが望ましい。

　なお、衛生委員会等の設置義務のない小規模事業場においても、4に掲げる心の健康づくり計画及びストレスチェック制度の実施に関する規程の策定並びにこれらの実施に当たっては、労働者の意見が反映されるようにすることが必要である。

4　心の健康づくり計画

　メンタルヘルスケアは、中長期的視点に立って、継続的かつ計画的に行われるようにすることが重要であり、また、その推進に当たっては、事業者が労働者の意見を聴きつつ事業場の実態に則した取組を行うことが必要である。このため、事業者は、3に掲げるとおり衛生委員会等において十分調査審議を行い、心の健康づくり計画を策定することが必要である。心の健康づくり計画は、各事業場における労働安全衛生に関する計画の中に位置付けることが望ましい。

　メンタルヘルスケアを効果的に推進するためには、心の健康づくり計画の中で、事業者自らが事業場におけるメンタルヘルスケアを積極的に推進することを表明するとともに、その実施体制を確立する必要がある。心の健康づくり計画の実施においては、実施状況等を適切に評価し、評価結果に基づき必要な改善を行うことにより、メンタルヘルスケアの一層の充実・向上に努めることが望ましい。心の健康づくり計画で定めるべき事項は次に掲げるとおりである。

① 事業者がメンタルヘルスケアを積極的に推進する旨の表明に関すること。
② 事業場における心の健康づくりの体制の整備に関すること。
③ 事業場における問題点の把握及びメンタルヘルスケアの実施に関すること。
④ メンタルヘルスケアを行うために必要な人材の確保及び事業場外資源の活用に関すること。
⑤ 労働者の健康情報の保護に関すること。
⑥ 心の健康づくり計画の実施状況の評価及び計画の見直しに関すること。
⑦ その他労働者の心の健康づくりに必要な措置に関すること。

　なお、ストレスチェック制度は、各事業場の実情に即して実施されるメンタルヘルスケアに関する一次予防から三次予防までの総合的な取組の中に位置付けることが重要であることから、心の健康づくり計画において、その位置付けを明確にすることが望ましい。また、ストレスチェック制度の実施に関する規程の策定を心の健康づくり計画の一部として行っても差し支えない。

5　4つのメンタルヘルスケアの推進

　メンタルヘルスケアは、労働者自身がストレスや心の健康について理解し、自らのストレスを

予防、軽減するあるいはこれに対処する「セルフケア」、労働者と日常的に接する管理監督者が、心の健康に関して職場環境等の改善や労働者に対する相談対応を行う「ラインによるケア」、事業場内の産業医等事業場内産業保健スタッフ等が、事業場の心の健康づくり対策の提言を行うとともに、その推進を担い、また、労働者及び管理監督者を支援する「事業場内産業保健スタッフ等によるケア」及び事業場外の機関及び専門家を活用し、その支援を受ける「事業場外資源によるケア」の４つのケアが継続的かつ計画的に行われることが重要である。

(1) セルフケア

　心の健康づくりを推進するためには、労働者自身がストレスに気づき、これに対処するための知識、方法を身につけ、それを実施することが重要である。ストレスに気づくためには、労働者がストレス要因に対するストレス反応や心の健康について理解するとともに、自らのストレスや心の健康状態について正しく認識できるようにする必要がある。

　このため、事業者は、労働者に対して、6(1)アに掲げるセルフケアに関する教育研修、情報提供を行い、心の健康に関する理解の普及を図るものとする。また、6(3)に掲げるところにより相談体制の整備を図り、労働者自身が管理監督者や事業場内産業保健スタッフ等に自発的に相談しやすい環境を整えるものとする。

　また、ストレスへの気付きを促すためには、ストレスチェック制度によるストレスチェックの実施が重要であり、特別の理由がない限り、すべての労働者がストレスチェックを受けることが望ましい。

　さらに、ストレスへの気付きのためには、ストレスチェックとは別に、随時、セルフチェックを行う機会を提供することも効果的である。

　また、管理監督者にとってもセルフケアは重要であり、事業者は、セルフケアの対象者として管理監督者も含めるものとする。

(2) ラインによるケア

　管理監督者は、部下である労働者の状況を日常的に把握しており、また、個々の職場における具体的なストレス要因を把握し、その改善を図ることができる立場にあることから、6(2)に掲げる職場環境等の把握と改善、6(3)に掲げる労働者からの相談対応を行うことが必要である。

　このため、事業者は、管理監督者に対して、6(1)イに掲げるラインによるケアに関する教育研修、情報提供を行うものとする。

　なお、業務を一時的なプロジェクト体制で実施する等、通常のラインによるケアが困難な業務形態にある場合には、実務において指揮命令系統の上位にいる者等によりケアが行われる体制を整えるなど、ラインによるケアと同等のケアが確実に実施されるようにするものとする。

(3) 事業場内産業保健スタッフ等によるケア

　事業場内産業保健スタッフ等は、セルフケア及びラインによるケアが効果的に実施されるよう、労働者及び管理監督者に対する支援を行うとともに、心の健康づくり計画に基づく具体的なメン

タルヘルスケアの実施に関する企画立案、メンタルヘルスに関する個人の健康情報の取扱い、事業場外資源とのネットワークの形成やその窓口となること等、心の健康づくり計画の実施に当たり、中心的な役割を果たすものである。

このため、事業者は、事業場内産業保健スタッフ等によるケアに関して、次の措置を講じるものとする。

① 6(1)ウに掲げる職務に応じた専門的な事項を含む教育研修、知識修得等の機会の提供を図ること。

② メンタルヘルスケアに関する方針を明示し、実施すべき事項を委嘱又は指示すること。

③ 6(3)に掲げる事業場内産業保健スタッフ等が、労働者の自発的相談やストレスチェック結果の通知を受けた労働者からの相談等を受けることができる制度及び体制を、それぞれの事業場内の実態に応じて整えること。

④ 産業医等の助言、指導等を得ながら事業場のメンタルヘルスケアの推進の実務を担当する事業場内メンタルヘルス推進担当者を、事業場内産業保健スタッフ等の中から選任するよう努めること。事業場内メンタルヘルス推進担当者としては、衛生管理者等や常勤の保健師等から選任することが望ましいこと。ただし、事業場内メンタルヘルス推進担当者は、労働者のメンタルヘルスに関する個人情報を取り扱うことから、労働者について解雇、昇進又は異動に関して直接の権限を持つ監督的地位にある者（以下「人事権を有する者」という。）を選任することは適当でないこと。なお、ストレスチェック制度においては、労働安全衛生規則第52条の10第2項により、ストレスチェックを受ける労働者について人事権を有する者は、ストレスチェックの実施の事務に従事してはならないこととされていることに留意すること。

⑤ 一定規模以上の事業場にあっては、事業場内に又は企業内に、心の健康づくり専門スタッフや保健師等を確保し、活用することが望ましいこと。

なお、事業者は心の健康問題を有する労働者に対する就業上の配慮について、事業場内産業保健スタッフ等に意見を求め、また、これを尊重するものとする。

メンタルヘルスケアに関するそれぞれの事業場内産業保健スタッフ等の役割は、主として以下のとおりである。なお、以下に掲げるもののほか、ストレスチェック制度における事業場内産業保健スタッフ等の役割については、ストレスチェック指針によることとする。

ア　産業医等

産業医等は、労働者の健康管理等を職務として担う者であるという面から、事業場の心の健康づくり計画の策定に助言、指導等を行い、これに基づく対策の実施状況を把握する。また、専門的な立場から、セルフケア及びラインによるケアを支援し、教育研修の企画及び実施、情報の収集及び提供、助言及び指導等を行う。就業上の配慮が必要な場合には、事業者に必要な意見を述べる。専門的な相談・対応が必要な事例については、事業場外資源との連絡調整に、専門的な立場から関わる。さらに、ストレスチェック制度及び長時間労働者等に対する面接指導等の実施並びにメンタルヘルスに関する個人の健康情報の保護についても中心的役割を果たすことが望ましい。

イ　衛生管理者等

衛生管理者等は、心の健康づくり計画に基づき、産業医等の助言、指導等を踏まえて、具体的な教育研修の企画及び実施、職場環境等の評価と改善、心の健康に関する相談ができる雰囲気や体制づくりを行う。またセルフケア及びラインによるケアを支援し、その実施状況を把握するとともに、産業医等と連携しながら事業場外資源との連絡調整に当たることが効果的である。

ウ　保健師等

衛生管理者以外の保健師等は、産業医等及び衛生管理者等と協力しながら、セルフケア及びラインによるケアを支援し、教育研修の企画・実施、職場環境等の評価と改善、労働者及び管理監督者からの相談対応、保健指導等に当たる。

エ　心の健康づくり専門スタッフ

事業場内に心の健康づくり専門スタッフがいる場合には、事業場内産業保健スタッフと協力しながら、教育研修の企画・実施、職場環境等の評価と改善、労働者及び管理監督者からの専門的な相談対応等に当たるとともに、当該スタッフの専門によっては、事業者への専門的立場からの助言等を行うことも有効である。

オ　人事労務管理スタッフ

人事労務管理スタッフは、管理監督者だけでは解決できない職場配置、人事異動、職場の組織等の人事労務管理が心の健康に及ぼしている具体的な影響を把握し、労働時間等の労働条件の改善及び適正配置に配慮する。

⑷　事業場外資源によるケア

メンタルヘルスケアを行う上では、事業場が抱える問題や求めるサービスに応じて、メンタルヘルスケアに関し専門的な知識を有する各種の事業場外資源の支援を活用することが有効である。また、労働者が事業場内での相談等を望まないような場合にも、事業場外資源を活用することが効果的である。ただし、事業場外資源を活用する場合は、メンタルヘルスケアに関するサービスが適切に実施できる体制や、情報管理が適切に行われる体制が整備されているか等について、事前に確認することが望ましい。

また、事業場外資源の活用にあたっては、これに依存することにより事業者がメンタルヘルスケアの推進について主体性を失わないよう留意すべきである。このため、事業者は、メンタルヘルスケアに関する専門的な知識、情報等が必要な場合は、事業場内産業保健スタッフ等が窓口となって、適切な事業場外資源から必要な情報提供や助言を受けるなど円滑な連携を図るよう努めるものとする。また、必要に応じて労働者を速やかに事業場外の医療機関及び地域保健機関に紹介するためのネットワークを日頃から形成しておくものとする。

特に、小規模事業場においては、8に掲げるとおり、必要に応じて産業保健総合支援センターの地域窓口（地域産業保健センター）等の事業場外資源を活用することが有効である。

6 メンタルヘルスケアの具体的進め方

メンタルヘルスケアは、5に掲げる4つのケアを継続的かつ計画的に実施することが基本であるが、具体的な推進に当たっては、事業場内の関係者が相互に連携し、以下の取組を積極的に推進することが効果的である。

(1) メンタルヘルスケアを推進するための教育研修・情報提供

事業者は、4つのケアが適切に実施されるよう、以下に掲げるところにより、それぞれの職務に応じ、メンタルヘルスケアの推進に関する教育研修・情報提供を行うよう努めるものとする。この際には、必要に応じて事業場外資源が実施する研修等への参加についても配慮するものとする。

なお、労働者や管理監督者に対する教育研修を円滑に実施するため、事業場内に教育研修担当者を計画的に育成することも有効である。

ア 労働者への教育研修・情報提供

事業者は、セルフケアを促進するため、管理監督者を含む全ての労働者に対して、次に掲げる項目等を内容とする教育研修、情報提供を行うものとする。

① メンタルヘルスケアに関する事業場の方針
② ストレス及びメンタルヘルスケアに関する基礎知識
③ セルフケアの重要性及び心の健康問題に対する正しい態度
④ ストレスへの気づき方
⑤ ストレスの予防、軽減及びストレスへの対処の方法
⑥ 自発的な相談の有用性
⑦ 事業場内の相談先及び事業場外資源に関する情報

イ 管理監督者への教育研修・情報提供

事業者は、ラインによるケアを促進するため、管理監督者に対して、次に掲げる項目等を内容とする教育研修、情報提供を行うものとする。

① メンタルヘルスケアに関する事業場の方針
② 職場でメンタルヘルスケアを行う意義
③ ストレス及びメンタルヘルスケアに関する基礎知識
④ 管理監督者の役割及び心の健康問題に対する正しい態度
⑤ 職場環境等の評価及び改善の方法
⑥ 労働者からの相談対応（話の聴き方、情報提供及び助言の方法等）
⑦ 心の健康問題により休業した者の職場復帰への支援の方法
⑧ 事業場内産業保健スタッフ等との連携及びこれを通じた事業場外資源との連携の方法
⑨ セルフケアの方法
⑩ 事業場内の相談先及び事業場外資源に関する情報
⑪ 健康情報を含む労働者の個人情報の保護等

ウ　事業場内産業保健スタッフ等への教育研修・情報提供

　事業者は、事業場内産業保健スタッフ等によるケアを促進するため、事業場内産業保健スタッフ等に対して、次に掲げる項目等を内容とする教育研修、情報提供を行うものとする。

　また、産業医、衛生管理者、事業場内メンタルヘルス推進担当者、保健師等、各事業場内産業保健スタッフ等の職務に応じて専門的な事項を含む教育研修、知識修得等の機会の提供を図るものとする。

① 　メンタルヘルスケアに関する事業場の方針

② 　職場でメンタルヘルスケアを行う意義

③ 　ストレス及びメンタルヘルスケアに関する基礎知識

④ 　事業場内産業保健スタッフ等の役割及び心の健康問題に対する正しい態度

⑤ 　職場環境等の評価及び改善の方法

⑥ 　労働者からの相談対応（話の聴き方、情報提供及び助言の方法等）

⑦ 　職場復帰及び職場適応の支援、指導の方法

⑧ 　事業場外資源との連携（ネットワークの形成）の方法

⑨ 　教育研修の方法

⑩ 　事業場外資源の紹介及び利用勧奨の方法

⑪ 　事業場の心の健康づくり計画及び体制づくりの方法

⑫ 　セルフケアの方法

⑬ 　ラインによるケアの方法

⑭ 　事業場内の相談先及び事業場外資源に関する情報

⑮ 　健康情報を含む労働者の個人情報の保護等

（2）　職場環境等の把握と改善

　労働者の心の健康には、作業環境、作業方法、労働者の心身の疲労の回復を図るための施設及び設備等、職場生活で必要となる施設及び設備等、労働時間、仕事の量と質、パワーハラスメントやセクシュアルハラスメント等職場内のハラスメントを含む職場の人間関係、職場の組織及び人事労務管理体制、職場の文化や風土等の職場環境等が影響を与えるものであり、職場レイアウト、作業方法、コミュニケーション、職場組織の改善などを通じた職場環境等の改善は、労働者の心の健康の保持増進に効果的であるとされている。このため、事業者は、メンタルヘルス不調の未然防止を図る観点から職場環境等の改善に積極的に取り組むものとする。また、事業者は、衛生委員会等における調査審議や策定した心の健康づくり計画を踏まえ、管理監督者や事業場内産業保健スタッフ等に対し、職場環境等の把握と改善の活動を行いやすい環境を整備するなどの支援を行うものとする。

ア　職場環境等の評価と問題点の把握

　職場環境等を改善するためには、まず、職場環境等を評価し、問題点を把握することが必要である。

　このため、事業者は、管理監督者による日常の職場管理や労働者からの意見聴取の結果を通

じ、また、ストレスチェック結果の集団ごとの分析の結果や面接指導の結果等を活用して、職場環境等の具体的問題点を把握するものとする。

　事業場内産業保健スタッフ等は、職業環境等の評価と問題点の把握において中心的役割を果たすものであり、職場巡視による観察、労働者及び管理監督者からの聞き取り調査、産業医、保健師等によるストレスチェック結果の集団ごとの分析の実施又は集団ごとの分析結果を事業場外資源から入手する等により、定期的又は必要に応じて、職場内のストレス要因を把握し、評価するものとする。

イ　職場環境等の改善

　事業者は、アにより職場環境等を評価し、問題点を把握した上で、職場環境のみならず勤務形態や職場組織の見直し等の様々な観点から職場環境等の改善を行うものとする。具体的には、事業場内産業保健スタッフ等は、職場環境等の評価結果に基づき、管理監督者に対してその改善を助言するとともに、管理監督者と協力しながらその改善を図り、また、管理監督者は、労働者の労働の状況を日常的に把握し、個々の労働者に過度な長時間労働、疲労、ストレス、責任等が生じないようにする等、労働者の能力、適性及び職務内容に合わせた配慮を行うことが重要である。

　また、事業者は、その改善の効果を定期的に評価し、効果が不十分な場合には取組方法を見直す等、対策がより効果的なものになるように継続的な取組に努めるものとする。これらの改善を行う際には、必要に応じて、事業場外資源の助言及び支援を求めることが望ましい。

　なお、職場環境等の改善に当たっては、労働者の意見を踏まえる必要があり、労働者が参加して行う職場環境等の改善手法等を活用することも有効である。

(3)　メンタルヘルス不調への気付きと対応

　メンタルヘルスケアにおいては、ストレス要因の除去又は軽減や労働者のストレス対処などの予防策が重要であるが、これらの措置を実施したにもかかわらず、万一、メンタルヘルス不調に陥る労働者が発生した場合は、その早期発見と適切な対応を図る必要がある。

　このため、事業者は、個人情報の保護に十分留意しつつ、労働者、管理監督者、家族等からの相談に対して適切に対応できる体制を整備するものとする。さらに、相談等により把握した情報を基に、労働者に対して必要な配慮を行うこと、必要に応じて産業医や事業場外の医療機関につないでいくことができるネットワークを整備するよう努めるものとする。

ア　労働者による自発的な相談とセルフチェック

　事業者は、労働者によるメンタルヘルス不調への気付きを促進するため、事業場の実態に応じて、その内部に相談に応ずる体制を整備する、事業場外の相談機関の活用を図る等、労働者が自ら相談を行えるよう必要な環境整備を行うものとする。この相談体制については、ストレスチェック結果の通知を受けた労働者に対して、相談の窓口を広げ、相談しやすい環境を作るために重要であること。また、5(1)に掲げたとおり、ストレスへの気付きのために、随時、セルフチェックを行うことができる機会を提供することも効果的である。

イ 管理監督者、事業場内産業保健スタッフ等による相談対応等

管理監督者は、日常的に、労働者からの自発的な相談に対応するよう努める必要がある。特に、長時間労働等により疲労の蓄積が認められる労働者、強度の心理的負荷を伴う出来事を経験した労働者、その他特に個別の配慮が必要と思われる労働者から、話を聞き、適切な情報を提供し、必要に応じ事業場内産業保健スタッフ等や事業場外資源への相談や受診を促すよう努めるものとする。

事業場内産業保健スタッフ等は、管理監督者と協力し、労働者の気付きを促して、保健指導、健康相談等を行うとともに、相談等により把握した情報を基に、必要に応じて事業場外の医療機関への相談や受診を促すものとする。また、事業場内産業保健スタッフ等は、管理監督者に対する相談対応、メンタルヘルスケアについても留意する必要がある。

なお、心身両面にわたる健康保持増進対策（THP）を推進している事業場においては、心理相談を通じて、心の健康に対する労働者の気づきと対処を支援することが重要である。また、運動指導、保健指導等のTHPにおけるその他の指導においても、積極的にストレスや心の健康問題を取り上げることが効果的である。

ウ 労働者個人のメンタルヘルス不調を把握する際の留意点

事業場内産業保健スタッフ等が労働者個人のメンタルヘルス不調等の労働者の心の健康に関する情報を把握した場合には、本人に対してその結果を提供するとともに、本人の同意を得て、事業者に対して把握した情報のうち就業上の措置に必要な情報を提供することが重要であり、事業者は提供を受けた情報に基づいて必要な配慮を行うことが重要である。ただし、事業者がストレスチェック結果を含む労働者の心の健康に関する情報を入手する場合には、労働者本人の同意を得ることが必要であり、また、事業者は、その情報を、労働者に対する健康確保上の配慮を行う以外の目的で使用してはならない。

さらに、労働安全衛生法に基づく健康診断、ストレスチェック制度における医師による面接指導及び一定時間を超える長時間労働を行った労働者に対する医師による面接指導等により、労働者のメンタルヘルス不調が認められた場合における、事業場内産業保健スタッフ等のとるべき対応についてあらかじめ明確にしておくことが必要である。

エ 労働者の家族による気づきや支援の促進

労働者に日常的に接している家族は、労働者がメンタルヘルス不調に陥った際に最初に気づくことが少なくない。また、治療勧奨、休業中、職場復帰時及び職場復帰後のサポートなど、メンタルヘルスケアに大きな役割を果たす。

このため、事業者は、労働者の家族に対して、ストレスやメンタルヘルスケアに関する基礎知識、事業場のメンタルヘルス相談窓口等の情報を社内報や健康保険組合の広報誌等を通じて提供することが望ましい。また、事業者は、事業場に対して家族から労働者に関する相談があった際には、事業場内産業保健スタッフ等が窓口となって対応する体制を整備するとともに、これを労働者やその家族に周知することが望ましい。

⑷ 職場復帰における支援

メンタルヘルス不調により休業した労働者が円滑に職場復帰し、就業を継続できるようにするため、事業者は、その労働者に対する支援として、次に掲げる事項を適切に行うものとする。

① 衛生委員会等において調査審議し、産業医等の助言を受けながら職場復帰支援プログラムを策定すること。職場復帰支援プログラムにおいては、休業の開始から通常業務への復帰に至るまでの一連の標準的な流れを明らかにするとともに、それに対応する職場復帰支援の手順、内容及び関係者の役割等について定めること。

② 職場復帰支援プログラムの実施に関する体制や規程の整備を行い、労働者に周知を図ること。

③ 職場復帰支援プログラムの実施について、組織的かつ計画的に取り組むこと。

④ 労働者の個人情報の保護に十分留意しながら、事業場内産業保健スタッフ等を中心に労働者、管理監督者がお互いに十分な理解と協力を行うとともに、労働者の主治医との連携を図りつつ取り組むこと。

なお、職場復帰支援における専門的な助言や指導を必要とする場合には、それぞれの役割に応じた事業場外資源を活用することも有効である。

7 メンタルヘルスに関する個人情報の保護への配慮

メンタルヘルスケアを進めるに当たっては、健康情報を含む労働者の個人情報の保護に配慮することが極めて重要である。メンタルヘルスに関する労働者の個人情報は、健康情報を含むものであり、その取得、保管、利用等において特に適切に保護しなければならないが、その一方で、メンタルヘルス不調の労働者への対応に当たっては、労働者の上司や同僚の理解と協力のため、当該情報を適切に活用することが必要となる場合もある。

健康情報を含む労働者の個人情報の保護に関しては、個人情報の保護に関する法律（平成15年法律第57号）及び関連する指針等が定められており、個人情報を事業の用に供する個人情報取扱事業者に対して、個人情報の利用目的の公表や通知、目的外の取扱いの制限、安全管理措置、第三者提供の制限などを義務づけている。また、個人情報取扱事業者以外の事業者であって健康情報を取り扱う者は、健康情報が特に適正な取扱いの厳格な実施を確保すべきものであることに十分留意し、その適正な取扱いの確保に努めることとされている。さらに、ストレスチェック制度における健康情報の取扱いについては、ストレスチェック指針において、事業者は労働者の健康情報を適切に保護することが求められている。事業者は、これらの法令等を遵守し、労働者の健康情報の適正な取扱いを図るものとする。

⑴ 労働者の同意

メンタルヘルスケアを推進するに当たって、労働者の個人情報を主治医等の医療職や家族から取得する際には、事業者はあらかじめこれらの情報を取得する目的を労働者に明らかにして承諾を得るとともに、これらの情報は労働者本人から提出を受けることが望ましい。

また、健康情報を含む労働者の個人情報を医療機関等の第三者へ提供する場合も、原則として

本人の同意が必要である。ただし、労働者の生命や健康の保護のために緊急かつ重要であると判断される場合は、本人の同意を得ることに努めたうえで、必要な範囲で積極的に利用すべき場合もあることに留意が必要である。その際、産業医等を選任している事業場においては、その判断について相談することが適当である。

なお、これらの個人情報の取得又は提供の際には、なるべく本人を介して行うことが望ましく、その際には、個別に同意を得る必要がある。

また、ストレスチェック制度によるストレスチェックを実施した場合、医師、保健師等のストレスチェックの実施者は、労働者の同意がない限り、その結果を事業者に提供してはならない。

⑵　事業場内産業保健スタッフによる情報の加工

事業場内産業保健スタッフは、労働者本人や管理監督者からの相談対応の際などメンタルヘルスに関する労働者の個人情報が集まることとなるため、次に掲げるところにより、個人情報の取扱いについて特に留意する必要がある。

①　産業医等が、相談窓口や面接指導等により知り得た健康情報を含む労働者の個人情報を事業者に提供する場合には、提供する情報の範囲と提供先を健康管理や就業上の措置に必要な最小限のものとすること。

②　産業医等は、当該労働者の健康を確保するための就業上の措置を実施するために必要な情報が的確に伝達されるように、集約・整理・解釈するなど適切に加工した上で提供するものとし、診断名、検査値、具体的な愁訴の内容等の加工前の情報又は詳細な医学的情報は提供してはならないこと。

⑶　健康情報の取扱いに関する事業場内における取り決め

健康情報の保護に関して、医師や保健師等については、法令で守秘義務が課されており、また、労働安全衛生法では、健康診断、長時間労働者に対する面接指導又はストレスチェック及びその結果に基づく面接指導の実施に関する事務を取り扱う者に対する守秘義務を課している。しかしながら、メンタルヘルスケアの実施においては、これら法令で守秘義務が課される者以外の者が法令に基づく取組以外の機会に健康情報を含む労働者の個人情報を取り扱うこともあることから、事業者は、衛生委員会等での審議を踏まえ、これらの個人情報を取り扱う者及びその権限、取り扱う情報の範囲、個人情報管理責任者の選任、個人情報を取り扱う者の守秘義務等について、あらかじめ事業場内の規程等により取り決めることが望ましい。

さらに、事業者は、これら個人情報を取り扱うすべての者を対象に当該規程等を周知するとともに、健康情報を慎重に取り扱うことの重要性や望ましい取扱い方法についての教育を実施することが望ましい。

8　心の健康に関する情報を理由とした不利益な取扱いの防止
⑴　事業者による労働者に対する不利益取扱いの防止

事業者が、メンタルヘルスケア等を通じて労働者の心の健康に関する情報を把握した場合にお

いて、その情報は当該労働者の健康確保に必要な範囲で利用されるべきものであり、事業者が、当該労働者の健康の確保に必要な範囲を超えて、当該労働者に対して不利益な取扱いを行うことはあってはならない。

このため、労働者の心の健康に関する情報を理由として、以下に掲げる不利益な取扱いを行うことは、一般的に合理的なものとはいえないため、事業者はこれらを行ってはならない。なお、不利益な取扱いの理由が労働者の心の健康に関する情報以外のものであったとしても、実質的にこれに該当するとみなされる場合には、当該不利益な取扱いについても、行ってはならない。

① 解雇すること。

② 期間を定めて雇用される者について契約の更新をしないこと。

③ 退職勧奨を行うこと。

④ 不当な動機・目的をもってなされたと判断されるような配置転換又は職位（役職）の変更を命じること。

⑤ その他の労働契約法等の労働関係法令に違反する措置を講じること。

⑵ 派遣先事業者による派遣労働者に対する不利益取扱いの防止

次に掲げる派遣先事業者による派遣労働者に対する不利益な取扱いについては、一般的に合理的なものとはいえないため、派遣先事業者はこれを行ってはならない。なお、不利益な取扱いの理由がこれ以外のものであったとしても、実質的にこれに該当するとみなされる場合には、当該不利益な取扱いについても行ってはならない。

① 心の健康に関する情報を理由とする派遣労働者の就業上の措置について、派遣元事業者からその実施に協力するよう要請があったことを理由として、派遣先事業者が、当該派遣労働者の変更を求めること。

② 本人の同意を得て、派遣先事業者が派遣労働者の心の健康に関する情報を把握した場合において、これを理由として、医師の意見を勘案せず又は当該派遣労働者の実情を考慮せず、当該派遣労働者の変更を求めること。

9 小規模事業場におけるメンタルヘルスケアの取組の留意事項

常時使用する労働者が50人未満の小規模事業場では、メンタルヘルスケアを推進するに当たって、必要な事業場内産業保健スタッフが確保できない場合が多い。このような事業場では、事業者は、衛生推進者又は安全衛生推進者を事業場内メンタルヘルス推進担当者として選任するとともに、地域産業保健センター等の事業場外資源の提供する支援等を積極的に活用し取り組むことが望ましい。また、メンタルヘルスケアの実施に当たっては、事業者はメンタルヘルスケアを積極的に実施することを表明し、セルフケア、ラインによるケアを中心として、実施可能なところから着実に取組を進めることが望ましい。

10　定義

本指針において、以下に掲げる用語の意味は、それぞれ次に定めるところによる。

① ライン

日常的に労働者と接する、職場の管理監督者（上司その他労働者を指揮命令する者）をいう。

② 産業医等

産業医その他労働者の健康管理等を行うのに必要な知識を有する医師をいう。

③ 衛生管理者等

衛生管理者、衛生推進者及び安全衛生推進者をいう。

④ 事業場内産業保健スタッフ

産業医等、衛生管理者等及び事業場内の保健師等をいう。

⑤ 心の健康づくり専門スタッフ

精神科・心療内科等の医師、精神保健福祉士、心理職等をいう。

⑥ 事業場内産業保健スタッフ等

事業場内産業保健スタッフ及び事業場内の心の健康づくり専門スタッフ、人事労務管理スタッフ等をいう。

⑦ 事業場外資源

事業場外でメンタルヘルスケアへの支援を行う機関及び専門家をいう。

⑧ メンタルヘルス不調

精神および行動の障害に分類される精神障害や自殺のみならず、ストレスや強い悩み、不安など、労働者の心身の健康、社会生活および生活の質に影響を与える可能性のある精神的および行動上の問題を幅広く含むものをいう。

⑨ ストレスチェック

労働安全衛生法第66条の10に基づく心理的な負担の程度を把握するための検査をいう。

⑩ ストレスチェック制度

ストレスチェック及びその結果に基づく面接指導の実施、集団ごとの集計・分析等、労働安全衛生法第66条の10に係る事業場における一連の取組全体をいう。

別添資料 2

心理的な負担の程度を把握するための検査及び面接指導の実施並びに面接指導結果に基づき事業者が講ずべき措置に関する指針

(平成27年4月15日付け心理的な負担の程度を把握するための検査等指針公示第1号)
(最終改正 平成30年8月22日付け心理的な負担の程度を把握するための検査等指針公示第3号)

1 趣旨

近年、仕事や職業生活に関して強い不安、悩み又はストレスを感じている労働者が5割を超える状況にある中、事業場において、より積極的に心の健康の保持増進を図るため、「労働者の心の健康の保持増進のための指針」(平成18年3月31日付け健康保持増進のための指針公示第3号。以下「メンタルヘルス指針」という。)を公表し、事業場における労働者の心の健康の保持増進のための措置(以下「メンタルヘルスケア」という。)の実施を促進してきたところである。

しかし、仕事による強いストレスが原因で精神障害を発病し、労災認定される労働者が、平成18年度以降も増加傾向にあり、労働者のメンタルヘルス不調を未然に防止することが益々重要な課題となっている。

こうした背景を踏まえ、平成26年6月25日に公布された「労働安全衛生法の一部を改正する法律」(平成26年法律第82号)においては、心理的な負担の程度を把握するための検査(以下「ストレスチェック」という。)及びその結果に基づく面接指導の実施を事業者に義務付けること等を内容としたストレスチェック制度が新たに創設された。

また、この新たな制度の実施に当たっては、個人情報の保護に関する法律(平成15年法律第57号)の趣旨を踏まえ、特に労働者の健康に関する個人情報(以下「健康情報」という。)の適正な取扱いの確保を図る必要がある。

本指針は、労働安全衛生法(昭和47年法律第57号。以下「法」という。)第66条の10第7項の規定に基づき、ストレスチェック及び面接指導の結果に基づき事業者が講ずべき措置が適切かつ有効に実施されるため、ストレスチェック及び面接指導の具体的な実施方法又は面接指導の結果についての医師からの意見の聴取、就業上の措置の決定、健康情報の適正な取扱い並びに労働者に対する不利益な取扱いの禁止等について定めたものである。

2 ストレスチェック制度の基本的な考え方

事業場における事業者による労働者のメンタルヘルスケアは、取組の段階ごとに、労働者自身のストレスへの気付き及び対処の支援並びに職場環境の改善を通じて、メンタルヘルス不調となることを未然に防止する「一次予防」、メンタルヘルス不調を早期に発見し、適切な対応を行う「二次予防」及びメンタルヘルス不調となった労働者の職場復帰を支援する「三次予防」に分けられる。

新たに創設されたストレスチェック制度は、これらの取組のうち、特にメンタルヘルス不調の未然防止の段階である一次予防を強化するため、定期的に労働者のストレスの状況について検査

を行い、本人にその結果を通知して自らのストレスの状況について気付きを促し、個々の労働者のストレスを低減させるとともに、検査結果を集団ごとに集計・分析し、職場におけるストレス要因を評価し、職場環境の改善につなげることで、ストレスの要因そのものを低減するよう努めることを事業者に求めるものである。さらにその中で、ストレスの高い者を早期に発見し、医師による面接指導につなげることで、労働者のメンタルヘルス不調を未然に防止することを目的としている。

　事業者は、メンタルヘルス指針に基づき各事業場の実態に即して実施される二次予防及び三次予防も含めた労働者のメンタルヘルスケアの総合的な取組の中に本制度を位置付け、メンタルヘルスケアに関する取組方針の決定、計画の作成、計画に基づく取組の実施、取組結果の評価及び評価結果に基づく改善の一連の取組を継続的かつ計画的に進めることが望ましい。

　また、事業者は、ストレスチェック制度が、メンタルヘルス不調の未然防止だけでなく、従業員のストレス状況の改善及び働きやすい職場の実現を通じて生産性の向上にもつながるものであることに留意し、事業経営の一環として、積極的に本制度の活用を進めていくことが望ましい。

3　ストレスチェック制度の実施に当たっての留意事項

　ストレスチェック制度を円滑に実施するためには、事業者、労働者及び産業保健スタッフ等の関係者が、次に掲げる事項を含め、制度の趣旨を正しく理解した上で、本指針に定める内容を踏まえ、衛生委員会又は安全衛生委員会（以下「衛生委員会等」という。）の場を活用し、互いに協力・連携しつつ、ストレスチェック制度をより効果的なものにするよう努力していくことが重要である。

① 　ストレスチェックに関して、労働者に対して受検を義務付ける規定が置かれていないのは、メンタルヘルス不調で治療中のため受検の負担が大きい等の特別の理由がある労働者にまで受検を強要する必要はないためであり、本制度を効果的なものとするためにも、全ての労働者がストレスチェックを受検することが望ましい。

② 　面接指導は、ストレスチェックの結果、高ストレス者として選定され、面接指導を受ける必要があると実施者が認めた労働者に対して、医師が面接を行い、ストレスその他の心身及び勤務の状況等を確認することにより、当該労働者のメンタルヘルス不調のリスクを評価し、本人に指導を行うとともに、必要に応じて、事業者による適切な措置につなげるためのものである。このため、面接指導を受ける必要があると認められた労働者は、できるだけ申出を行い、医師による面接指導を受けることが望ましい。

③ 　ストレスチェック結果の集団ごとの集計・分析及びその結果を踏まえた必要な措置は、労働安全衛生規則（昭和47年労働省令第32号。以下「規則」という。）第52条の14の規定に基づく努力義務であるが、事業者は、職場環境におけるストレスの有無及びその原因を把握し、必要に応じて、職場環境の改善を行うことの重要性に留意し、できるだけ実施することが望ましい。

4　ストレスチェック制度の手順

ストレスチェック制度に基づく取組は、次に掲げる手順で実施するものとする。

ア　基本方針の表明

事業者は、法、規則及び本指針に基づき、ストレスチェック制度に関する基本方針を表明する。

イ　ストレスチェック及び面接指導

① 衛生委員会等において、ストレスチェック制度の実施方法等について調査審議を行い、その結果を踏まえ、事業者がその事業場におけるストレスチェック制度の実施方法等を規程として定める。

② 事業者は、労働者に対して、医師、保健師又は厚生労働大臣が定める研修を修了した歯科医師、看護師、精神保健福祉士若しくは公認心理師（以下「医師等」という。）によるストレスチェックを行う。

③ 事業者は、ストレスチェックを受けた労働者に対して、当該ストレスチェックを実施した医師等（以下「実施者」という。）から、その結果を直接本人に通知させる。

④ ストレスチェック結果の通知を受けた労働者のうち、高ストレス者として選定され、面接指導を受ける必要があると実施者が認めた労働者から申出があった場合は、事業者は、当該労働者に対して、医師による面接指導を実施する。

⑤ 事業者は、面接指導を実施した医師から、就業上の措置に関する意見を聴取する。

⑥ 事業者は、医師の意見を勘案し、必要に応じて、適切な措置を講じる。

ウ　集団ごとの集計・分析

① 事業者は、実施者に、ストレスチェック結果を一定規模の集団ごとに集計・分析させる。

② 事業者は、集団ごとの集計・分析の結果を勘案し、必要に応じて、適切な措置を講じる。

5　衛生委員会等における調査審議

(1)　衛生委員会等における調査審議の意義

ストレスチェック制度を円滑に実施するためには、事業者、労働者及び産業保健スタッフ等の関係者が、制度の趣旨を正しく理解した上で、本指針に定める内容を踏まえ、互いに協力・連携しつつ、事業場の実態に即した取組を行っていくことが重要である。このためにも、事業者は、ストレスチェック制度に関する基本方針を表明した上で、事業の実施を統括管理する者、労働者、産業医及び衛生管理者等で構成される衛生委員会等において、ストレスチェック制度の実施方法及び実施状況並びにそれを踏まえた実施方法の改善等について調査審議を行わせることが必要である。

(2)　衛生委員会等において調査審議すべき事項

規則第22条において、衛生委員会等の付議事項として「労働者の精神的健康の保持増進を図るための対策の樹立に関すること」が規定されており、当該事項の調査審議に当たっては、ストレスチェック制度に関し、次に掲げる事項を含めるものとする。また、事業者は、当該調査審議の結果を踏まえ、法令に則った上で、当該事業場におけるストレスチェック制度の実施に関する規

程を定め、これをあらかじめ労働者に対して周知するものとする。

① ストレスチェック制度の目的に係る周知方法

・　ストレスチェック制度は、労働者自身のストレスへの気付き及びその対処の支援並びに職場環境の改善を通じて、メンタルヘルス不調となることを未然に防止する一次予防を目的としており、メンタルヘルス不調者の発見を一義的な目的とはしないという趣旨を事業場内で周知する方法。

② ストレスチェック制度の実施体制

・　ストレスチェックの実施者及びその他の実施事務従事者の選任等ストレスチェック制度の実施体制。

　実施者が複数いる場合は、共同実施者及び実施代表者を明示すること。この場合において、当該事業場の産業医等が実施者に含まれるときは、当該産業医等を実施代表者とすることが望ましい。

　なお、外部機関にストレスチェックの実施の全部を委託する場合は、当該委託契約の中で委託先の実施者、共同実施者及び実施代表者並びにその他の実施事務従事者を明示させること（結果の集計業務等の補助的な業務のみを外部機関に委託する場合にあっては、当該委託契約の中で委託先の実施事務従事者を明示させること）。

③ ストレスチェック制度の実施方法

・　ストレスチェックに使用する調査票及びその媒体。

・　調査票に基づくストレスの程度の評価方法及び面接指導の対象とする高ストレス者を選定する基準。

・　ストレスチェックの実施頻度、実施時期及び対象者。

・　面接指導の申出の方法。

・　面接指導の実施場所等の実施方法。

④ ストレスチェック結果に基づく集団ごとの集計・分析の方法

・　集団ごとの集計・分析の手法。

・　集団ごとの集計・分析の対象とする集団の規模。

⑤ ストレスチェックの受検の有無の情報の取扱い

・　事業者による労働者のストレスチェックの受検の有無の把握方法。

・　ストレスチェックの受検の勧奨の方法。

⑥ ストレスチェック結果の記録の保存方法

・　ストレスチェック結果の記録を保存する実施事務従事者の選任。

・　ストレスチェック結果の記録の保存場所及び保存期間。

・　実施者及びその他の実施事務従事者以外の者によりストレスチェック結果が閲覧されないためのセキュリティの確保等の情報管理の方法。

⑦ ストレスチェック、面接指導及び集団ごとの集計・分析の結果の利用目的及び利用方法

・　ストレスチェック結果の本人への通知方法。

・　ストレスチェックの実施者による面接指導の申出の勧奨方法。

- ・ ストレスチェック結果、集団ごとの集計・分析結果及び面接指導結果の共有方法及び共有範囲。
- ・ ストレスチェック結果を事業者へ提供するに当たっての本人の同意の取得方法。
- ・ 本人の同意を取得した上で実施者から事業者に提供するストレスチェック結果に関する情報の範囲。
- ・ 集団ごとの集計・分析結果の活用方法。

⑧ ストレスチェック、面接指導及び集団ごとの集計・分析に関する情報の開示、訂正、追加及び削除の方法

- ・ 情報の開示等の手続き。
- ・ 情報の開示等の業務に従事する者による秘密の保持の方法。

⑨ ストレスチェック、面接指導及び集団ごとの集計・分析に関する情報の取扱いに関する苦情の処理方法

- ・ 苦情の処理窓口を外部機関に設ける場合の取扱い。

  なお、苦情の処理窓口を外部機関に設ける場合は、当該外部機関において労働者からの苦情又は相談に対し適切に対応することができるよう、当該窓口のスタッフが、企業内の産業保健スタッフと連携を図ることができる体制を整備しておくことが望ましい。

⑩ 労働者がストレスチェックを受けないことを選択できること

- ・ 労働者にストレスチェックを受検する義務はないが、ストレスチェック制度を効果的なものとするためにも、全ての労働者がストレスチェックを受検することが望ましいという制度の趣旨を事業場内で周知する方法。

⑪ 労働者に対する不利益な取扱いの防止

- ・ ストレスチェック制度に係る労働者に対する不利益な取扱いとして禁止される行為を事業場内で周知する方法。

6　ストレスチェック制度の実施体制の整備

　ストレスチェック制度は事業者の責任において実施するものであり、事業者は、実施に当たって、実施計画の策定、当該事業場の産業医等の実施者又は委託先の外部機関との連絡調整及び実施計画に基づく実施の管理等の実務を担当する者を指名する等、実施体制を整備することが望ましい。当該実務担当者には、衛生管理者又はメンタルヘルス指針に規定する事業場内メンタルヘルス推進担当者を指名することが望ましいが、ストレスチェックの実施そのものを担当する実施者及びその他の実施事務従事者と異なり、ストレスチェック結果等の個人情報を取り扱わないため、労働者の解雇等に関して直接の権限を持つ監督的地位にある者を指名することもできる。

7　ストレスチェックの実施方法等

(1)　実施方法

ア　ストレスチェックの定義

　法第66条の10第1項の規定によるストレスチェックは、調査票を用いて、規則第52条の9第

1項第1号から第3号までに規定する次の3つの領域に関する項目により検査を行い、労働者のストレスの程度を点数化して評価するとともに、その評価結果を踏まえて高ストレス者を選定し、医師による面接指導の要否を確認するものをいう。

① 職場における当該労働者の心理的な負担の原因に関する項目
② 心理的な負担による心身の自覚症状に関する項目
③ 職場における他の労働者による当該労働者への支援に関する項目

イ　ストレスチェックの調査票

事業者がストレスチェックに用いる調査票は、規則第52条の9第1項第1号から第3号までに規定する3つの領域に関する項目が含まれているものであれば、実施者の意見及び衛生委員会等での調査審議を踏まえて、事業者の判断により選択することができるものとする。

なお、事業者がストレスチェックに用いる調査票としては、別添の「職業性ストレス簡易調査票」を用いることが望ましい。

ウ　ストレスの程度の評価方法及び高ストレス者の選定方法・基準

(ア) 個人のストレスの程度の評価方法

事業者は、ストレスチェックに基づくストレスの程度の評価を実施者に行わせるに当たっては、点数化した評価結果を数値で示すだけでなく、ストレスの状況をレーダーチャート等の図表で分かりやすく示す方法により行わせることが望ましい。

(イ) 高ストレス者の選定方法

次の①又は②のいずれかの要件を満たす者を高ストレス者として選定するものとする。この場合において、具体的な選定基準は、実施者の意見及び衛生委員会等での調査審議を踏まえて、事業者が決定するものとする。

① 調査票のうち、「心理的な負担による心身の自覚症状に関する項目」の評価点数の合計が高い者
② 調査票のうち、「心理的な負担による心身の自覚症状に関する項目」の評価点数の合計が一定以上の者であって、かつ、「職場における当該労働者の心理的な負担の原因に関する項目」及び「職場における他の労働者による当該労働者への支援に関する項目」の評価点数の合計が著しく高い者

実施者による具体的な高ストレス者の選定は、上記の選定基準のみで選定する方法のほか、選定基準に加えて補足的に実施者又は実施者の指名及び指示のもとにその他の医師、保健師、歯科医師、看護師若しくは精神保健福祉士又は公認心理師、産業カウンセラー若しくは臨床心理士等の心理職が労働者に面談を行いその結果を参考として選定する方法も考えられる。この場合、当該面談は、法第66条の10第1項の規定によるストレスチェックの実施の一環として位置付けられる。

エ　健康診断と同時に実施する場合の留意事項

事業者は、ストレスチェック及び法第66条第1項の規定による健康診断の自覚症状及び他覚症状の有無の検査（以下「問診」という。）を同時に実施することができるものとする。ただし、この場合において、事業者は、ストレスチェックの調査票及び健康診断の問診票を区別する等、

労働者が受検・受診義務の有無及び結果の取扱いがそれぞれ異なることを認識できるよう必要な措置を講じなければならないものとする。

(2) 実施者の役割

実施者は、ストレスチェックの実施に当たって、当該事業場におけるストレスチェックの調査票の選定並びに当該調査票に基づくストレスの程度の評価方法及び高ストレス者の選定基準の決定について事業者に対して専門的な見地から意見を述べるとともに、ストレスチェックの結果に基づき、当該労働者が医師による面接指導を受ける必要があるか否かを確認しなければならないものとする。

なお、調査票の回収、集計若しくは入力又は受検者との連絡調整等の実施の事務については、必ずしも実施者が直接行う必要はなく、実施事務従事者に行わせることができる。事業者は、実施の事務が円滑に行われるよう、実施事務従事者の選任等必要な措置を講じるものとする。

(3) 受検の勧奨

自らのストレスの状況について気付きを促すとともに、必要に応じ面接指導等の対応につなげることで、労働者がメンタルヘルス不調となることを未然に防止するためには、全ての労働者がストレスチェックを受けることが望ましいことから、事業者は、実施者からストレスチェックを受けた労働者のリストを入手する等の方法により、労働者の受検の有無を把握し、ストレスチェックを受けていない労働者に対して、ストレスチェックの受検を勧奨することができるものとする。なお、この場合において、実施者は、ストレスチェックを受けた労働者のリスト等労働者の受検の有無の情報を事業者に提供するに当たって、労働者の同意を得る必要はないものとする。

(4) ストレスチェック結果の通知及び通知後の対応

ア 労働者本人に対するストレスチェック結果の通知方法

事業者は、規則第52条の12の規定に基づき、ストレスチェック結果が実施者から、遅滞なく労働者に直接通知されるようにしなければならない。この場合において、事業者は、ストレスチェック結果のほか、次に掲げる事項を通知させることが望ましい。

① 労働者によるセルフケアに関する助言・指導
② 面接指導の対象者にあっては、事業者への面接指導の申出窓口及び申出方法
③ 面接指導の申出窓口以外のストレスチェック結果について相談できる窓口に関する情報提供

イ ストレスチェック結果の通知後の対応

(ア) 面接指導の申出の勧奨

ストレスチェックの結果、高ストレス者として選定され、面接指導を受ける必要があると実施者が認めた労働者のうち、面接指導の申出を行わない労働者に対しては、規則第52条の16第3項の規定に基づき、実施者が、申出の勧奨を行うことが望ましい。

(イ) 相談対応

　事業者は、ストレスチェック結果の通知を受けた労働者に対して、相談の窓口を広げ、相談しやすい環境を作ることで、高ストレスの状態で放置されないようにする等適切な対応を行う観点から、日常的な活動の中で当該事業場の産業医等が相談対応を行うほか、産業医等と連携しつつ、保健師、歯科医師、看護師若しくは精神保健福祉士又は公認心理師、産業カウンセラー若しくは臨床心理士等の心理職が相談対応を行う体制を整備することが望ましい。

(5)　ストレスチェック結果の記録及び保存

　ストレスチェック結果の事業者への提供について、労働者から同意を得て、実施者からその結果の提供を受けた場合は、規則第52条の13第2項の規定に基づき、事業者は、当該ストレスチェック結果の記録を作成して、これを5年間保存しなければならない。

　労働者の同意が得られていない場合には、規則第52条の11の規定に基づき、事業者は、実施者によるストレスチェック結果の記録の作成及び当該実施者を含む実施事務従事者による当該記録の保存が適切に行われるよう、記録の保存場所の指定、保存期間の設定及びセキュリティの確保等必要な措置を講じなければならない。この場合において、ストレスチェック結果の記録の保存については、実施者がこれを行うことが望ましく、実施者が行うことが困難な場合には、事業者は、実施者以外の実施事務従事者の中から記録の保存事務の担当者を指名するものとする。

　実施者又は実施者以外の実施事務従事者が記録の保存を行うに当たっては、5年間保存することが望ましい。

　なお、ストレスチェック結果の記録の保存方法には、書面による保存及び電磁的記録による保存があり、電磁的記録による保存を行う場合は、厚生労働省の所管する法令の規定に基づく民間事業者等が行う書面の保存等における情報通信の技術の利用に関する省令（平成17年厚生労働省令第44号）に基づき適切な保存を行う必要がある。また、ストレスチェック結果の記録は「医療情報システムの安全管理に関するガイドライン」の直接の対象ではないが、事業者は安全管理措置等について本ガイドラインを参照することが望ましい。

8　面接指導の実施方法等
(1)　面接指導の対象労働者の要件

　規則第52条の15の規定に基づき、事業者は、上記7(1)ウ(イ)に掲げる方法により高ストレス者として選定された者であって、面接指導を受ける必要があると実施者が認めた者に対して、労働者からの申出に応じて医師による面接指導を実施しなければならない。

(2)　対象労働者の要件の確認方法

　事業者は、労働者から面接指導の申出があったときは、当該労働者が面接指導の対象となる者かどうかを確認するため、当該労働者からストレスチェック結果を提出させる方法のほか、実施者に当該労働者の要件への該当の有無を確認する方法によることができるものとする。

⑶ **実施方法**

　面接指導を実施する医師は、規則第52条の17の規定に基づき、面接指導において次に掲げる事項について確認するものとする。

　① 　当該労働者の勤務の状況（職場における当該労働者の心理的な負担の原因及び職場における他の労働者による当該労働者への支援の状況を含む。）

　② 　当該労働者の心理的な負担の状況

　③ 　②のほか、当該労働者の心身の状況

　なお、事業者は、当該労働者の勤務の状況及び職場環境等を勘案した適切な面接指導が行われるよう、あらかじめ、面接指導を実施する医師に対して当該労働者に関する労働時間、労働密度、深夜業の回数及び時間数、作業態様並びに作業負荷の状況等の勤務の状況並びに職場環境等に関する情報を提供するものとする。

⑷ **面接指導の結果についての医師からの意見の聴取**

　法第66条の10第5項の規定に基づき、事業者が医師から必要な措置についての意見を聴くに当たっては、面接指導実施後遅滞なく、就業上の措置の必要性の有無及び講ずべき措置の内容その他の必要な措置に関する意見を聴くものとする。具体的には、次に掲げる事項を含むものとする。

　ア　下表に基づく就業区分及びその内容に関する医師の判断

就業区分		就業上の措置の内容
区分	内容	
通常勤務	通常の勤務でよいもの	―
就業制限	勤務に制限を加える必要のあるもの	メンタルヘルス不調を未然に防止するため、労働時間の短縮、出張の制限、時間外労働の制限、労働負荷の制限、作業の転換、就業場所の変更、深夜業の回数の減少又は昼間勤務への転換等の措置を講じる。
要休業	勤務を休む必要のあるもの	療養等のため、休暇又は休職等により一定期間勤務させない措置を講じる。

　イ　必要に応じ、職場環境の改善に関する意見

⑸ **就業上の措置の決定及び実施**

　法第66条の10第6項の規定に基づき、事業者が労働者に対して面接指導の結果に基づく就業上の措置を決定する場合には、あらかじめ当該労働者の意見を聴き、十分な話し合いを通じてその労働者の了解が得られるよう努めるとともに、労働者に対する不利益な取扱いにつながらないように留意しなければならないものとする。なお、労働者の意見を聴くに当たっては、必要に応じて、当該事業場の産業医等の同席の下に行うことが適当である。

　事業者は、就業上の措置を実施し、又は当該措置の変更若しくは解除をしようとするに当たっては、当該事業場の産業医等と他の産業保健スタッフとの連携はもちろんのこと、当該事業場の健康管理部門及び人事労務管理部門の連携にも十分留意する必要がある。また、就業上の措置の

実施に当たっては、特に労働者の勤務する職場の管理監督者の理解を得ることが不可欠であることから、事業者は、プライバシーに配慮しつつ、当該管理監督者に対し、就業上の措置の目的及び内容等について理解が得られるよう必要な説明を行うことが適当である。

　また、就業上の措置を講じた後、ストレス状態の改善が見られた場合には、当該事業場の産業医等の意見を聴いた上で、通常の勤務に戻す等適切な措置を講ずる必要がある。

⑹　結果の記録及び保存

　規則第52条の18第2項の規定に基づき、事業者は、面接指導の結果に基づき、次に掲げる事項を記載した記録を作成し、これを5年間保存しなければならない。なお、面接指導結果の記録の保存について、電磁的記録による保存を行う場合は、7⑸の電磁的記録による保存を行う場合の取扱いと同様とする。

①　面接指導の実施年月日
②　当該労働者の氏名
③　面接指導を行った医師の氏名
④　当該労働者の勤務の状況
⑤　当該労働者の心理的な負担の状況
⑥　その他の当該労働者の心身の状況
⑦　当該労働者の健康を保持するために必要な措置についての医師の意見

9　ストレスチェック結果に基づく集団ごとの集計・分析及び職場環境の改善
⑴　集団ごとの集計・分析の実施

　事業者は、規則第52条の14の規定に基づき、実施者に、ストレスチェック結果を一定規模の集団ごとに集計・分析させ、その結果を勘案し、必要に応じて、当該集団の労働者の実情を考慮して、当該集団の労働者の心理的な負担を軽減するための適切な措置を講じるよう努めなければならない。このほか、集団ごとの集計・分析の結果は、当該集団の管理者等に不利益が生じないようその取扱いに留意しつつ、管理監督者向け研修の実施又は衛生委員会等における職場環境の改善方法の検討等に活用することが望ましい。

　また、集団ごとの集計・分析を行った場合には、その結果に基づき、記録を作成し、これを5年間保存することが望ましい。

⑵　集団ごとの集計・分析結果に基づく職場環境の改善

　事業者は、ストレスチェック結果の集団ごとの集計・分析結果に基づき適切な措置を講ずるに当たって、実施者又は実施者と連携したその他の医師、保健師、歯科医師、看護師若しくは精神保健福祉士又は公認心理師、産業カウンセラー若しくは臨床心理士等の心理職から、措置に関する意見を聴き、又は助言を受けることが望ましい。

　また、事業者が措置の内容を検討するに当たっては、ストレスチェック結果を集団ごとに集計・分析した結果だけではなく、管理監督者による日常の職場管理で得られた情報、労働者からの意

見聴取で得られた情報及び産業保健スタッフによる職場巡視で得られた情報等も勘案して職場環境を評価するとともに、勤務形態又は職場組織の見直し等の様々な観点から職場環境を改善するための必要な措置を講ずることが望ましい。このため、事業者は、次に掲げる事項に留意することが望ましい。

① 産業保健スタッフから管理監督者に対し職場環境を改善するための助言を行わせ、産業保健スタッフ及び管理監督者が協力しながら改善を図らせること。

② 管理監督者に、労働者の勤務状況を日常的に把握させ、個々の労働者に過度な長時間労働、疲労、ストレス又は責任等が生じないようにする等、労働者の能力、適性及び職務内容に合わせた配慮を行わせること。

10 労働者に対する不利益な取扱いの防止

事業者が、ストレスチェック及び面接指導において把握した労働者の健康情報等に基づき、当該労働者の健康の確保に必要な範囲を超えて、当該労働者に対して不利益な取扱いを行うことはあってはならない。このため、事業者は、次に定めるところにより、労働者の不利益な取扱いを防止しなければならない。

(1) 法の規定により禁止されている不利益な取扱い

法第66条の10第3項の規定に基づき、事業者は、労働者が面接指導の申出をしたことを理由とした不利益な取扱いをしてはならず、また、労働者が面接指導を受けていない時点においてストレスチェック結果のみで就業上の措置の要否及び内容を判断することはできないことから、事業者は、当然に、ストレスチェック結果のみを理由とした不利益な取扱いについても、これを行ってはならない。

(2) 禁止されるべき不利益な取扱い

次に掲げる事業者による不利益な取扱いについては、一般的に合理的なものとはいえないため、事業者はこれらを行ってはならない。なお、不利益な取扱いの理由がそれぞれに掲げる理由以外のものであったとしても、実質的にこれらに該当するとみなされる場合には、当該不利益な取扱いについても、行ってはならない。

ア 労働者が受検しないこと等を理由とした不利益な取扱い

① ストレスチェックを受けない労働者に対して、これを理由とした不利益な取扱いを行うこと。例えば、就業規則においてストレスチェックの受検を義務付け、受検しない労働者に対して懲戒処分を行うことは、労働者に受検を義務付けていない法の趣旨に照らして行ってはならないこと。

② ストレスチェック結果を事業者に提供することに同意しない労働者に対して、これを理由とした不利益な取扱いを行うこと。

③ 面接指導の要件を満たしているにもかかわらず、面接指導の申出を行わない労働者に対して、これを理由とした不利益な取扱いを行うこと。

イ　面接指導結果を理由とした不利益な取扱い

①　措置の実施に当たり、医師による面接指導を行うこと又は面接指導結果に基づく必要な措置について医師の意見を聴取すること等の法令上求められる手順に従わず、不利益な取扱いを行うこと。

②　面接指導結果に基づく措置の実施に当たり、医師の意見とはその内容・程度が著しく異なる等医師の意見を勘案し必要と認められる範囲内となっていないもの又は労働者の実情が考慮されていないもの等の法令上求められる要件を満たさない内容の不利益な取扱いを行うこと。

③　面接指導の結果を理由として、次に掲げる措置を行うこと。

(a)　解雇すること。

(b)　期間を定めて雇用される者について契約の更新をしないこと。

(c)　退職勧奨を行うこと。

(d)　不当な動機・目的をもってなされたと判断されるような配置転換又は職位（役職）の変更を命じること。

(e)　その他の労働契約法等の労働関係法令に違反する措置を講じること。

11　ストレスチェック制度に関する労働者の健康情報の保護

ストレスチェック制度において、実施者が労働者のストレスの状況を正確に把握し、メンタルヘルス不調の防止及び職場環境の改善につなげるためには、事業場において、ストレスチェック制度に関する労働者の健康情報の保護が適切に行われることが極めて重要であり、事業者がストレスチェック制度に関する労働者の秘密を不正に入手するようなことがあってはならない。このため、法第66条の10第2項ただし書の規定において、労働者の同意なくストレスチェック結果が事業者には提供されない仕組みとされている。このほか、事業者は、次に定めるところにより、労働者の健康情報の保護を適切に行わなければならないものとする。

(1)　実施事務従事者の範囲と留意事項

規則第52条の10第2項の規定に基づき、ストレスチェックを受ける労働者について解雇、昇進又は異動に関して直接の権限を持つ監督的地位にある者は、ストレスチェックの実施の事務に従事してはならない。

なお、事業者が、労働者の解雇、昇進又は異動の人事を担当する職員（当該労働者の解雇、昇進又は異動に直接の権限を持つ監督的地位にある者を除く。）をストレスチェックの実施の事務に従事させる場合には、次に掲げる事項を当該職員に周知させなければならないものとする。

①　ストレスチェックの実施事務従事者には法第104条の規定に基づき秘密の保持義務が課されること。

②　ストレスチェックの実施の事務は実施者の指示により行うものであり、実施の事務に関与していない所属部署の上司等の指示を受けてストレスチェックの実施の事務に従事することによって知り得た労働者の秘密を漏らしたりしてはならないこと。

③　ストレスチェックの実施の事務に従事したことによって知り得た労働者の秘密を、自らの所属部署の業務等のうちストレスチェックの実施の事務とは関係しない業務に利用してはならないこと。

(2)　ストレスチェック結果の労働者への通知に当たっての留意事項

規則第52条の12の規定に基づき、事業者は、実施者にストレスチェック結果を労働者に通知させるに当たっては、封書又は電子メール等で当該労働者に直接通知させる等、結果を当該労働者以外が把握できない方法で通知させなければならないものとする。

(3)　ストレスチェック結果の事業者への提供に当たっての留意事項

ア　労働者の同意の取得方法

ストレスチェック結果が当該労働者に知らされていない時点でストレスチェック結果の事業者への提供についての労働者の同意を取得することは不適当であるため、事業者は、ストレスチェックの実施前又は実施時に労働者の同意を取得してはならないこととし、同意を取得する場合は次に掲げるいずれかの方法によらなければならないものとする。ただし、事業者は、労働者に対して同意を強要する行為又は強要しているとみなされるような行為を行ってはならないことに留意すること。

①　ストレスチェックを受けた労働者に対して当該ストレスチェックの結果を通知した後に、事業者、実施者又はその他の実施事務従事者が、ストレスチェックを受けた労働者に対して、個別に同意の有無を確認する方法。

②　ストレスチェックを受けた労働者に対して当該ストレスチェックの結果を通知した後に、実施者又はその他の実施事務従事者が、高ストレス者として選定され、面接指導を受ける必要があると実施者が認めた労働者に対して、当該労働者が面接指導の対象であることを他の労働者に把握されないような方法で、個別に同意の有無を確認する方法。

なお、ストレスチェックを受けた労働者が、事業者に対して面接指導の申出を行った場合には、その申出をもってストレスチェック結果の事業者への提供に同意がなされたものとみなして差し支えないものとする。

イ　事業者に提供する情報の範囲

事業者へのストレスチェック結果の提供について労働者の同意が得られた場合には、実施者は、事業者に対して当該労働者に通知する情報と同じ範囲内の情報についてストレスチェック結果を提供することができるものとする。

なお、衛生委員会等で調査審議した上で、当該事業場における事業者へのストレスチェック結果の提供方法として、ストレスチェック結果そのものではなく、当該労働者が高ストレス者として選定され、面接指導を受ける必要があると実施者が認めた旨の情報のみを事業者に提供する方法も考えられる。ただし、この方法による場合も、実施者が事業者に当該情報を提供するに当たっては、上記アの①又は②のいずれかの方法により、労働者の同意を取得しなければならないことに留意する。

174

ウ　外部機関との情報共有

　　事業者が外部機関にストレスチェックの実施の全部を委託する場合（当該事業場の産業医等が共同実施者とならない場合に限る。）には、当該外部機関の実施者及びその他の実施事務従事者以外の者は、当該労働者の同意なく、ストレスチェック結果を把握してはならない。なお、当該外部機関の実施者が、ストレスチェック結果を委託元の事業者の事業場の産業医等に限定して提供することも考えられるが、この場合にも、緊急に対応を要する場合等特別の事情がない限り、当該労働者の同意を取得しなければならないものとする。

エ　事業場におけるストレスチェック結果の共有範囲の制限

　　事業者は、本人の同意により事業者に提供されたストレスチェック結果を、当該労働者の健康確保のための就業上の措置に必要な範囲を超えて、当該労働者の上司又は同僚等に共有してはならないものとする。

(4)　集団ごとの集計・分析の結果の事業者への提供に当たっての留意事項

ア　集団ごとの集計・分析の最小単位

　　集団ごとの集計・分析を実施した実施者は、集団ごとの集計・分析の結果を事業者に提供するに当たっては、当該結果はストレスチェック結果を把握できるものではないことから、当該集団の労働者個人の同意を取得する必要はない。ただし、集計・分析の単位が少人数である場合には、当該集団の個々の労働者が特定され、当該労働者個人のストレスチェック結果を把握することが可能となるおそれがあることから、集計・分析の単位が10人を下回る場合には、集団ごとの集計・分析を実施した実施者は、集計・分析の対象となる全ての労働者の同意を取得しない限り、事業者に集計・分析の結果を提供してはならないものとする。ただし、個々の労働者が特定されるおそれのない方法で集計・分析を実施した場合はこの限りでないが、集計・分析の手法及び対象とする集団の規模について、あらかじめ衛生委員会等で調査審議を行わせる必要があることに留意すること。

イ　集団ごとの集計・分析の結果の共有範囲の制限

　　集団ごとの集計・分析の結果は、集計・分析の対象となった集団の管理者等にとっては、その当該事業場内における評価等につながり得る情報であり、無制限にこれを共有した場合、当該管理者等に不利益が生じるおそれもあることから、事業者は、当該結果を事業場内で制限なく共有してはならないものとする。

(5)　面接指導結果の事業者への提供に当たっての留意事項

　　面接指導を実施した医師は、規則第52条の18第2項に規定する面接指導結果に関する情報を事業者に提供するに当たっては、必要に応じて情報を適切に加工することにより、当該労働者の健康を確保するための就業上の措置を実施するため必要な情報に限定して提供しなければならないこととし、診断名、検査値若しくは具体的な愁訴の内容等の加工前の情報又は詳細な医学的情報は事業者に提供してはならないものとする。

　　なお、事業場の産業医等ではなく、外部の医師が面接指導を実施した場合、当該医師は、当該

労働者の健康を確保するために必要な範囲で、当該労働者の同意を取得した上で、当該事業場の産業医等に対して加工前の情報又は詳細な医学的情報を提供することができるものとする。

12　その他の留意事項等

(1)　産業医等の役割

ア　ストレスチェック制度における産業医等の位置付け

産業医は、法第13条並びに規則第13条、第14条及び第15条の規定に基づき、事業場における労働者の健康管理等の職務を行う者であり、そのための専門的知識を有する者である。また、規則第15条の規定に基づき、事業者は、産業医に対し、労働者の健康障害を防止するための必要な措置を講じる権限を与えなければならないこととされている。このように、産業医は、事業場における労働者の健康管理等の取組の中心的役割を果たすことが法令上想定されている。

このため、産業医がストレスチェック及び面接指導を実施する等、産業医が中心的役割を担うことが適当であり、ストレスチェック制度の実施責任を負う事業者は、産業医の役割についてイのとおり取り扱うことが望ましい。

なお、事業場によっては、複数の医師が当該事業場における労働者の健康管理等の業務に従事しており、その中で、産業医以外の精神科医又は心療内科医等が労働者のメンタルヘルスケアに関する業務を担当している場合等も考えられるが、こうした場合においては、ストレスチェック制度に関して、当該精神科医又は心療内科医等が中心的役割を担うことも考えられる。

イ　産業医等の具体的な役割

①　ストレスチェックの実施

ストレスチェックは当該事業場の産業医等が実施することが望ましい。なお、ストレスチェックの実施の全部を外部に委託する場合にも、当該事業場の産業医等が共同実施者となり、中心的役割を果たすことが望ましい。

②　面接指導の実施

面接指導は当該事業場の産業医等が実施することが望ましい。

③　事業者による医師の意見聴取

事業者は、法第66条の10第5項の規定に基づき、医師から必要な措置についての意見を聴くに当たって、面接指導を実施した医師が、事業場外の精神科医又は心療内科医等である場合等当該事業場の産業医等以外の者であるときは、当該事業者の事業場の産業医等からも面接指導を実施した医師の意見を踏まえた意見を聴くことが望ましい。

(2)　派遣労働者に関する留意事項

ア　派遣元事業者と派遣先事業者の役割

派遣労働者に対するストレスチェック及び面接指導については、法第66条の10第1項から第6項までの規定に基づき、派遣元事業者がこれらを実施することとされている。派遣労働者に対するストレスチェック及び面接指導の実施に当たって、派遣先事業者は、派遣元事業者が実施するストレスチェック及び面接指導を受けることができるよう、派遣労働者に対し、必要な

配慮をすることが適当である。

　また、努力義務となっている集団ごとの集計・分析については、職場単位で実施することが重要であることから、派遣先事業者においては、派遣先事業場における派遣労働者も含めた一定規模の集団ごとにストレスチェック結果を集計・分析するとともに、その結果に基づく措置を実施することが望ましい。

イ　面接指導に必要な情報の収集

　派遣元事業者は、面接指導が適切に行えるよう、労働者派遣事業の適正な運営の確保及び派遣労働者の保護等に関する法律（昭和60年法律第88号）第42条第3項の規定に基づき派遣先事業者から通知された当該派遣労働者の労働時間に加え、必要に応じ、派遣先事業者に対し、その他の勤務の状況又は職場環境に関する情報について提供するよう依頼するものとし、派遣先事業者は、派遣元事業者から依頼があった場合には、必要な情報を提供するものとする。

　この場合において、派遣元事業者は、派遣先事業者への依頼について、あらかじめ、当該派遣労働者の同意を得なければならない。

ウ　派遣労働者に対する就業上の措置に関する留意点

　派遣元事業者が、派遣労働者に対する面接指導の結果に基づき、医師の意見を勘案して、就業上の措置を講じるに当たって、派遣先事業者の協力が必要な場合には、派遣元事業者は、派遣先事業者に対して、当該措置の実施に協力するよう要請することとし、派遣先事業者は、派遣元事業者から要請があった場合には、これに応じ、必要な協力を行うこととする。この場合において、派遣元事業者は、派遣先事業者への要請について、あらかじめ、当該派遣労働者の同意を得なければならない。

エ　不利益な取扱いの禁止

　次に掲げる派遣先事業者による派遣労働者に対する不利益な取扱いについては、一般的に合理的なものとはいえないため、派遣先事業者はこれらを行ってはならない。なお、不利益な取扱いの理由がそれぞれに掲げる理由以外のものであったとしても、実質的にこれらに該当するとみなされる場合には、当該不利益な取扱いについても、行ってはならない。

① 　面接指導の結果に基づく派遣労働者の就業上の措置について、派遣元事業者からその実施に協力するよう要請があったことを理由として、派遣先事業者が、当該派遣労働者の変更を求めること。

② 　派遣元事業者が本人の同意を得て、派遣先事業者に派遣労働者のストレスチェック結果を提供した場合において、これを理由として、派遣先事業者が、当該派遣労働者の変更を求めること。

③ 　派遣元事業者が本人の同意を得て、派遣先事業者に派遣労働者の面接指導の結果を提供した場合において、これを理由として、派遣先事業者が、派遣元事業者が聴取した医師の意見を勘案せず又は当該派遣労働者の実情を考慮せず、当該派遣労働者の変更を求めること。

④　派遣先事業者が集団ごとの集計・分析を行うことを目的として派遣労働者に対してもストレスチェックを実施した場合において、ストレスチェックを受けないことを理由として、当該派遣労働者の変更を求めること。

(3)　外部機関にストレスチェック等を委託する場合の体制の確認に関する留意事項

ストレスチェック又は面接指導は、事業場の状況を日頃から把握している当該事業場の産業医等が実施することが望ましいが、事業者は、必要に応じてストレスチェック又は面接指導の全部又は一部を外部機関に委託することも可能である。この場合には、当該委託先において、ストレスチェック又は面接指導を適切に実施できる体制及び情報管理が適切に行われる体制が整備されているか等について、事前に確認することが望ましい。

(4)　労働者数50人未満の事業場における留意事項

常時使用する労働者数が50人未満の小規模事業場においては、当分の間、ストレスチェックの実施は努力義務とされている。これらの小規模事業場では、産業医及び衛生管理者の選任並びに衛生委員会等の設置が義務付けられていないため、ストレスチェック及び面接指導を実施する場合は、産業保健スタッフが事業場内で確保できないことも考えられることから、産業保健総合支援センターの地域窓口（地域産業保健センター）等を活用して取り組むことができる。

13　定義

本指針において、次に掲げる用語の意味は、それぞれ次に定めるところによる。

①　ストレスチェック制度

法第66条の10に係る制度全体をいう。

②　調査票

ストレスチェックの実施に用いる紙媒体又は電磁的な媒体による自記式の質問票をいう。

③　共同実施者・実施代表者

事業場の産業医等及び外部機関の医師が共同でストレスチェックを実施する場合等、実施者が複数名いる場合の実施者を「共同実施者」という。この場合の複数名の実施者を代表する者を「実施代表者」という。

④　実施事務従事者

実施者のほか、実施者の指示により、ストレスチェックの実施の事務（個人の調査票のデータ入力、結果の出力又は記録の保存（事業者に指名された場合に限る。）等を含む。）に携わる者をいう。

⑤　ストレスチェック結果

調査票に記入又は入力した内容に基づいて出力される個人の結果であって、次に掲げる内容が含まれるものをいう。

・　職場における当該労働者の心理的な負担の原因に関する項目、心理的な負担による心身の自覚症状に関する項目及び職場における他の労働者による当該労働者への支援に関する項目

について、個人ごとのストレスの特徴及び傾向を数値又は図表等で示したもの

・　個人ごとのストレスの程度を示したものであって、高ストレスに該当するかどうかを示した結果

・　医師による面接指導の要否

⑥　集団ごとの集計・分析

ストレスチェック結果を事業場内の一定規模の集団（部又は課等）ごとに集計して、当該集団のストレスの特徴及び傾向を分析することをいう。

⑦　産業医等

産業医その他労働者の健康管理等を行うのに必要な知識を有する医師をいう。

⑧　産業保健スタッフ

事業場において労働者の健康管理等の業務に従事している産業医等、保健師、看護師、心理職又は衛生管理者等をいう。

⑨　メンタルヘルス不調

精神及び行動の障害に分類される精神障害及び自殺のみならず、ストレス、強い悩み及び不安等、労働者の心身の健康、社会生活及び生活の質に影響を与える可能性のある精神的及び行動上の問題を幅広く含むものをいう。

（別添）職業性ストレス簡易調査票　（編註：略、70頁、図3－9参照）

別添資料 3

心の健康問題により休業した労働者の職場復帰支援の手引き

（平成16年10月厚生労働省発表）

（最終改訂　平成24年 7 月）

1　趣旨

(1)　趣旨

　職場復帰のための対策については、平成16年10月に「心の健康問題により休業した労働者の職場復帰支援の手引き」（以下「手引き」という。）が公表され、心の健康問題により休業した労働者の職場復帰支援のための事業場向けマニュアルとして活用されてきた。

　その後、平成18年の改正労働安全衛生法令に基づき、衛生委員会等の調査審議事項に「労働者の精神的健康の保持増進を図るための対策の樹立に関すること」が追加され、また、「労働者の心の健康の保持増進のための指針」（以下「メンタルヘルス指針」という。）が策定されるなど、職場におけるメンタルヘルス対策の推進が図られてきたところである。

　一方、心の健康問題により休業している労働者が増加しているとする調査結果や休業後の職場復帰支援がスムーズに進まないという調査結果等もあり、職場復帰支援に関する社会的関心が高まっている。

　このようなことから、厚生労働省からの委託により中央労働災害防止協会に設置された「心の健康問題により休業した労働者の職場復帰支援のための方法等に関する検討委員会」において、労働者の職場復帰支援に関する新たな経験や知見等を踏まえ、より円滑な職場復帰を支援するために事業者によって行われることが望ましい事項等について検討がなされ、「手引き」の改訂が行われた。

(2)　職場復帰支援の基本的考え方

ア　職場復帰支援プログラム

　心の健康問題で休業している労働者が円滑に職場に復帰し、業務が継続できるようにするためには、休業の開始から通常業務への復帰までの流れをあらかじめ明確にしておく必要がある。

　事業者は本手引きを参考にしながら衛生委員会等において調査審議し、産業医等の助言を受け、個々の事業場の実態に即した形で、事業場職場復帰支援プログラム（以下「職場復帰支援プログラム」という。）を以下の要領で策定し、それが組織的かつ計画的に行われるよう積極的に取り組むことが必要である。

- ・職場復帰支援プログラムには、職場復帰支援の標準的な流れを明らかにするとともに、それに対応する手順、内容及び関係者の役割等について定める。
- ・職場復帰支援プログラムを円滑に実施するために必要な関連規程等や体制の整備を行う。
- ・職場復帰支援プログラム、関連規程等及び体制については、労働者、管理監督者及び事業場内産業保健スタッフ等に対し、教育研修の実施等により十分周知する。

イ　職場復帰支援プラン

　実際の職場復帰支援では、職場復帰支援プログラムに基づき、支援対象となる個々の労働者ごとに具体的な職場復帰支援プランを作成する。その上で、労働者のプライバシーに十分配慮しながら、事業場内産業保健スタッフ等を中心に、労働者、管理監督者が互いに十分な理解と協力を行うとともに、主治医との連携を図りつつ取り組む。

ウ　主治医との連携等

　心の健康問題がどの様な状態であるかの判断は多くの事業場にとって困難であること、心の健康問題を抱えている労働者への対応はケースごとに柔軟に行う必要があることから、主治医との連携が重要となる。

　また、職場復帰支援においては、職場配置、処遇、労働条件、社内勤務制度、雇用契約等の適切な運用を行う必要があることから人事労務管理スタッフが重要な役割を担うことに留意する必要がある（なお、本手引きにおいて、事業場内産業保健スタッフ等には、人事労務管理スタッフが含まれている。）。

(3)　職場復帰支援に当たって留意すべき事項

　職場復帰支援に当たっては、特に以下の点について留意する必要がある。

・心の健康問題の特性として、健康問題以外の観点から評価が行われる傾向が強いという問題や、心の健康問題自体についての誤解や偏見等解決すべき問題が存在していることに留意の上、心の健康問題を抱える労働者への対応を行う必要があること。

・事業場においては、計画的にストレス及びメンタルヘルスケアに関する基礎知識や心の健康問題に対する正しい態度など、メンタルヘルスケアを推進するための教育研修・情報提供を行うことが重要であること。

・職場復帰支援をスムーズに進めるためには、休業していた労働者とともに、その同僚や管理監督者に対する過度の負担がかからないように配慮する必要があること。

・家族の理解や協力も重要であることから、家族に対して必要な情報を提供する等の支援が望まれること。

(4)　本手引きの適用に当たっての留意点

　本手引きには、実際の職場復帰に当たり、事業者が行う職場復帰支援の内容が総合的に示されている。

　本手引きが対象とする労働者は、心の健康問題で休業した全ての労働者であるが、第3ステップ以降の職場復帰に関しては、医学的に業務に復帰するのに問題がない程度に回復した労働者(すなわち軽減又は配慮された一定レベルの職務を遂行でき、かつ、想定される仕事をすることが治療上支障にならないと医学的に判断されるもの。) を対象としている。

　なお、本手引きの基本的な記述においては、心の健康問題として、治療によって比較的短期に寛解するものが想定されている。その他の心の健康問題については、異なる対応をとる必要がある場合もあることに留意するとともに、主治医との連携が重要となる。手引きの趣旨をその事業

場の状況に活かすためには、これらのことを念頭においた上で、事業者の判断と責任の下で、どのように対応すべきかが十分に検討されて行われるべきである。

　また、職場復帰支援の具体的な手法については、本手引きによるほか、公開されている様々な文献、事例集、報告書、研修会等を活用・参考にすることが望まれる。

2　職場復帰支援の流れ

　本手引きによる職場復帰支援の流れは、病気休業開始から職場復帰後のフォローアップまでの次の5つのステップからなっている（図参照）。事業者は本手引きを参考にしながら、個々の事業場の実態に即した職場復帰支援プログラムを策定することが重要である。

　＜第1ステップ＞

　　病気休業開始及び休業中のケアの段階であり、「労働者からの診断書（病気休業診断書）の提出」、「管理監督者によるケア及び事業場内産業保健スタッフ等によるケア」、「病気休業期間中の労働者の安心感の醸成のための対応」及び「その他」で構成される。

　＜第2ステップ＞

　　主治医による職場復帰可能の判断の段階であり、「労働者からの職場復帰の意思表示と職場復帰可能の判断が記された診断書の提出」、「産業医等による精査」及び「主治医への情報提供」で構成される。

　＜第3ステップ＞

　　職場復帰の可否の判断及び職場復帰支援プランの作成の段階であり、「情報の収集と評価」、「職場復帰の可否についての判断」及び「職場復帰支援プランの作成」で構成される。

　＜第4ステップ＞

　　最終的な職場復帰の決定の段階であり、「労働者の状態の最終確認」、「就業上の配慮等に関する意見書の作成」、「事業者による最終的な職場復帰の決定」及び「その他」で構成される。

　＜第5ステップ＞

　　職場復帰後のフォローアップの段階であり、「疾患の再燃・再発、新しい問題の発生等の有無の確認」、「勤務状況及び業務遂行能力の評価」、「職場復帰支援プランの実施状況の確認」、「治療状況の確認」、「職場復帰支援プランの評価と見直し」、「職場環境等の改善等」及び「管理監督者、同僚等への配慮等」で構成される。

3　職場復帰支援の各ステップ

(1)　病気休業開始及び休業中のケア＜第1ステップ＞

ア　病気休業開始時の労働者からの診断書（病気休業診断書）の提出

　病気休業の開始においては、主治医によって作成された診断書を労働者より管理監督者等に提出してもらう。診断書には病気休業を必要とする旨の他、職場復帰の準備を計画的に行えるよう、必要な療養期間の見込みについて明記してもらうことが望ましい。

イ　管理監督者によるケア及び事業場内産業保健スタッフ等によるケア

　管理監督者等は、病気休業診断書が提出されたことを、人事労務管理スタッフ及び事業場内

<第1ステップ>病気休業開始及び休業中のケア

ア　病気休業開始時の労働者からの診断書（病気休業診断書）の提出
イ　管理監督者によるケア及び事業場内産業保健スタッフ等によるケア
ウ　病気休業期間中の労働者の安心感の醸成のための対応
エ　その他

↓

<第2ステップ>主治医による職場復帰可能の判断

ア　労働者からの職場復帰の意思表示と職場復帰可能の判断が記された診断書の提出
イ　産業医等による精査
ウ　主治医への情報提供

↓

<第3ステップ>職場復帰の可否の判断及び職場復帰支援プランの作成

ア　情報の収集と評価
（ア）労働者の職場復帰に対する意思の確認
（イ）産業医等による主治医からの意見収集
（ウ）労働者の状態等の評価
（エ）職場環境等の評価
（オ）その他
イ　職場復帰の可否についての判断

ウ　職場復帰支援プランの作成
（ア）職場復帰日
（イ）管理監督者による就業上の配慮
（ウ）人事労務管理上の対応
（エ）産業医等による医学的見地からみた意見
（オ）フォローアップ
（カ）その他

↓

<第4ステップ>最終的な職場復帰の決定

ア　労働者の状態の最終確認
イ　就業上の配慮等に関する意見書の作成
ウ　事業者による最終的な職場復帰の決定
エ　その他

↓

職　場　復　帰

↓

<第5ステップ>職場復帰後のフォローアップ

ア　疾患の再燃・再発、新しい問題の発生等の有無の確認
イ　勤務状況及び業務遂行能力の評価
ウ　職場復帰支援プランの実施状況の確認
エ　治療状況の確認
オ　職場復帰支援プランの評価と見直し
カ　職場環境等の改善等
キ　管理監督者、同僚等への配慮等

図　職場復帰支援の流れ

産業保健スタッフに連絡する。休業を開始する労働者に対しては、療養に専念できるよう安心させると同時に、休業中の事務手続きや職場復帰支援の手順についての説明を行う。

　管理監督者及び事業場内産業保健スタッフ等は、必要な連絡事項及び職場復帰支援のためにあらかじめ検討が必要な事項について労働者に連絡を取る。場合によっては労働者の同意を得た上で主治医と連絡を取ることも必要となる。

ウ　病気休業期間中の労働者の安心感の醸成のための対応

　病気休業期間中においても、休業者に接触することが望ましい結果をもたらすこともある。その場合は、精神的な孤独、復職できるかという不安、今後のキャリア等で本人が不安に感じていることに関して、十分な情報を提供することが重要である。

　また、不安や悩みなどを相談できる場を設けることも重要である。この場合、事業場内の相談体制や事業場外の相談機関、地域の相談制度等で利用できるものについて、情報提供をすることも考えられる。

　特に、本人が安心して療養できるようにするためには、休業中の経済的・将来的な不安を軽減するための配慮を行うことが重要である。事業場で設けている仕組みの活用や、また、例えば、傷病手当金制度その他の公的支援制度、公的又は民間の職場復帰支援サービスなどの利用について、関係機関等が作成しているパンフレットを渡すなどにより、事業者が本人に対して手続きに関する情報を提供することや、場合によっては利用への支援を行うことなどが望まれる。精神保健福祉センター等を活用（連携・紹介）するなどの方法も考えられる。

　休業者との接触のタイミングは職場復帰支援プログラムの策定の際に検討しておくことが望ましい。例えば、診断書や傷病手当金申請書の提出のタイミングに行うと、本人への負担が軽減されることがある。ただし、実際の接触に当たっては、必要な連絡事項（個人情報の取得のために本人の了解をとる場合を含む。）などを除き、主治医と連絡をとった上で実施する。また、状況によっては主治医を通して情報提供をすることも考えられる。

エ　その他

　以下の場合については、労働基準法や労働契約法等の関係法令上の制約に留意の上、労使の十分な協議によって決定するとともに、あらかじめ就業規則等に定め周知しておくことが望ましい。

・私傷病による休業の最長（保障）期間、クーリング期間（休業の最長（保障）期間を定めている場合で、一旦職場復帰してから再び同一理由で休業するときに、休業期間に前回の休業期間を算入しないために必要な、職場復帰から新たな休業までの期間）等を定める場合
・休業期間の最長（保障）期間満了後に雇用契約の解除を行う場合

⑵　主治医による職場復帰可能の判断＜第2ステップ＞

　休業中の労働者から職場復帰の意思が伝えられると、事業者は労働者に対して主治医による職場復帰可能の判断が記された診断書（復職診断書）を提出するよう伝える。診断書には就業上の配慮に関する主治医の具体的な意見を含めてもらうことが望ましい。

　ただし現状では、主治医による診断書の内容は、病状の回復程度によって職場復帰の可能性を判断していることが多く、それはただちにその職場で求められる業務遂行能力まで回復しているか否かの判断とは限らないことにも留意すべきである。また、労働者や家族の希望が含まれている場合もある。そのため、主治医の判断と職場で必要とされる業務遂行能力の内容等について、産業医等が精査した上で採るべき対応について判断し、意見を述べることが重要となる。（3⑶ア⑷参照）

　また、より円滑な職場復帰支援を行う上で、職場復帰の時点で求められる業務遂行能力はケースごとに多様なものであることから、あらかじめ主治医に対して職場で必要とされる業務遂行能力の内容や社内勤務制度等に関する情報を提供した上で、就業が可能であるという回復レベルで

復職に関する意見書を記入するよう依頼することが望ましい。（6-(1)参照）

(3) 職場復帰の可否の判断及び職場復帰支援プランの作成＜第3ステップ＞

　安全でスムーズな職場復帰を支援するためには、最終的な職場復帰決定の手続きの前に、必要な情報の収集と評価を行った上で職場復帰の可否を適切に判断し、さらに職場復帰支援プランを準備しておくことが必要である。このプロセスは、本手引きで示す職場復帰支援の手続きにおいて中心的な役割を果たすものであり、事業場内産業保健スタッフ等を中心に、管理監督者、当該労働者の間で十分に話し合い、よく連携しながら進めていく必要がある。

　また、心の健康づくり専門スタッフが配置された事業場においては、これらの専門スタッフが、より専門的な立場から、他の事業場内産業保健スタッフ等をサポートすることが望まれる。

　産業医が選任されていない50人未満の小規模事業場においては、人事労務管理スタッフ及び管理監督者等、又は衛生推進者若しくは安全衛生推進者が、主治医との連携を図りながら、また地域産業保健センター、労災病院勤労者メンタルヘルスセンター等の事業場外資源を活用しながら検討を進めていくことが必要である。

　ケースによっては、最終的な職場復帰の決定までのプロセスを同時にまとめて検討することも可能であるが、通常、職場復帰の準備にはある程度の時間を要することが多いため、職場復帰前の面談等は、実際の職場復帰までに十分な準備期間を設定した上で計画・実施することが望ましい。

　職場復帰の可否及び職場復帰支援プランに関する話し合いの結果については、「職場復帰支援に関する面談記録票」（様式例2）等を利用して記録にまとめ、事業場内産業保健スタッフ等や管理監督者等の関係者がその内容を互いに確認しながらその後の職場復帰支援を進めていくことが望ましい。

ア　情報の収集と評価

　職場復帰の可否については、労働者及び関係者から必要な情報を適切に収集し、様々な視点から評価を行いながら総合的に判断することが大切である。家族を含めた第三者からの個人情報の収集については、労働者のプライバシーに十分配慮することが重要なポイントとなる。情報の収集と評価の具体的内容を以下に示す。

　なお、事業場外の職場復帰支援サービスや医療リハビリテーション等を利用している場合には、その状況等も有効な情報である。

　(ア)　労働者の職場復帰に対する意思の確認

　　a　労働者の職場復帰の意思及び就業意欲の確認

　　b　職場復帰支援プログラムについての説明と同意

　(イ)　産業医等による主治医からの意見収集

　　　診断書に記載されている内容だけでは十分な職場復帰支援を行うのが困難な場合、産業医等は労働者の同意を得た上で、下記（ウ）のa及びbの判断を行うに当たって必要な内容について主治医からの情報や意見を積極的に収集する。この際には、「職場復帰支援に関する情報提供依頼書」（様式例1）等を用いるなどして、労働者のプライバシーに十分配

慮しながら情報交換を行うことが重要である。

(ウ) 労働者の状態等の評価

 a 治療状況及び病状の回復状況の確認

  (a) 今後の通院治療の必要性及び治療状況についての概要の確認

  (b) 業務遂行（自ら自動車等を運転しての通勤を含む。）に影響を及ぼす症状や薬の副作用の有無

  (c) 休業中の生活状況

  (d) その他職場復帰に関して考慮すべき問題点など

 b 業務遂行能力についての評価

  (a) 適切な睡眠覚醒リズムの有無

  (b) 昼間の眠気の有無（投薬によるものを含む。）

  (c) 注意力・集中力の程度

  (d) 安全な通勤の可否

  (e) 日常生活における業務と類似した行為の遂行状況と、それによる疲労の回復具合（読書やコンピュータ操作が一定の時間集中してできること、軽度の運動ができること等）

  (f) その他家事・育児、趣味活動等の実施状況など

 c 今後の就業に関する労働者の考え

  (a) 希望する復帰先

  (b) 希望する就業上の配慮の内容や期間

  (c) その他管理監督者、人事労務管理スタッフ、事業場内産業保健スタッフに対する意見や希望（職場の問題点の改善や勤務体制の変更、健康管理上の支援方法など）

 d 家族からの情報

 可能であれば、必要に応じて家庭での状態（病状の改善の程度、食事・睡眠・飲酒等の生活習慣など）についての情報

(エ) 職場環境等の評価

 a 業務及び職場との適合性

  (a) 業務と労働者の能力及び意欲・関心との適合性

  (b) 職場の同僚や管理監督者との人間関係など

 b 作業管理や作業環境管理に関する評価

  (a) 業務量（作業時間、作業密度など）や質（要求度、困難度など）等の作業管理の状況

  (b) 作業環境の維持・管理の状況

  (c) 業務量の時期的な変動や、不測の事態に対する対応の状況

  (d) 職場復帰時に求められる業務遂行能力の程度（自動車の運転等危険を伴う業務の場合は投薬等による影響にも留意する。）

 c 職場側による支援準備状況

  (a) 復帰者を支える職場の雰囲気やメンタルヘルスに関する理解の程度

　　⒝　実施可能な就業上の配慮（業務内容や業務量の変更、就業制限等）

　　⒞　実施可能な人事労務管理上の配慮（配置転換・異動、勤務制度の変更等）

㈡　その他

　その他、職場復帰支援に当たって必要と思われる事項について検討する。また、治療に関する問題点や、本人の行動特性、家族の支援状況など職場復帰の阻害要因となりうる問題点についても整理し、その支援策について検討する。

イ　職場復帰の可否についての判断

　アの「情報の収集と評価」の結果をもとに、復帰後に求められる業務が可能かどうかについて、主治医の判断やこれに対する産業医等の医学的な考え方も考慮して判断を行う。この判断は、事業場内産業保健スタッフ等を中心に行われるが、職場環境等に関する事項については、管理監督者等の意見を十分に考慮しながら総合的に行われなければならない。

　産業医が選任されていない50人未満の小規模事業場においては、人事労務管理スタッフ及び管理監督者等、又は衛生推進者若しくは安全衛生推進者が、主治医及び地域産業保健センター、労災病院勤労者メンタルヘルスセンター等の事業場外資源を活用しながら判断を行う。

ウ　職場復帰支援プランの作成

　職場復帰が可能と判断された場合には、職場復帰支援プランを作成する。通常、元の就業状態に戻すまでにはいくつかの段階を設定しながら経過をみる。職場復帰支援プランの作成に当たってはそれぞれの段階に応じた内容及び期間の設定を行う必要がある。また、各段階ごとに求められる水準（例えば、定時勤務が可能、職場内での仕事に関する意思疎通が可能、顧客との折衝が可能など）も明記する。

　労働者には、きちんとした計画に基づき着実に職場復帰を進めることが、職場復帰後に長期に安定して働けるようになることにつながることの十分な理解を促す。

　また、本人の希望のみによって職場復帰支援プランを決定することが円滑な職場復帰につながるとは限らないことに留意し、主治医の判断等に対する産業医等の医学的な意見を踏まえた上で、総合的に判断して決定するよう気をつける必要がある。

　なお、職場においてどの程度までの就業上の配慮をすべきかの判断材料として、産業医等はその職場で求められる業務遂行能力を見極めた上で、主治医からの情報等に基づき、労働者がどこまで業務遂行能力を回復しているか判断することも求められる。

　職場復帰支援プラン作成の際に検討すべき内容について下記に示す。

㈠　職場復帰日

　復帰のタイミングについては、労働者の状態や職場の受入れ準備状況の両方を考慮した上で総合的に判断する必要がある。

㈡　管理監督者による就業上の配慮

　a　業務でのサポートの内容や方法

　b　業務内容や業務量の変更

　c　段階的な就業上の配慮（残業・交替勤務・深夜業務等の制限又は禁止、就業時間短縮など）

d　治療上必要なその他の配慮（診療のための外出許可）など

(ウ)　人事労務管理上の対応等

a　配置転換や異動の必要性

b　本人の病状及び業務の状況に応じて、フレックスタイム制度や裁量労働制度等の勤務制度変更の可否及び必要性

c　その他、段階的な就業上の配慮（出張制限、業務制限（危険作業、運転業務、高所作業、窓口業務、苦情処理業務等の禁止又は免除）、転勤についての配慮）の可否及び必要性

(エ)　産業医等による医学的見地からみた意見

a　安全配慮義務に関する助言

b　その他、職場復帰支援に関する意見

(オ)　フォローアップ

a　管理監督者によるフォローアップの方法

b　事業場内産業保健スタッフ等によるフォローアップの方法（職場復帰後のフォローアップ面談の実施方法等）

c　就業制限等の見直しを行うタイミング

d　全ての就業上の配慮や医学的観察が不要となる時期についての見通し

(カ)　その他

a　職場復帰に際して労働者が自ら責任を持って行うべき事項

b　試し出勤制度等がある場合はその利用についての検討

c　事業場外資源が提供する職場復帰支援サービス等の利用についての検討

(4)　最終的な職場復帰の決定＜第4ステップ＞

　職場復帰の可否についての判断及び職場復帰支援プランの作成を経て、事業者としての最終的な職場復帰の決定を行う。また、職場復帰の可否の決定に当たっては、労働者にとってもきわめて重要なものであり、また、私法（契約法）上の制約を受けることにも留意の上、社内手続きに従い、適正に行われるべきである。

　この際、産業医等が選任されている事業場においては、産業医等が職場復帰に関する意見及び就業上の配慮等についてとりまとめた「職場復帰に関する意見書」（様式例3）等をもとに関係者間で内容を確認しながら手続きを進めていくことが望ましい。

ア　労働者の状態の最終確認

　疾患の再燃・再発の有無、回復過程における症状の動揺の様子等について最終的な確認を行う。

イ　就業上の配慮等に関する意見書の作成

　産業医等は、就業に関する最終的な措置等をとりまとめて、「職場復帰に関する意見書」（様式例3）等を作成する。

ウ　事業者による最終的な職場復帰の決定

　上記イの「職場復帰に関する意見書」等で示された内容について管理監督者、人事労務管理

スタッフの確認を経た上で、事業者による最終的な職場復帰の決定を行い、労働者に対して通知するとともに、就業上の配慮の内容についても併せて通知する。管理監督者、事業場内産業保健スタッフ等は、「職場復帰に関する意見書」等の写しを保管し、その内容を確認しながら、それぞれの実施事項を、責任を持って遂行するようにする。

なお、職場復帰支援として実施する就業上の配慮は、当該労働者の健康を保持し、円滑な職場復帰を目的とするものであるので、この目的に必要な内容を超えた措置を講ずるべきではない。

エ　その他

職場復帰についての事業場の対応や就業上の配慮の内容等については、労働者を通じて主治医に的確に伝わるようにすることが重要である。書面による場合は「職場復帰及び就業上の配慮に関する情報提供書」（様式例4）等の書面を利用するとよい。こういった情報交換は、産業医等が主治医と連携を図りながら職場復帰後のフォローアップをスムーズに行うために大切なポイントである。

なお、職場復帰に当たり人事労務管理上の配慮を行う上で処遇の変更を行う場合は、処遇の変更及び変更後の処遇の内容について、あらかじめ就業規則に定める等ルール化しておくとともに、実際の変更は、合理的な範囲とすること、また、本人にその必要性について十分な説明を行うことがトラブルの防止につながる。

(5)　職場復帰後のフォローアップ＜第5ステップ＞

心の健康問題には様々な要因が複雑に重なり合っていることが多いため、職場復帰の可否の判断や職場復帰支援プランの作成には多くの不確定要素が含まれることが少なくない。また、たとえ周到に職場復帰の準備を行ったとしても、実際には様々な事情から当初の計画通りに職場復帰が進まないこともある。そのため職場復帰支援においては、職場復帰後の経過観察とプランの見直しも重要となってくる。

職場復帰後は、管理監督者による観察と支援の他、事業場内産業保健スタッフ等による定期的又は就業上の配慮の更新時期等に合わせたフォローアップを実施する必要がある。フォローアップのための面談においては、下記のアからキまでに示す事項を中心に労働者及び職場の状況につき労働者本人及び管理監督者から話を聞き、適宜職場復帰支援プランの評価や見直しを行っていく。

さらに、本人の就労意識の確保のためにも、あらかじめ、フォローアップには期間の目安を定め、その期間内に通常のペースに戻すように目標を立てること、また、その期間は、主治医と連携を図ることにより、病態や病状に応じて、柔軟に定めることが望ましい。

なお、心の健康問題は再燃・再発することも少なくないため、フォローアップ期間を終えた後も、再発の予防のため、就業上の配慮についての慎重な対応（職場や仕事の変更等）や、メンタルヘルス対策の重要性が高いことに留意すべきである。

ア　疾患の再燃・再発、新しい問題の発生等の有無の確認

フォローアップにおいては、疾患の再燃・再発についての早期の気づきと迅速な対応が不可欠である。事業場内産業保健スタッフ等と管理監督者は、労働者の状態の変化について適切な

タイミングで対応できるよう日頃から連携を図っておく必要がある。

イ　勤務状況及び業務遂行能力の評価

　職場復帰の様子を評価するのに重要な視点であり、労働者の意見だけでなく管理監督者からの意見も合わせて客観的な評価を行う必要がある。

　職場復帰後に、突発的な休業等が職場復帰決定時に想定していた程度を超えるような場合は、事業場内産業保健スタッフ等が面接を行い、主治医と連携をとりながら、適切な対応を検討すべきである。

ウ　職場復帰支援プランの実施状況の確認

　職場復帰支援プランが計画通りに実施されているかについての確認を行う。予定通り実施されていない場合には、関係者間で再調整を図る必要がある。

エ　治療状況の確認

　通院状況や、治療の自己中断等をしていないか、また現在の病状や、今後の見通しについての主治医の意見を労働者から聞き、必要に応じて労働者の同意を得た上で主治医との情報交換を行う。

　その場合には、主治医から就業上の配慮についての見直しのための意見を、治癒又は就業上の配慮が解除されるまで、提出してもらうことが望ましい。

オ　職場復帰支援プランの評価と見直し

　様々な視点から現行の職場復帰支援プランについての評価を行う。何らかの問題が生じた場合には、関係者間で連携しながら職場復帰支援プランの変更を行う必要がある。

カ　職場環境等の改善等

　職場復帰する労働者が、よりストレスを感じることの少ない職場づくりをめざして作業環境、作業方法などの物理的な環境のみならず、労働時間管理（長時間労働や突発的な時間外労働の発生等）、人事労務管理（人材の能力・適性・人間関係等を考えた人材配置等）、仕事の方法（サポート体制・裁量権の程度等）等、労働者のメンタルヘルスに影響を与え得る職場環境等の評価と改善を検討することも望まれる。また、これら職場環境等の評価と改善は、管理監督者や同僚等の心の健康の保持増進にとっても重要である。

　職場環境等の改善等のために、「職業性ストレス簡易調査票」、「快適職場調査（ソフト面）」、「メンタルヘルスアクションチェックリスト」等の活用も考えられる。

キ　管理監督者、同僚等への配慮等

　職場復帰する労働者への配慮や支援を行う管理監督者や同僚等に、過度の負担がかかることがないように配慮することが望ましい。

　また、管理監督者、同僚等に対し、心の健康問題や、自殺の予防と対応に関する知識を含め、ラインケア、セルフケアを促進するための教育研修・情報提供を行うことが望ましい。（6−(6)参照）

　円滑な職場復帰には、家族によるサポートも重要となる。しかし、本人の心の健康問題が家族に強い心理的負担を与えていることもあり、一方で、職場復帰に強い不安と期待を持っていることも多い。このため、心の健康問題や職場復帰に関する情報提供や家族からの相談対応な

ど、事業場として可能な支援を行うことも望ましい。なお、職場復帰の最終的な決定に当たっては、本人の同意を得た上で家族から情報を得ることも効果的な場合がある。

4 管理監督者及び事業場内産業保健スタッフ等の役割

(1) 管理監督者

管理監督者は、事業場内産業保健スタッフ等と協力しながら職場環境等の問題点を把握し、それらの改善を図ることで職場復帰支援における就業上の配慮を履行する。また、復帰後の労働者の状態についても事業場内産業保健スタッフ等と協力しながら注意深い観察を行っていく。人事労務管理上の問題については人事労務管理スタッフと連携して適切な対応を図っていく。(6 – (6)参照)

(2) 事業場内産業保健スタッフ等

ア 人事労務管理スタッフ

人事労務管理スタッフは、人事労務管理上の問題点を把握し、職場復帰支援に必要な労働条件の改善や、配置転換、異動等についての配慮を行う。職場復帰支援においては、産業医等や他の事業場内産業保健スタッフ等と連携しながらその手続きが円滑に進むよう調整を行う。

イ 産業医等

産業医等は、職場復帰支援における全ての過程で、管理監督者及び人事労務担当者の果たす機能を専門的な立場から支援し、必要な助言及び指導を行う。特に、労働者の診療を担当している主治医との連携を密にし、情報交換や医療的な判断においては、専門的立場から中心的な役割を担う。労働者や主治医から知り得た情報についてはプライバシーに配慮しながら、関係者間で取り扱うべき情報について調整を行い、就業上の配慮が必要な場合には事業者に必要な意見を述べる立場にある。

ウ 衛生管理者等

衛生管理者等は、産業医等の助言、指導等を踏まえて、職場復帰支援が円滑に行われるよう労働者に対するケア及び管理監督者のサポートを行う。また、必要に応じて人事労務管理スタッフや事業場外資源との連絡調整にあたる。

なお、これらを実施する衛生管理者等については、メンタルヘルス対策全体に関係することが望ましい。メンタルヘルス指針に基づき「事業場内メンタルヘルス推進担当者」を選任している場合は、当該者にこれらの職務を行わせることが望ましい。

また、50人未満の小規模事業場においては、衛生推進者又は安全衛生推進者は、労働者、管理監督者及び主治医と連携し、地域産業保健センター、労災病院勤労者メンタルヘルスセンター等の事業場外資源を活用しながら、職場復帰支援に関する業務を担当する。

エ 保健師等

保健師等は、産業医等及び衛生管理者等と協力しながら労働者に対するケア及び管理監督者に対する支援を行う。

オ　心の健康づくり専門スタッフ

　事業場内に心の健康づくり専門スタッフがいる場合には、これらの専門スタッフは他の事業場内産業保健スタッフ等をより専門的な立場から支援する。

5　プライバシーの保護

　職場復帰支援において扱われる労働者の健康情報等のほとんどが、労働者のプライバシーに関わるものである。労働者の健康情報等は個人情報の中でも特に機微な情報であり、厳格に保護されるべきものである。とりわけメンタルヘルスに関する健康情報等は慎重な取扱いが必要である。また、周囲の「気づき情報」は、当該提供者にとっても個人情報であり慎重な取扱いが必要となる。事業者は労働者の健康情報等を適正に取り扱い、労働者のプライバシーの保護を図らなければならない。

⑴　情報の収集と労働者の同意等

　職場復帰支援において取り扱う労働者の健康情報等の内容は必要最小限とし、職場復帰支援と事業者の安全配慮義務の履行を目的とした内容に限定すべきである。

　労働者の健康情報等を主治医や家族から収集するに際しては、あらかじめ、利用目的とその必要性を明らかにして本人の承諾を得るとともに、これらの情報は労働者本人から提出を受けることが望ましい。そうすることによって、プライバシーを保護するとともに、労働者が事業者に不信感を持ったり、トラブルが発生したり、またその結果として職場復帰が円滑に進まなくなること等を防止することにつながる。また、労働者の健康情報等を第三者へ提供する場合も原則として本人の同意が必要である。これらの同意は、包括的、黙示ではなく、個別に明示の同意を得ることが望ましい。

　このような場合に備えて、あらかじめ衛生委員会等の審議を踏まえて、労働者の同意の取り方やその基本的な項目や手続き等を定めておくとともに、労働者に周知しておくことが望ましい。

　なお、心の健康問題の症状によっては日常の細かな選択や決定に大きなストレスを伴うこと等もあり、同意の諾否の選択を求めるに当たっては一定の配慮が必要である。

⑵　情報の集約・整理

　労働者の健康情報等についてはそれを取り扱う者とその権限を明確にし、職場復帰支援に関わる者がそれぞれの責務を遂行する上で必要な範囲の情報に限定して取り扱うことを原則とすべきである。特に、メンタルヘルスに関する健康情報等のうち、心の健康問題を示す疾患名は誤解や偏見を招きやすいことから、特に慎重な取扱いが必要である。

　このことからも、労働者の健康情報が産業医等その他あらかじめ定められた特定の部署において一元的に管理され、業務上必要であると判断される限りで、事業場の中で、これらの情報を必要とする者に提供される体制が望ましい。この場合、当該部署は専門的な立場からこれらの情報を集約・整理・解釈するなど適切に加工し、労働者のプライバシーが守られた状態で関係者間の情報交換が可能になるよう、調整役として機能する必要がある。

(3) 情報の漏洩等の防止

　健康情報等については、労働者等の安全や健康への配慮等、相当な目的がある場合に活用されるべきである。この点については、個々のケースに照らし、その利用の必要性と情報漏洩等の防止の要請を比較して、適切な判断がなされる必要がある。とくに産業医に対して、非専属である場合を含め、情報提供が行われないために、必要な職務が行われなくなるようなことがないよう留意する必要がある。

　ただし、事業者は、労働者の健康情報等の漏洩等の防止措置を厳重に講ずる必要がある。また、健康情報等を取り扱う者に対して、その責務と必要性を認識させ、具体的な健康情報等の保護措置に習熟させるため、必要な教育及び研修を行う必要がある。さらに、事業場外資源である外部機関を活用する場合には、当該機関に対して、労働者のプライバシーの保護が図られるよう、必要かつ適切な方策を講じる必要がある。

(4) 情報の取り扱いルールの策定

　事業者は、職場復帰支援プログラムに関する規程及び体制の整備を図るに当たって、健康情報等の取扱いに関して、衛生委員会等の審議を踏まえて一定のルールを策定するとともに、関連する文書の書式、取扱い、保管方法等について定めるとともに関係者に周知しておく必要がある。

(5) 個人情報の保護に関する法令・指針等の遵守

　個人情報の保護、個人情報の適正な取扱い、健康情報を取り扱うに当たっての留意事項等に関しては、個人情報の保護に関する法律や、「雇用管理に関する個人情報の適正な取扱いを確保するために事業者が講ずべき措置に関する指針」など同法に基づく告示等が制定されている。また、労働者の健康情報の保護に関して、「雇用管理に関する個人情報のうち健康情報を取り扱うに当たっての留意事項について」などが示されている。事業者はこれらの趣旨及び内容を十分に理解し、これらを遵守し、労働者の健康情報の適正な取扱いを図らなければならない。

6　その他職場復帰支援に関して検討・留意すべき事項
(1) 主治医との連携の仕方

　主治医との連携に当たっては、事前に当該労働者への説明と同意を得ておく必要がある。

　また、主治医に対し、事業場内産業保健スタッフ等や管理監督者それぞれの立場や役割、病気休業・試し出勤制度等・就業上の配慮などの職場復帰支援に関する事業場の規則、プライバシーに関する事項、事業場で本人に求められる業務の状況について十分な説明を行うことが必要である。また、事業者が把握している休業者・復職者の不安や悩み等について説明を行うことも望ましい。

　その際、労働者本人の職場復帰を支援する立場を基本として必要な情報交換が行われるように努める。ここで必要な情報とは、職場復帰支援に関して職場で配慮すべき内容を中心とし、それに関係する者の理解を得るために必要とされる病態や機能に関する最小限の情報である。具体的な疾患名は、必ずしもこれに含まれない。状況によっては、主治医及び本人を含めた3者面談を

行うことも考えられる。

　特に産業医等は専門的な立場からより詳細な情報を収集できる立場にあるが、主治医とスムーズなコミュニケーションが図れるよう精神医学や心身医学に関する基礎的な知識を習得していることが必要となる。

　また、「職場復帰支援に関する情報提供依頼書」（様式例1）等を用いて主治医に情報提供を依頼する場合や、直接主治医との連絡や面会を行う場合、その費用負担についても、事前に主治医との間で取り決めておく必要がある。

(2)　職場復帰可否の判断基準

　職場復帰可否について定型的な判断基準を示すことは困難であり、個々のケースに応じて総合的な判断を行わなければならない。労働者の業務遂行能力が職場復帰時には未だ病前のレベルまでは完全に改善していないことも考慮した上で、職場の受け入れ制度や態勢と組み合わせながら判断する。

　職場復帰判断基準の例として、労働者が職場復帰に対して十分な意欲を示し、通勤時間帯に一人で安全に通勤ができること、会社が設定している勤務日に勤務時間の就労が継続して可能であること、業務に必要な作業（読書、コンピュータ作業、軽度の運動等）をこなすことができること、作業等による疲労が翌日までに十分回復していること等の他、適切な睡眠覚醒リズムが整っていること、昼間の眠気がないこと、業務遂行に必要な注意力・集中力が回復していること等が挙げられよう。

　次項に掲げる試し出勤制度等が整備されている場合や、事業場外の職場復帰支援サービス等が利用可能な場合には、これらを利用することにより、より実際的な判断が可能となることが多い。

　ただし、疾病のり患を理由に休職した労働者の職場復帰の可否に関しては、さまざまな判例が出されている。このため、トラブルを防止するためにも、法律の専門家等と相談し、適切な対応を図ることが求められる。なお、これらの判例の中には、労働者と職種を限定した雇用契約を結んでいる場合と、職種を限定しない契約を結んでいる場合とで、異なった判断をしているものがある。

(3)　試し出勤制度等

　社内制度として、正式な職場復帰の決定の前に、以下の①から③までの例に示すような試し出勤制度等を設けている場合、より早い段階で職場復帰の試みを開始することができ、早期の復帰に結びつけることが期待できる。また、長期に休業している労働者にとっては、就業に関する不安の緩和に寄与するとともに、労働者自身が実際の職場において自分自身及び職場の状況を確認しながら復帰の準備を行うことができるため、より高い職場復帰率をもたらすことが期待される。

①　模擬出勤：職場復帰前に、通常の勤務時間と同様な時間帯において、短時間又は通常の勤務時間で、デイケア等で模擬的な軽作業やグループミーティング等を行ったり、図書館などで時間を過ごす。

②　通勤訓練：職場復帰前に、労働者の自宅から職場の近くまで通常の出勤経路で移動を行い、そのまま又は職場付近で一定時間を過ごした後に帰宅する。

③　試し出勤：職場復帰前に、職場復帰の判断等を目的として、本来の職場などに試験的に一定期間継続して出勤する。

ただし、この制度の導入に当たっては、この間の処遇や災害が発生した場合の対応、人事労務管理上の位置づけ等について、あらかじめ労使間で十分に検討しておくとともに、一定のルールを定めておく必要がある。なお、作業について使用者が指示を与えたり、作業内容が業務（職務）に当たる場合などには、労働基準法等が適用される場合がある（災害が発生した場合は労災保険給付が支給される場合がある）ことや賃金等について合理的な処遇を行うべきことに留意する必要がある。

また、この制度の運用に当たっては、産業医等も含めてその必要性を検討するとともに、主治医からも試し出勤等を行うことが本人の療養を進める上での支障とならないとの判断を受けることが必要である。

さらに、これらの制度が事業場の側の都合でなく労働者の職場復帰をスムーズに行うことを目的として運用されるよう留意すべきである。

特に、③の試し出勤については、具体的な職場復帰決定の手続きの前に、その判断等を目的として行うものであることを踏まえ、その目的を達成するために必要な時間帯・態様、時期・期間等に限るべきであり、いたずらに長期にわたることは避けること。

(4)　職場復帰後における就業上の配慮等

ア　「まずは元の職場への復帰」の原則

職場復帰に関しては元の職場（休職が始まったときの職場）へ復帰させることが多い。これは、たとえより好ましい職場への配置転換や異動であったとしても、新しい環境への適応にはやはりある程度の時間と心理的負担を要するためであり、そこで生じた負担が疾患の再燃・再発に結びつく可能性が指摘されているからである。これらのことから、職場復帰に関しては「まずは元の職場への復帰」を原則とし、今後配置転換や異動が必要と思われる事例においても、まずは元の慣れた職場で、ある程度のペースがつかめるまで業務負担を軽減しながら経過を観察し、その上で配置転換や異動を考慮した方がよい場合が多いと考えられる。

ただし、これはあくまでも原則であり、異動等を誘因として発症したケースにおいては、現在の新しい職場にうまく適応できなかった結果である可能性が高いため、適応できていた以前の職場に戻すか、又は他の適応可能と思われる職場への異動を積極的に考慮した方がよい場合がある。

その他、職場要因と個人要因の不適合が生じている可能性がある場合、運転業務・高所作業等従事する業務に一定の危険を有する場合、元の職場環境等や同僚が大きく変わっている場合などにおいても、本人や職場、主治医等からも十分に情報を集め、総合的に判断しながら配置転換や異動の必要性を検討する必要がある。

イ　職場復帰後における就業上の配慮

数か月にわたって休業していた労働者に、いきなり発病前と同じ質、量の仕事を期待することには無理がある。また、うつ病などでは、回復過程においても状態に波があることも事実で

ある。

このため、休業期間を短縮したり、円滑な職場復帰のためにも、職場復帰後の労働負荷を軽減し、段階的に元へ戻す等の配慮は重要な対策となる。これらの制度の採用に当たっては、あらかじめ衛生委員会等で審議する等により、ルールを定めておくことが望ましい。

なお、短時間勤務を採用する場合には、適切な生活リズムが整っていることが望ましいという観点からは、始業時間を遅らせるのではなく終業時間を早める方が望ましい。また、同僚に比べて過度に業務を軽減されることは逆にストレスを高めること等もあるので、負荷業務量等についての調整が必要である。ケースによっては、職場復帰の当初から、フレックスタイム制度など特段の措置はとらず、本来の勤務時間で就労するようにさせたりする方が、良い結果をもたらすこともある。

このように、就業上の配慮の個々のケースへの適用に当たっては、どのような順序でどの項目を適用するかについて、主治医に相談するなどにより、慎重に検討するようにすることが望ましい。具体的な就業上の配慮の例として以下のようなものが考えられる。

- ・短時間勤務
- ・軽作業や定型業務への従事
- ・残業・深夜業務の禁止
- ・出張制限（顧客との交渉・トラブル処理などの出張、宿泊をともなう出張などの制限）
- ・交替勤務制限
- ・業務制限（危険作業、運転業務、高所作業、窓口業務、苦情処理業務等の禁止又は免除）
- ・フレックスタイム制度の制限又は適用（ケースにより使い分ける。）
- ・転勤についての配慮

(5) 職場復帰に関する判定委員会（いわゆる復職判定委員会等）の設置

職場復帰に関する判定委員会（いわゆる復職判定委員会等）が設置されている場合、職場復帰支援の手続きを組織的に行える等の利点があるが、委員会決議についての責任の所在の明確化、迅速な委員会開催のための工夫、身体疾患における判定手続きと異なることについての問題点等について十分に検討しておく必要がある。

(6) 職場復帰する労働者への心理的支援

疾病による休業は、多くの労働者にとって働くことについての自信を失わせる出来事である。必要以上に自信を失った状態での職場復帰は、当該労働者の健康及び就業能力の回復に好ましくない影響を与える可能性が高いため、休業開始から復職後に至るまで、適宜、周囲からの適切な心理的支援が大切となる。特に管理監督者は、労働者の焦りや不安に対して耳を傾け、健康の回復を優先するよう努め、何らかの問題が生じた場合には早めに相談するよう労働者に伝え、事業場内産業保健スタッフ等と相談しながら適切な支援を行っていく必要がある。

管理監督者や労働者に対して、教育研修・情報提供を通じ、職場復帰支援への理解を高め、職場復帰を支援する体制をつくることが重要である。

⑺　事業場外資源の活用等

　職場復帰支援における専門的な助言や指導を必要とする場合には、それぞれの役割に応じた事業場外資源を活用することが望ましい。専門的な人材の確保が困難な場合等には、地域産業保健センター、都道府県産業保健推進センター（編注：現　都道府県産業保健総合支援センター）、中央労働災害防止協会、労災病院勤労者メンタルヘルスセンター、精神保健福祉センター、保健所等の事業場外資源の支援を受ける等、その活用を図ることが有効である。

　また、公的な事業場外資源による職場復帰支援サービスの例として、地域障害者職業センターが行う「職場復帰支援（リワーク支援）事業」があり、職場復帰後の事業場等への公的な支援の例として、リワーク支援終了後のフォローアップや「職場適応援助者（ジョブコーチ）による支援事業」（障害者が職場に適応できるよう、障害者職業カウンセラーが策定した支援計画に基づきジョブコーチが職場に出向いて直接支援を行う事業）などがある。

　その他、民間の医療機関やいわゆる EAP（Employee Assistance Program）等が、有料で復職支援プログラム、リワークプログラム、デイケア等の名称で復職への支援を行うケースがある。ただし、これらの機関が提供するサービスの内容や目標は多様であり、それらが事業場で必要としている要件を十分に満たしているかについて、あらかじめ検討を行うことが望ましい。

　また、状況によっては、事業者側から本人に、主治医の治療に関して他の医師の意見を聴くこと（セカンド・オピニオン）を勧めることも考えられる。この場合は、セカンド・オピニオンは本人への治療方針の問題であることから、最終的には本人の意思に委ねるとともに、慎重に行うことが望ましい。

　特に50人未満の小規模事業場では、事業場内に十分な人材が確保できない場合が多いことから、必要に応じ、地域産業保健センター、労災病院勤労者メンタルヘルスセンター等の事業場外資源を活用することが有効であり、衛生推進者又は安全衛生推進者は、事業場内の窓口としての役割を果たすよう努めることが必要となる。

付記

1　用語の定義

　本手引きにおいて、以下に掲げる用語の定義は、それぞれ以下に定めるところによる。

⑴　産業医等

　産業医その他労働者の健康管理等を行うのに必要な知識を有する医師をいう。

⑵　衛生管理者等

　衛生管理者、衛生推進者及び安全衛生推進者をいう。

⑶　事業場内産業保健スタッフ

　産業医等、衛生管理者等及び事業場内の保健師等をいう。

⑷　心の健康づくり専門スタッフ

　精神科・心療内科等の医師、心理職等をいう。

⑸　事業場内産業保健スタッフ等

　事業場内産業保健スタッフ及び事業場内の心の健康づくり専門スタッフ、人事労務管理ス

タッフ等をいう。

⑹　管理監督者

　上司その他労働者を指揮命令する者をいう。

⑺　職場復帰支援プログラム

　個々の事業場における職場復帰支援の手順、内容及び関係者の役割等について、事業場の実態に即した形であらかじめ当該事業場において定めたもの。

⑻　職場復帰支援プラン

　職場復帰をする労働者について、労働者ごとに具体的な職場復帰日、管理監督者の就業上の配慮及び人事労務管理上の対応等の支援の内容を、当該労働者の状況を踏まえて定めたもの。

2　様式例について

　後掲の様式例は、本手引きに基づいて職場復帰支援を行うために、各ステップで必要となる文書のうち要となる文書について、その基本的な項目や内容を例として示したものである。この様式例の活用に当たっては、各事業場が衛生委員会等の審議を踏まえて職場復帰支援プログラムを策定し、必要な諸規程を整備し、職場復帰支援プログラムを運用する過程において、これらの様式例を参考に、より事業場の実態に即したものを整備することが望ましい。

3　その他

　本手引きの第3ステップ以降は、心の健康問題による休業者で、医学的に業務に復帰するのに問題がない程度に回復した労働者を対象としたものである。この適用が困難な場合には、主治医との連携の上で、地域障害者職業センター等の外部の専門機関が行う職業リハビリテーションサービス等の支援制度の活用について検討することが考えられる。なお、職業リハビリテーションや、地域保健における医療リハビリテーション（デイケアなど）を利用する場合には、それらが何を目的としているかを見極めた上で、それらが事業場の目的に適していることを確認することが重要である。

様式例1（本文3の（3）のアの（イ）関係）

年　　月　　日

職場復帰支援に関する情報提供依頼書

　　　　病院
　　　　クリニック　　　先生　御机下

〒
○○株式会社　　○○事業場
産業医　　　　　　　　印
電話　○－○－○

　下記1の弊社従業員の職場復帰支援に際し、下記2の情報提供依頼事項について任意書式の文書により情報提供及びご意見をいただければと存じます。

　なお、いただいた情報は、本人の職場復帰を支援する目的のみに使用され、プライバシーには十分配慮しながら産業医が責任を持って管理いたします。

　今後とも弊社の健康管理活動へのご協力をよろしくお願い申し上げます。

記

1　従業員
　　　氏　　名　○　○　○　○　　（男・女）
　　　生年月日　　年　　月　　日

2　情報提供依頼事項
（1）発症から初診までの経過
（2）治療経過
（3）現在の状態（業務に影響を与える症状及び薬の副作用の可能性なども含めて）
（4）就業上の配慮に関するご意見（疾患の再燃・再発防止のために必要な注意事項など）
（5）
（6）
（7）

（本人記入）
私は本情報提供依頼書に関する説明を受け、情報提供文書の作成並びに産業医への提出について同意します。

　　　　　年　　月　　日　　　　　氏名　　　　　　　　　　印

様式例2（本文3の（3）関係）

職場復帰支援に関する面談記録票

記録作成日　　　年　　月　　日　　　記載者（　　　　　　　）

事業場		所属		従業員番号	氏　名	男・女	年齢　　歳

面談日時　：　　　　年　　月　　日　　時
　　　出席者：管理監督者（　　　　）　　人事労務担当者（　　　　）　　産業医等（　　　　）
　　　　　　　　衛生管理者等（　　　　）　　保健師等（　　　　）　他（　　　　）

これまでの経過のまとめ	
主治医による意見	医療機関名：　　　　　　主治医：　　　　　　連絡先： 治療状況等 就業上の配慮についての意見
現状の評価問題点	・　本人の状況 ・　職場環境等 ・　その他
職場復帰支援プラン作成のための検討事項 （復職時及びそれ以降の予定も含めて）	・　職場復帰開始予定日：　　　　年　　月　　日 ・　管理監督者による就業上の配慮 ・　人事労務管理上の対応事項 ・　産業医意見 ・　フォローアップ ・　その他
職場復帰の可否	可・不可（理由：　　　　　　　　　　　　　　　　　　　　）
次回面談予定	年　　月　　日　　時　　　面談予定者：

様式例3（本文3の（4）関係）

年　　月　　日

人事労務責任者　殿

職場復帰に関する意見書

○○事業場

産業医　　　　　印

事業場		所属		従業員番号	氏　　名			
						男・女	年齢　　歳	

目　的			
			（新規・変更・解除）

復職に関する意見	復職の可否	可　　　　条件付き可　　　　不可
	意見	

就業上の配慮の内容（復職可又は条件付き可の場合）	・ 時間外勤務（禁止・制限　　H）　　・ 交替勤務（禁止・制限） ・ 休日勤務　　（禁止・制限）　　　・ 就業時間短縮（遅刻・早退　　H） ・ 出張　　　　（禁止・制限）　　　・ 作業転換 ・ 配置転換・異動 ・ その他： ・ 今後の見通し

面談実施日	年　　月　　日
上記の措置期間	年　　月　　日　〜　　　年　　月　　日

201

様式例4（本文3の（4）のエ関係）

年　　月　　日

<h1>職場復帰及び就業上の配慮に関する情報提供書</h1>

病院
クリニック　　　先生　御机下

〒
○○株式会社　　○○事業場
産業医　　　　　　　　　印
電話　○－○－○

　日頃より弊社の健康管理活動にご理解ご協力をいただき感謝申し上げます。
　弊社の下記従業員の今回の職場復帰においては、下記の内容の就業上の配慮を図りながら支援をしていきたいと考えております。
　今後ともご指導の程どうぞよろしくお願い申し上げます。

記

氏名	(生年月日　　年　月　日　年齢　　歳)	性別
		男・女
復職（予定）日		
就業上の配慮の内容	・時間外勤務（禁止・制限　H）　　・交替勤務（禁止・制限） ・休日勤務　　（禁止・制限）　　・就業時間短縮（遅刻・早退　H） ・出張　　　　（禁止・制限）　　・作業転換 ・配置転換・異動 ・その他： ・今後の見通し	
連絡事項		
上記の措置期間	年　月　日　～　　　年　月　日	

＜注：この情報提供書は労働者本人を通じて直接主治医へ提出すること＞

別添資料4

自殺対策基本法（概要）

（平成18年 6 月21日付け法律第85号）

（最終改正　平成28年 3 月30日付け法律第11号）

第 1 章　総則
1．目的
　この法律は、近年、我が国において自殺による死亡者数が高い水準で推移している状況にあり、誰も自殺に追い込まれることのない社会の実現を目指して、これに対処していくことが重要な課題となっていることに鑑み、自殺対策に関し、基本理念を定め、及び国、地方公共団体等の責務を明らかにするとともに、自殺対策の基本となる事項を定めること等により、自殺対策を総合的に推進して、自殺の防止を図り、あわせて自殺者の親族等の支援の充実を図り、もって国民が健康で生きがいを持って暮らすことのできる社会の実現に寄与することを目的とする。

2．基本理念
①　自殺対策は、生きることの包括的な支援として、全ての人がかけがえのない個人として尊重されるとともに、生きる力を基礎として生きがいや希望を持って暮らすことができるよう、その妨げとなる諸要因の解消に資するための支援とそれを支えかつ促進するための環境の整備充実が幅広くかつ適切に図られることを旨として、実施されなければならない。

②　自殺対策は、自殺が個人的な問題としてのみ捉えられるべきものではなく、その背景に様々な社会的な要因があることを踏まえ、社会的な取組として実施されなければならない。

③　自殺対策は、自殺が多様かつ複合的な原因及び背景を有するものであることを踏まえ、単に精神保健的観点からのみならず、自殺の実態に即して実施されるようにしなければならない。

④　自殺対策は、自殺の事前予防、自殺発生の危機への対応及び自殺が発生した後又は自殺が未遂に終わった後の事後対応の各段階に応じた効果的な施策として実施されなければならない。

⑤　自殺対策は、保健、医療、福祉、教育、労働その他の関連施策との有機的な連携が図られ、総合的に実施されなければならない。

3．責務
①　国の責務
　基本理念にのっとり、自殺対策を総合的に策定し、及び実施する責務を有する。

② 地方公共団体の責務

基本理念にのっとり、自殺対策について、国と協力しつつ、当該地域の状況に応じた施策を策定し、及び実施する責務を有する。

③ 事業主の責務

国及び地方公共団体が実施する自殺対策に協力するとともに、その雇用する労働者の心の健康の保持を図るため必要な措置を講ずるよう努めるものとする。

④ 国民の責務

国民は、生きることの包括的な支援としての自殺対策に関する理解と関心を深めるよう努めるものとする。

4．施策の大綱

政府は、政府が推進すべき自殺対策の指針として、基本的かつ総合的な自殺対策の大綱を定めなければならない。

第2章　略

第3章　基本的施策

1．調査研究等の推進及び体制の整備

国及び地方公共団体は、自殺対策の総合的かつ効果的な実施に資するため、自殺の実態、自殺の防止、自殺者の親族等の支援の在り方、地域の状況に応じた自殺対策の在り方、自殺対策の実施の状況等又は心の健康の保持増進についての調査研究及び検証並びにその成果の活用を推進するとともに、自殺対策について、先進的な取組に関する情報その他の情報の収集、整理及び提供を行うものとする。

国及び地方公共団体は、前項の施策の効率的かつ円滑な実施に資するための体制の整備を行うものとする。

2．人材の確保等

国及び地方公共団体は、大学、専修学校、関係団体等との連携協力を図りながら、自殺対策に係る人材の確保、養成及び資質の向上に必要な施策を講ずるものとする。

3．心の健康の保持に係る教育及び啓発の推進等

国及び地方公共団体は、職域、学校、地域等における国民の心の健康の保持に係る教育及び啓発の推進並びに相談体制の整備、事業主、学校の教職員等に対する国民の心の健康の保持に関する研修の機会の確保等必要な施策を講ずるものとする。

4．医療提供体制の整備

国及び地方公共団体は、心の健康の保持に支障を生じていることにより自殺のおそれがある者に対し必要な医療が早期かつ適切に提供されるよう、精神疾患を有する者が精神保健に関して精神科医の診療を受けやすい環境の整備、良質かつ適切な精神医療が提供される体制の整備、身体の傷害又は疾病についての診療の初期の段階における当該診療を行う医師と精神科医との

適切な連携の確保、救急医療を行う医師と精神科医との適切な連携の確保、精神科医とその地域において自殺対策に係る活動を行うその他の心理、保健福祉等に関する専門家、民間の団体等の関係者との円滑な連携の確保等必要な施策を講ずるものとする。

5．自殺発生回避のための体制の整備等

国及び地方公共団体は、自殺をする危険性が高い者を早期に発見し、相談その他の自殺の発生を回避するための適切な対処を行う体制の整備及び充実に必要な施策を講ずるものとする。

6．自殺未遂者等の支援

国及び地方公共団体は、自殺未遂者が再び自殺を図ることのないよう、自殺未遂者等への適切な支援を行うために必要な施策を講ずるものとする。

7．自殺者の親族等の支援

国及び地方公共団体は、自殺又は自殺未遂が自殺者又は自殺未遂者の親族等に及ぼす深刻な心理的影響が緩和されるよう、当該親族等への適切な支援を行うために必要な施策を講ずるものとする。

8．民間団体の活動の支援

国及び地方公共団体は、民間の団体が行う自殺の防止、自殺者の親族等の支援等に関する活動を支援するため、助言、財政上の措置その他の必要な施策を講ずるものとする。

第4章　自殺総合対策会議等

厚生労働省に、特別の機関として、自殺総合対策会議を置く。会議は、次に掲げる事務をつかさどる。

① 自殺総合対策大綱の案を作成すること。

② 自殺対策について必要な関係行政機関相互の調整をすること。

③ その他、自殺対策に関する重要事項について審議し、及び自殺対策の実施を推進すること。

別添資料 5

自殺総合対策大綱（概要）

　自殺総合対策大綱は、自殺対策基本法第 8 条（現12条）に基づいて平成19年 6 月 8 日に閣議決定されて定められました（最終改正：平成29年 7 月）。その概要は、次のとおりです。

第 1　自殺総合対策の基本理念
　自殺対策の本質が生きることの支援にあることを改めて確認し、「いのち支える自殺対策」という理念を前面に打ち出して、「誰も自殺に追い込まれることのない社会の実現」を目指す。

第 2　自殺の現状と自殺総合対策における基本認識
＜自殺は、その多くが追い込まれた末の死である＞
＜年間自殺者数は減少傾向にあるが、非常事態はいまだ続いている＞
＜地域レベルの実践的な取組を PDCA サイクルを通じて推進する＞

第 3　自殺総合対策の基本方針
1．生きることの包括的な支援として推進する
2．関連施策との有機的な連携を強化して総合的に取り組む
3．対応の段階に応じてレベルごとの対策を効果的に連動させる
4．実践と啓発を両輪として推進する
5．国、地方公共団体、関係団体、民間団体、企業及び国民の役割を明確化し、その連携・協働を推進する

第 4　自殺総合対策における当面の重点施策
1．地域レベルの実践的な取組への支援を強化する
2．国民一人ひとりの気づきと見守りを促す
3．自殺総合対策の推進に資する調査研究等を推進する
4．自殺対策に係る人材の確保、養成及び資質の向上を図る
5．心の健康を支援する環境の整備と心の健康づくりを推進する
6．適切な精神保健医療福祉サービスを受けられるようにする
7．社会全体の自殺リスクを低下させる
8．自殺未遂者の再度の自殺企図を防ぐ
9．遺された人への支援を充実する
10．民間団体との連携を強化する
11．子ども・若者の自殺対策を更に推進する
12．勤務問題による自殺対策を更に推進する

第 5　自殺対策の数値目標
　平成38年までに、自殺死亡率を平成27年と比べて30％以上減少させることを目標とする。

第 6　推進体制等（略）

別添資料6

心理的負荷による精神障害の認定基準

（平成23年12月26日付け基発1226第1号　別添）

（最終改正　令和2年5月29日付け基発0529第1号）

第1　対象疾病

　本認定基準で対象とする疾病（以下「対象疾病」という。）は、国際疾病分類第10回修正版（以下「ICD－10」という。）第Ⅴ章「精神および行動の障害」に分類される精神障害であって、器質性のもの及び有害物質に起因するものを除く。

　対象疾病のうち業務に関連して発病する可能性のある精神障害は、主としてICD－10のF2からF4に分類される精神障害である。

　なお、器質性の精神障害及び有害物質に起因する精神障害（ICD－10のF0及びF1に分類されるもの）については、頭部外傷、脳血管障害、中枢神経変性疾患等の器質性脳疾患に付随する疾病や化学物質による疾病等として認められるか否かを個別に判断する。

　また、いわゆる心身症は、本認定基準における精神障害には含まれない。

第2　認定要件

　次の1、2及び3のいずれの要件も満たす対象疾病は、労働基準法施行規則別表第1の2第9号に該当する業務上の疾病として取り扱う。

　1　対象疾病を発病していること。

　2　対象疾病の発病前おおむね6か月の間に、業務による強い心理的負荷が認められること。

　3　業務以外の心理的負荷及び個体側要因により対象疾病を発病したとは認められないこと。

　また、要件を満たす対象疾病に併発した疾病については、対象疾病に付随する疾病として認められるか否かを個別に判断し、これが認められる場合には当該対象疾病と一体のものとして、労働基準法施行規則別表第1の2第9号に該当する業務上の疾病として取り扱う。

第3　認定要件に関する基本的な考え方

　対象疾病の発病に至る原因の考え方は、環境由来の心理的負荷（ストレス）と、個体側の反応性、脆弱性との関係で精神的破綻が生じるかどうかが決まり、心理的負荷が非常に強ければ、個体側の脆弱性が小さくても精神的破綻が起こるし、逆に脆弱性が大きければ、心理的負荷が小さくても破綻が生ずるとする「ストレス－脆弱性理論」に依拠している。

　このため、心理的負荷による精神障害の業務起因性を判断する要件としては、対象疾病の発病の有無、発病の時期及び疾患名について明確な医学的判断があることに加え、当該対象疾病の発病の前おおむね6か月の間に業務による強い心理的負荷が認められることを掲げている。

　この場合の強い心理的負荷とは、精神障害を発病した労働者がその出来事及び出来事後の状況

が持続する程度を主観的にどう受け止めたかではなく、同種の労働者が一般的にどう受け止めるかという観点から評価されるものであり、「同種の労働者」とは職種、職場における立場や職責、年齢、経験等が類似する者をいう。

さらに、これらの要件が認められた場合であっても、明らかに業務以外の心理的負荷や個体側要因によって発病したと認められる場合には、業務起因性が否定されるため、認定要件を上記第2のとおり定めた。

第4　認定要件の具体的判断

1　発病の有無等の判断

対象疾病の発病の有無、発病時期及び疾患名は、「ICD－10　精神および行動の障害　臨床記述と診断ガイドライン」（以下「診断ガイドライン」という。）に基づき、主治医の意見書や診療録等の関係資料、請求人や関係者からの聴取内容、その他の情報から得られた認定事実により、医学的に判断される。特に発病時期については特定が難しい場合があるが、そのような場合にもできる限り時期の範囲を絞り込んだ医学意見を求め判断する。

なお、強い心理的負荷と認められる出来事の前と後の両方に発病の兆候と理解し得る言動があるものの、どの段階で診断基準を満たしたのかの特定が困難な場合には、出来事の後に発病したものと取り扱う。

精神障害の治療歴のない事案については、主治医意見や診療録等が得られず発病の有無の判断も困難となるが、この場合にはうつ病エピソードのように症状に周囲が気づきにくい精神障害もあることに留意しつつ関係者からの聴取内容等を医学的に慎重に検討し、診断ガイドラインに示されている診断基準を満たす事実が認められる場合又は種々の状況から診断基準を満たすと医学的に推定される場合には、当該疾患名の精神障害が発病したものとして取り扱う。

2　業務による心理的負荷の強度の判断

上記第2の認定要件のうち、2の「対象疾病の発病前おおむね6か月の間に、業務による強い心理的負荷が認められること」とは、対象疾病の発病前おおむね6か月の間に業務による出来事があり、当該出来事及びその後の状況による心理的負荷が、客観的に対象疾病を発病させるおそれのある強い心理的負荷であると認められることをいう。

このため、業務による心理的負荷の強度の判断に当たっては、精神障害発病前おおむね6か月の間に、対象疾病の発病に関与したと考えられる業務によるどのような出来事があり、また、その後の状況がどのようなものであったのかを具体的に把握し、それらによる心理的負荷の強度はどの程度であるかについて、別表1「業務による心理的負荷評価表」（以下「別表1」という。）を指標として「強」、「中」、「弱」の三段階に区分する。

なお、別表1においては、業務による強い心理的負荷が認められるものを心理的負荷の総合評価が「強」と表記し、業務による強い心理的負荷が認められないものを「中」又は「弱」と表記している。「弱」は日常的に経験するものであって一般的に弱い心理的負荷しか認められないもの、「中」は経験の頻度は様々であって「弱」よりは心理的負荷があるものの強い心理的

負荷とは認められないものをいう。

　具体的には次のとおり判断し、総合評価が「強」と判断される場合には、上記第2の2の認定要件を満たすものとする。

(1)　「特別な出来事」に該当する出来事がある場合

　　発病前おおむね6か月の間に、別表1の「特別な出来事」に該当する業務による出来事が認められた場合には、心理的負荷の総合評価を「強」と判断する。

(2)　「特別な出来事」に該当する出来事がない場合

　　「特別な出来事」に該当する出来事がない場合は、以下の手順により心理的負荷の総合評価を行い、「強」、「中」又は「弱」に評価する。

　ア　「具体的出来事」への当てはめ

　　　発病前おおむね6か月の間に認められた業務による出来事が、別表1の「具体的出来事」のどれに該当するかを判断する。ただし、実際の出来事が別表1の「具体的出来事」に合致しない場合には、どの「具体的出来事」に近いかを類推して評価する。

　　　なお、別表1では、「具体的出来事」ごとにその平均的な心理的負荷の強度を、強い方から「Ⅲ」、「Ⅱ」、「Ⅰ」として示している。

　イ　出来事ごとの心理的負荷の総合評価

　(ア)　該当する「具体的出来事」に示された具体例の内容に、認定した「出来事」や「出来事後の状況」についての事実関係が合致する場合には、その強度で評価する。

　(イ)　事実関係が具体例に合致しない場合には、「具体的出来事」ごとに示している「心理的負荷の総合評価の視点」及び「総合評価における共通事項」に基づき、具体例も参考としつつ個々の事案ごとに評価する。

　　　　なお、「心理的負荷の総合評価の視点」及び具体例は、次の考え方に基づいて示しており、この考え方は個々の事案の判断においても適用すべきものである。また、具体例はあくまでも例示であるので、具体例の「強」の欄で示したもの以外は「強」と判断しないというものではない。

　　　a　類型①「事故や災害の体験」は、出来事自体の心理的負荷の強弱を特に重視した評価としている。

　　　b　類型①以外の出来事については、「出来事」と「出来事後の状況」の両者を軽重の別なく評価しており、総合評価を「強」と判断するのは次のような場合である。

　　　(a)　出来事自体の心理的負荷が強く、その後に当該出来事に関する本人の対応を伴っている場合

　　　(b)　出来事自体の心理的負荷としては「中」程度であっても、その後に当該出来事に関する本人の特に困難な対応を伴っている場合

　　　c　上記bのほか、いじめやセクシュアルハラスメントのように出来事が繰り返されるものについては、繰り返される出来事を一体のものとして評価し、また、「その継

続する状況」は、心理的負荷が強まるものとしている。

(3) 出来事が複数ある場合の全体評価

　対象疾病の発病に関与する業務による出来事が複数ある場合の心理的負荷の程度は、次のように全体的に評価する。

　ア　上記(1)及び(2)によりそれぞれの出来事について総合評価を行い、いずれかの出来事が「強」の評価となる場合は、業務による心理的負荷を「強」と判断する。

　イ　いずれの出来事でも単独では「強」の評価とならない場合には、それらの複数の出来事について、関連して生じているのか、関連なく生じているのかを判断した上で、

　　①　出来事が関連して生じている場合には、その全体を一つの出来事として評価することとし、原則として最初の出来事を「具体的出来事」として別表１に当てはめ、関連して生じた各出来事は出来事後の状況とみなす方法により、その全体評価を行う。

　　　具体的には、「中」である出来事があり、それに関連する別の出来事（それ単独では「中」の評価）が生じた場合には、後発の出来事は先発の出来事の出来事後の状況とみなし、当該後発の出来事の内容、程度により「強」又は「中」として全体を評価する。

　　②　一つの出来事のほかに、それとは関連しない他の出来事が生じている場合には、主としてそれらの出来事の数、各出来事の内容（心理的負荷の強弱）、各出来事の時間的な近接の程度を元に、その全体的な心理的負荷を評価する。

　　　具体的には、単独の出来事の心理的負荷が「中」である出来事が複数生じている場合には、全体評価は「中」又は「強」となる。また、「中」の出来事が一つあるほかには「弱」の出来事しかない場合には原則として全体評価も「中」であり、「弱」の出来事が複数生じている場合には原則として全体評価も「弱」となる。

(4) 時間外労働時間数の評価

　別表１には、時間外労働時間数（週40時間を超える労働時間数をいう。以下同じ。）を指標とする基準を次のとおり示しているので、長時間労働が認められる場合にはこれにより判断する。

　なお、業務による強い心理的負荷は、長時間労働だけでなく、仕事の失敗、役割・地位の変化や対人関係等、様々な出来事及びその後の状況によっても生じることから、この時間外労働時間数の基準に至らない場合にも、時間数のみにとらわれることなく、上記(1)から(3)により心理的負荷の強度を適切に判断する。

　ア　極度の長時間労働による評価

　　極度の長時間労働は、心身の極度の疲弊、消耗を来し、うつ病等の原因となることから、発病日から起算した直前の１か月間におおむね160時間を超える時間外労働を行った場合等には、当該極度の長時間労働に従事したことのみで心理的負荷の総合評価を「強」とする。

イ　長時間労働の「出来事」としての評価

　長時間労働以外に特段の出来事が存在しない場合には、長時間労働それ自体を「出来事」とし、新たに設けた「1か月に80時間以上の時間外労働を行った（項目16）」という「具体的出来事」に当てはめて心理的負荷を評価する。

　項目16の平均的な心理的負荷の強度は「Ⅱ」であるが、発病日から起算した直前の2か月間に1月当たりおおむね120時間以上の時間外労働を行い、その業務内容が通常その程度の労働時間を要するものであった場合等には、心理的負荷の総合評価を「強」とする。項目16では、「仕事内容・仕事量の（大きな）変化を生じさせる出来事があった（項目15）」と異なり、労働時間数がそれ以前と比べて増加していることは必要な条件ではない。

　なお、他の出来事がある場合には、時間外労働の状況は下記ウによる総合評価において評価されることから、原則として項目16では評価しない。ただし、項目16で「強」と判断できる場合には、他に出来事が存在しても、この項目でも評価し、全体評価を「強」とする。

ウ　恒常的長時間労働が認められる場合の総合評価

　出来事に対処するために生じた長時間労働は、心身の疲労を増加させ、ストレス対応能力を低下させる要因となることや、長時間労働が続く中で発生した出来事の心理的負荷はより強くなることから、出来事自体の心理的負荷と恒常的な長時間労働（月100時間程度となる時間外労働）を関連させて総合評価を行う。

　具体的には、「中」程度と判断される出来事の後に恒常的な時間外労働が認められる場合等には、心理的負荷の総合評価を「強」とする。

　なお、出来事の前の恒常的な長時間労働の評価期間は、発病前おおむね6か月の間とする。

(5)　出来事の評価の留意事項

業務による心理的負荷の評価に当たっては、次の点に留意する。

①　業務上の傷病により6か月を超えて療養中の者が、その傷病によって生じた強い苦痛や社会復帰が困難な状況を原因として対象疾病を発病したと判断される場合には、当該苦痛等の原因となった傷病が生じた時期は発病の6か月よりも前であったとしても、発病前おおむね6か月の間に生じた苦痛等が、ときに強い心理的負荷となることにかんがみ、特に当該苦痛等を出来事（「（重度）の病気やケガをした（項目1）」）とみなすこと。

②　いじめやセクシュアルハラスメントのように、出来事が繰り返されるものについては、発病の6か月よりも前にそれが開始されている場合でも、発病前6か月以内の期間にも継続しているときは、開始時からのすべての行為を評価の対象とすること。

③　生死にかかわる業務上のケガをした、強姦に遭った等の特に強い心理的負荷となる出来事を体験した者は、その直後に無感覚等の心的まひや解離等の心理的反応が生じる場合があり、このため、医療機関への受診時期が当該出来事から6か月よりも後になることもある。その場合には、当該解離性の反応が生じた時期が発病時期となるため、当該

発病時期の前おおむね6か月の間の出来事を評価すること。

④　本人が主張する出来事の発生時期は発病の6か月より前である場合であっても、発病前おおむね6か月の間における出来事の有無等についても調査し、例えば当該期間における業務内容の変化や新たな業務指示等が認められるときは、これを出来事として発病前おおむね6か月の間の心理的負荷を評価すること。

3　業務以外の心理的負荷及び個体側要因の判断

上記第2の認定要件のうち、3の「業務以外の心理的負荷及び個体側要因により対象疾病を発病したとは認められないこと」とは、次の①又は②の場合をいう。

①　業務以外の心理的負荷及び個体側要因が認められない場合

②　業務以外の心理的負荷又は個体側要因は認められるものの、業務以外の心理的負荷又は個体側要因によって発病したことが医学的に明らかであると判断できない場合

(1)　業務以外の心理的負荷の判断

ア　業務以外の心理的負荷の強度については、対象疾病の発病前おおむね6か月の間に、対象疾病の発病に関与したと考えられる業務以外の出来事の有無を確認し、出来事が一つ以上確認できた場合は、それらの出来事の心理的負荷の強度について、別表2「業務以外の心理的負荷評価表」を指標として、心理的負荷の強度を「Ⅲ」、「Ⅱ」又は「Ⅰ」に区分する。

イ　出来事が確認できなかった場合には、上記①に該当するものと取り扱う。

ウ　強度が「Ⅱ」又は「Ⅰ」の出来事しか認められない場合は、原則として上記②に該当するものと取り扱う。

エ　「Ⅲ」に該当する業務以外の出来事のうち心理的負荷が特に強いものがある場合や、「Ⅲ」に該当する業務以外の出来事が複数ある場合等については、それらの内容等を詳細に調査の上、それが発病の原因であると判断することの医学的な妥当性を慎重に検討して、上記②に該当するか否かを判断する。

(2)　個体側要因の評価

本人の個体側要因については、その有無とその内容について確認し、個体側要因の存在が確認できた場合には、それが発病の原因であると判断することの医学的な妥当性を慎重に検討して、上記②に該当するか否かを判断する。業務による強い心理的負荷が認められる事案であって個体側要因によって発病したことが医学的に見て明らかな場合としては、例えば、就業年齢前の若年期から精神障害の発病と寛解を繰り返しており、請求に係る精神障害がその一連の病態である場合や、重度のアルコール依存状況がある場合等がある。

第5　精神障害の悪化の業務起因性

　業務以外の原因や業務による弱い（「強」と評価できない）心理的負荷により発病して治療が必要な状態にある精神障害が悪化した場合、悪化の前に強い心理的負荷となる業務による出来事が認められることをもって直ちにそれが当該悪化の原因であるとまで判断することはできず、原則としてその悪化について業務起因性は認められない。

　ただし、別表1の「特別な出来事」に該当する出来事があり、その後おおむね6か月以内に対象疾病が自然経過を超えて著しく悪化したと医学的に認められる場合については、その「特別な出来事」による心理的負荷が悪化の原因であると推認し、悪化した部分について、労働基準法施行規則別表1の2第9号に該当する業務上の疾病として取り扱う。

　上記の「治療が必要な状態」とは、実際に治療が行われているものに限らず、医学的にその状態にあると判断されるものを含む。

第6　専門家意見と認定要件の判断

　認定要件を満たすか否かを判断するに当たっては、医師の意見と認定した事実に基づき次のとおり行う。

　1　主治医意見による判断

　すべての事案（対象疾病の治療歴がない自殺に係る事案を除く。）について、主治医から、疾患名、発病時期、主治医の考える発病原因及びそれらの判断の根拠についての意見を求める。

　その結果、労働基準監督署長（以下「署長」という。）が認定した事実と主治医の診断の前提となっている事実が対象疾病の発病時期やその原因に関して矛盾なく合致し、その事実を別表1に当てはめた場合に「強」に該当することが明らかで、下記2又は3に該当しない場合には、認定要件を満たすものと判断する。

　2　専門医意見による判断

　次の事案については、主治医の意見に加え、地方労災医員等の専門医に対して意見を求め、その意見に基づき認定要件を満たすか否かを判断する。

① 　主治医が発病時期やその原因を特定できない又はその根拠等があいまいな事案等、主治医の医学的判断の補足が必要な事案

② 　疾患名が、ICD－10のF3（気分（感情）障害）及びF4（神経症性障害、ストレス関連障害および身体表現性障害）以外に該当する事案

③ 　署長が認定した事実関係を別表1に当てはめた場合に、「強」に該当しない（「中」又は「弱」である）ことが明らかな事案

④ 　署長が認定した事実関係を別表1に当てはめた場合に、明確に「強」に該当するが、業務以外の心理的負荷又は個体側要因が認められる事案（下記3③に該当する事案を除く。）

3　専門部会意見による判断

　次の事案については、主治医の意見に加え、地方労災医員協議会精神障害等専門部会に協議して合議による意見を求め、その意見に基づき認定要件を満たすか否かを判断する。

① 自殺に係る事案

② 署長が認定した事実関係を別表1に当てはめた場合に、「強」に該当するかどうかも含め判断しがたい事案

③ 署長が認定した事実関係を別表1に当てはめた場合に、明確に「強」に該当するが、顕著な業務以外の心理的負荷又は個体側要因が認められる事案

④ その他、専門医又は署長が、発病の有無、疾患名、発病時期、心理的負荷の強度の判断について高度な医学的検討が必要と判断した事案

4　法律専門家の助言

　関係者が相反する主張をする場合の事実認定の方法や関係する法律の内容等について、法律専門家の助言が必要な場合には、医学専門家の意見とは別に、法務専門員等の法律専門家の意見を求める。

第7　療養及び治ゆ

　心理的負荷による精神障害は、その原因を取り除き、適切な療養を行えば全治し、再度の就労が可能となる場合が多いが、就労が可能な状態でなくとも治ゆ（症状固定）の状態にある場合もある。

　例えば、医学的なリハビリテーション療法が実施された場合には、それが行われている間は療養期間となるが、それが終了した時点が通常は治ゆ（症状固定）となる。また、通常の就労が可能な状態で、精神障害の症状が現れなくなった又は安定した状態を示す「寛解」との診断がなされている場合には、投薬等を継続している場合であっても、通常は治ゆ（症状固定）の状態にあると考えられる。

　療養期間の目安を一概に示すことは困難であるが、例えば薬物が奏功するうつ病について、9割近くが治療開始から6か月以内にリハビリ勤務を含めた職場復帰が可能となり、また、8割近くが治療開始から1年以内、9割以上が治療開始から2年以内に治ゆ（症状固定）となるとする報告がある。

　なお、対象疾病がいったん治ゆ（症状固定）した後において再びその治療が必要な状態が生じた場合は、新たな発病と取り扱い、改めて上記第2の認定要件に基づき業務上外を判断する。

　治ゆ後、症状の動揺防止のため長期間にわたり投薬等が必要とされる場合にはアフターケア（平成19年4月23日付け基発第0423002号）を、一定の障害を残した場合には障害補償給付（労働者災害補償保険法第15条）を、それぞれ適切に実施する。

第8　その他

1　自殺について

　業務により ICD −10のＦ０からＦ４に分類される精神障害を発病したと認められる者が自殺を図った場合には、精神障害によって正常の認識、行為選択能力が著しく阻害され、あるいは自殺行為を思いとどまる精神的抑制力が著しく阻害されている状態に陥ったものと推定し、業務起因性を認める。

　その他、精神障害による自殺の取扱いについては、従前の例（平成11年９月14日付け基発第545号）による。

2　セクシュアルハラスメント事案の留意事項

　セクシュアルハラスメントが原因で対象疾病を発病したとして労災請求がなされた事案の心理的負荷の評価に際しては、特に次の事項に留意する。

①　セクシュアルハラスメントを受けた者（以下「被害者」という。）は、勤務を継続したいとか、セクシュアルハラスメントを行った者（以下「行為者」という。）からのセクシュアルハラスメントの被害をできるだけ軽くしたいとの心理などから、やむを得ず行為者に迎合するようなメール等を送ることや、行為者の誘いを受け入れることがあるが、これらの事実がセクシュアルハラスメントを受けたことを単純に否定する理由にはならないこと。

②　被害者は、被害を受けてからすぐに相談行動をとらないことがあるが、この事実が心理的負荷が弱いと単純に判断する理由にはならないこと。

③　被害者は、医療機関でもセクシュアルハラスメントを受けたということをすぐに話せないこともあるが、初診時にセクシュアルハラスメントの事実を申し立てていないことが心理的負荷が弱いと単純に判断する理由にはならないこと。

④　行為者が上司であり被害者が部下である場合、行為者が正規職員であり被害者が非正規労働者である場合等、行為者が雇用関係上被害者に対して優越的な立場にある事実は心理的負荷を強める要素となり得ること。

3　本省協議

　ICD −10のＦ５からＦ９に分類される対象疾病に係る事案及び本認定基準により判断することが適当ではない事案については、本省に協議すること。

業務による心理的負荷評価表

特別な出来事

特別な出来事の類型	心理的負荷の総合評価を「強」とするもの
心理的負荷が極度のもの	・生死にかかわる、極度の苦痛を伴う、又は永久労働不能となる後遺障害を残す業務上の病気やケガをした（業務上の傷病により6か月を超えて療養中に症状が急変し極度の苦痛を伴った場合を含む）　　…項目1関連 ・業務に関連し、他人を死亡させ、又は生死にかかわる重大なケガを負わせた（故意によるものを除く）　　…項目3関連 ・強姦や、本人の意思を抑圧して行われたわいせつ行為などのセクシュアルハラスメントを受けた　　…項目37関連 ・その他、上記に準ずる程度の心理的負荷が極度と認められるもの
極度の長時間労働	・発病直前の1か月におおむね160時間を超えるような、又はこれに満たない期間にこれと同程度の（例えば3週間におおむね120時間以上の）時間外労働を行った（休憩時間は少ないが手待ち時間が多い場合等、労働密度が特に低い場合を除く）　　…項目16関連

※ 「特別な出来事」に該当しない場合には、それぞれの関連項目により評価する。

特別な出来事以外

（総合評価における共通事項）

1 出来事後の状況の評価に共通の視点
　出来事後の状況として、表に示す「心理的負荷の総合評価の視点」のほか、以下に該当する状況のうち、著しいものは総合評価を強める要素として考慮する。
　① 仕事の裁量性の欠如（他律性、強制性の存在）。具体的には、仕事が孤独で単調となった、自分で仕事の順番・やり方を決めることができなくなった、自分の技能や知識を仕事で使うことが要求されなくなった等。
　② 職場環境の悪化。具体的には、騒音、照明、温度（暑熱・寒冷）、湿度（多湿）、換気、臭気の悪化等。
　③ 職場の支援・協力等（問題への対処等を含む）の欠如。具体的には、仕事のやり方の見直し改善、応援体制の確立、責任の分散等、支援・協力がなされていない等。
　④ 上記以外の状況であって、出来事に伴って発生したと認められるもの（他の出来事と評価できるものを除く。）

2 恒常的長時間労働が認められる場合の総合評価
　① 具体的出来事の心理的負荷の強度が労働時間を加味せずに「中」程度と評価される場合であって、出来事の後に恒常的な長時間労働（月100時間程度となる時間外労働）が認められる場合には、総合評価は「強」とする。
　② 具体的出来事の心理的負荷の強度が労働時間を加味せずに「中」程度と評価される場合であって、出来事の前に恒常的な長時間労働（月100時間程度となる時間外労働）が認められ、出来事後おおむね10日以内に）発病に至っている場合、又は、出来事後すぐに発病には至っていないが事後対応に多大な労力を費しその後発病した場合、総合評価は「強」とする。
　③ 具体的出来事の心理的負荷の強度が、労働時間を加味せずに「弱」程度と評価される場合であって、出来事の前及び後にそれぞれ恒常的な長時間労働（月100時間程度となる時間外労働）が認められる場合には、総合評価は「強」とする。

（具体的出来事）

	出来事の類型	具体的出来事	平均的な心理的負荷の強度			心理的負荷の総合評価の視点	心理的負荷の強度を「弱」「中」「強」と判断する具体例		
			Ⅰ	Ⅱ	Ⅲ		弱	中	強
1	①事故や災害の体験	（重度の）病気やケガをした			☆	・病気やケガの程度 ・後遺障害の程度、社会復帰の困難性等	【解説】 右の程度に至らない病気やケガについて、その程度等から「弱」又は「中」と評価		○ 重度の病気やケガをした。 【「強」である例】 ・長期間（おおむね2か月以上）の入院を要する、又は労災の障害年金に該当する若しくは原職への復帰ができなくなる後遺障害を残すような業務上の病気やケガをした ・業務上の傷病により6か月を超えて療養中の者について、当該傷病により社会復帰が困難な状況にあった、死の恐怖や強い苦痛が生じた
2	②仕事の失敗、過重な責任の発生等	悲惨な事故や災害の体験、目撃をした		☆		・本人が体験した場合、予感させる被害の程度 ・他人の事故を目撃した場合被害の程度や被害者との関係等	【「弱」になる例】 ・業務に関連し、本人の負傷は軽症・無傷で、悲惨とまではいえない事故等の体験、目撃をした	○悲惨な事故や災害の体験、目撃をした 【「中」である例】 ・業務に関連し、本人の負傷は軽症・無傷で、右の程度に至らない悲惨な事故等の体験、目撃をした	【「強」になる例】 ・業務に関連し、本人の負傷は軽度・無傷であったが、自らの死を予感させる程度の事故等を体験した ・業務に関連し、被災者が死亡する事故、多量の出血を伴うような事故等特に悲惨な事故であって、本人が巻き込まれる可能性がある状況や、身近で被災者を救助することができたかもしれない状況を伴う事故を目撃した（傍観者的な立場での目撃は、「強」になることはまれ）
3		業務に関連し、重大な人身事故、重大事故を起こした			☆	・事故の大きさ、内容及び加害の程度 ・ペナルティ・責任追及の有無及び程度、事後対応の困難性等	【解説】 負わせたケガの程度、事後対応の内容等から「弱」又は「中」と評価		○業務に関連し、重大な人身事故、重大事故を起こした 【「強」である例】 ・業務に関連し、他人に重度の病気やケガ（長期間（おおむね2か月以上）の入院を要する、又は労災の障害年金に該当する若しくは原職への復帰ができなくなる後遺障害を残すような病気やケガ）を負わせ、事後対応にも当たった ・他人に負わせたケガの程度は重度ではないが、事後対応に多大な労力を費した（減給、降格等の重いペナルティを課された、職場の人間関係が著しく悪化した等を含む）

出来事の類型	具体的出来事	平均的な心理的負荷の強度 I	II	III	心理的負荷の総合評価の視点	心理的負荷の強度を「弱」「中」「強」と判断する具体例 弱	中	強
②仕事の失敗、過重な責任の発生等（続き）	4 会社の経営に影響するなどの重大な仕事上のミスをした			☆	・失敗の大きさ・重大性、社会的反響の大きさ、損害等の程度 ・ペナルティ・責任追及の有無及び程度、事後対応の困難性等	【解説】ミスの程度、事後対応の内容等から「弱」又は「中」と評価		○会社の経営に影響するなどの重大な仕事上のミスをし、事後対応にも当たった 【「強」である例】 ・会社の経営に影響するなどの重大な仕事上のミス（倒産を招きかねないミス、大幅な業績悪化に繋がるミス、会社の信用を著しく傷つけるミス等）をし、事後対応にも当たった ・「会社の経営に影響するなどの重大な仕事上のミス」とまでは言えないが、その事後対応に多大な労力を費した（懲戒処分、降格、月給額を超える賠償責任の追及等重いペナルティを課された、職場の人間関係が著しく悪化した等を含む）
	5 会社で起きた事故、事件について、責任を問われた		☆		・事故、事件の内容、関与・責任の程度、社会的反響の大きさ等 ・ペナルティの有無及び程度、責任追及の程度、事後対応の困難性等 （注）この項目は、部下が起こした事故等、本人が直接引き起こしたものではない事故、事件について、監督責任等を問われた場合の心理的負荷を評価する。本人が直接引き起こした事故等については、項目4で評価する。	【「弱」になる例】 ・軽微な事故、事件（損害等の生じない事態、その後の業務で容易に損害を回復できる事態、社内でたびたび生じる事態）の責任（監督責任等）を一応問われたが、特段の事後対応はなかった	○会社で起きた事故、事件について、責任を問われた 【「中」である例】 ・立場や職責に応じて事故、事件の責任（監督責任等）を問われ、何らかの事後対応を行った	【「強」になる例】 ・重大な事故、事件（倒産を招きかねない事態や大幅な業績悪化に繋がる事態、会社の信用を著しく傷つける事態、他人を死亡させ、又は生死に関わるケガを負わせる事態等）の責任（監督責任等）を問われ、事後対応に多大な労力を費した ・重大とまではいえないが、事件ではあるが、その責任（監督責任等）を問われ、立場や職責を大きく上回る事後対応を行った（減給、降格等の重いペナルティが課された等を含む）
	6 自分の関係する仕事で多額の損失等が生じた		☆		・損失等の程度、社会的反響の大きさ等 ・事後対応の困難性等 （注）この項目は、取引先の倒産など、多額の損失等が生じた原因に本人が関与していないもの、それに伴う対応等による心理的負荷を評価する。本人のミスによる多額の損失等については、項目4で評価する。	【「弱」になる例】 ・多額とはいえない損失（その後の業務で容易に回復できる損失、社内でたびたび生じる損失等）等が生じ、何らかの事後対応を行った	○自分の関係する仕事で多額の損失等が生じた 【「中」である例】 ・多額の損失等が生じ、何らかの事後対応を行った	【「強」になる例】 ・会社の経営に影響するなどの特に多額の損失（倒産を招きかねない損失、大幅な業績悪化に繋がる損失等）が生じ、倒産を回避するための金融機関や取引先への対応等の事後対応に多大な労力を費した
	7 業務に関連し、違法行為を強要された		☆		・違法性の程度、強要の程度（頻度、方法）等 ・事後のペナルティの程度、事後対応の困難性等	【「弱」になる例】 ・業務に関連し、商慣習としてはまれに行われるような違法行為を求められたが、拒むことにより終了した	○業務に関連し、違法行為を強要された 【「中」である例】 ・業務に関連し、商慣習としてはまれに行われるような違法行為を命じられ、これに従った	【「強」になる例】 ・業務に関連し、重大な違法行為（人の生命に関わる違法行為、発覚した場合に会社の信用を著しく傷つける違法行為）を命じられた ・業務に関連し、反対したにもかかわらず、違法行為を執拗に命じられ、やむなくそれに従った ・業務に関連し、重大な違法行為を命じられ、何度もそれに従った ・業務に関連し、強要された違法行為が発覚し、事後対応に多大な労力を費した（重いペナルティを課された等を含む）
	8 達成困難なノルマが課された		☆		・ノルマの内容、困難性、強制の程度、達成できなかった場合の影響、ペナルティの有無等 ・その後の業務内容・業務量の程度、職場の人間関係等	【「弱」になる例】 ・同種の経験等を有する労働者であれば達成可能なノルマを課された ・ノルマではない業績目標が示された（当該目標が、達成を強く求められるものではなかった）	○達成困難なノルマが課された 【「中」である例】 ・達成は容易ではないものの、客観的にみて、努力すれば達成も可能であるノルマが課され、この達成に向けた業務を行った	【「強」になる例】 ・客観的に、相当な努力があっても達成困難なノルマが課され、達成できない場合には重いペナルティがあると予告された
	9 ノルマが達成できなかった		☆		・達成できなかったことによる経営上の影響度、ペナルティの程度等 ・事後対応の困難性等 （注）期限に至っていない場合でも、達成できない状況が明らかになった場合にはこの項目で評価する。	【「弱」になる例】 ・ノルマが達成できなかったが、何ら事後対応は必要なく、会社から責任を問われること等もなかった ・業績目標が達成できなかったものの、当該目標の達成は、強く求められていたものではなかった	○ノルマが達成できなかった 【「中」である例】 ・ノルマが達成できなかったことによりペナルティ（昇進の遅れ等）があった	【「強」になる例】 ・経営に影響するようなノルマ（達成できなかったことにより倒産を招きかねないもの、大幅な業績悪化につながるもの、会社の信用を著しく傷つけるもの）が達成できず、そのため、事後対応に多大な労力を費した（懲戒処分、降格、左遷、賠償責任の追及等重いペナルティを課された等を含む）
	10 新規事業の担当になった、会社の建て直しの担当になった		☆		・新規業務の内容、本人の職責、困難性の程度、能力と業務内容のギャップの程度等 ・その後の業務内容、業務量の程度、職場の人間関係等	【「弱」になる例】 ・軽微な新規事業（新規事業であるが、責任が大きいとはいえないもの）の担当になった	○新規事業の担当になった、会社の建て直しの担当になった 【「中」である例】 ・新規事業等（新規プロジェクト、新規の研究開発、会社全体や不採算部門の建て直し等、成功に対する高い評価が期待されやりがいも大きいが責任も大きい業務）の担当になった	【「強」になる例】 ・経営に重大な影響のある新規事業等（失敗した場合に倒産を招きかねないもの、大幅な業績悪化につながるもの、会社の信用を著しく傷つけるもの、成功した場合には会社の新たな主要事業になるもの等）の担当であって、事業の成否に重大な責任のある立場に就き、当該業務に当たった

	出来事の類型	具体的出来事	平均的な心理的負荷の強度 I	II	III	心理的負荷の総合評価の視点	心理的負荷の強度を「弱」「中」「強」と判断する具体例 弱	中	強
11	②仕事の失敗、過重な責任の発生等（続き）	顧客や取引先から無理な注文を受けた		☆		・顧客・取引先の重要性、要求の内容等 ・事後対応の困難性等	【「弱」になる例】・同種の経験等を有する労働者であれば達成可能な注文を出され、業務内容・業務量に一定の変化があった ・要望が示されたが、達成を強く求められるものではなく、業務内容・業務量に大きな変化もなかった	○顧客や取引先から無理な注文を受けた 【「中」である例】・業務に関連して、顧客や取引先から無理な注文（大幅な値下げや納期の繰上げ、度重なる設計変更等）を受け、何らかの事後対応を行った	【「強」になる例】・通常なら拒むことが明らかな注文（業績の著しい悪化が予想される注文、違法行為を内包する注文等）ではあるが、重要な顧客や取引先からのものであるためこれを受け、他部門や別の取引先と困難な調整に当たった
12		顧客や取引先からクレームを受けた		☆		・顧客・取引先の重要性、会社に与えた損害の内容、程度等 ・事後対応の困難性等 （注）この項目は、本人に過失のないクレームについて評価する。本人のミスによるものは、項目4で評価する。	【「弱」になる例】・顧客等からクレームを受けたが、特に対応を求められるものではなく、取引関係や、業務内容・業務量に大きな変化もなかった	○顧客や取引先からクレームを受けた 【「中」である例】・業務に関連して、顧客からクレーム（納品物の不適合の指摘等その内容が妥当なもの）を受けた	【「強」になる例】・顧客や取引先から重大なクレーム（大口の顧客等の喪失を招きかねないもの、会社の信用を著しく傷つけるもの等）を受け、その解消のために他部門や別の取引先と困難な調整に当たった
13		大きな説明会や公式の場での発表を強いられた	☆			・説明会等の規模、業務内容とのギャップ、強要、責任、事前準備の程度等		○大きな説明会や公式の場での発表を強いられた	【解説】説明会等の内容や事前準備の程度、本人の経験等から評価するが、「強」になることはまれ
14		上司が不在になることにより、その代行を任された	☆			・代行した業務の内容、責任の程度、本来業務との関係、能力・経験とのギャップ、職場の人間関係等 ・代行期間等		○上司が不在になることにより、その代行を任された	【解説】代行により課せられた責任の程度、その期間や代行した業務内容、本人の過去の経験等とのギャップ等から評価するが、「強」になることはまれ
15	③仕事の量・質	仕事内容・仕事量の（大きな）変化を生じさせる出来事があった		☆		・業務の困難性、能力・経験と業務内容のギャップ等 ・時間外労働、休日労働、業務の密度の変化の程度、仕事内容、責任の変化の程度等 ※会議・研修等の参加の強制、職場のOA化の進展、部下の増加、同一事業場内の所属部署の統廃合、担当外業務としての非正規職員の教育等 （注）発病前おおむね6か月において、時間外労働時間数に変化がみられる場合には、他の項目で評価される場合でも、この項目でも評価する。	【「弱」になる例】・仕事内容の変化が容易に対応できるもの（※）であり、変化後の業務の負荷が大きくなかった	○仕事内容・仕事量の大きな変化を生じさせる出来事があった 【「中」である例】・担当業務内容の変更、取引量の急増等により、仕事内容、仕事量の大きな変化（時間外労働時間数としてはおおむね20時間以上増加し1月当たりおおむね45時間以上となるなど）が生じた ・仕事量（時間外労働時間等）に、「中」に至らない程度の変化があった	【「強」になる例】・仕事量が著しく増加して時間外労働も大幅に増える（倍以上に増加し、1月当たりおおむね100時間以上となる）などの状況になり、その後の業務に多大な労力を費した（休憩・休日を確保するのが困難なほどの状態等を含む）・過去に経験したことがない仕事内容に変更となり、常時緊張を強いられる状態となった
16		1か月に80時間以上の時間外労働を行った		☆		・業務の困難性 ・長時間労働の継続期間 （注）この項目の「時間外労働」は、すべて休日労働時間を含む。	【「弱」になる例】・1か月に80時間未満の時間外労働を行った （注）他の項目で評価されない場合のみ評価する。	○1か月に80時間以上の時間外労働を行った （注）他の項目で評価されない場合のみ評価する。	【「強」になる例】・発病直前の連続した2か月間に、1月当たりおおむね120時間以上の時間外労働を行い、その業務内容が通常その程度の労働時間を要するものであった ・発病直前の連続した3か月間に、1月当たりおおむね100時間以上の時間外労働を行い、その業務内容が通常その程度の労働時間を要するものであった
17		2週間以上にわたって連続勤務を行った		☆		・業務の困難性、能力・経験と業務内容のギャップ等 ・時間外労働、休日労働、業務密度の変化の程度、業務の内容、責任の変化の程度等	【「弱」になる例】・休日労働を行った	○2週間（12日）以上にわたって連続勤務を行った 【「中」である例】・平日の時間外労働だけではこなせない業務量がある、休日に対応しなければならない業務が生じた等の事情により、2週間（12日）以上にわたって連続勤務を行った（1日あたりの労働時間が特に短い場合、手待ち時間が多い等の労働密度が特に低い場合を除く）	【「強」になる例】・1か月以上にわたって連続勤務を行った ・2週間（12日）以上にわたって連続勤務を行い、その間、連日、深夜時間帯に及ぶ時間外労働を行った（いずれも、1日あたりの労働時間が特に短い場合、手待ち時間が多い等の労働密度が特に低い場合を除く）
18		勤務形態に変化があった	☆			・交替制勤務、深夜勤務等変化の程度、変化後の状況等		○勤務形態に変化があった	【解説】変更後の勤務形態の内容、一般的な日常生活とのギャップ等から評価するが、「強」になることはまれ
19		仕事のペース、活動の変化があった	☆			・変化の程度、強制性、変化後の状況等		○仕事のペース、活動の変化があった	【解説】仕事のペースの変化の程度、労働者の過去の経験等とのギャップ等から評価するが、「強」になることはまれ

218

出来事の類型	具体的出来事	平均的な心理的負荷の強度			心理的負荷の総合評価の視点	心理的負荷の強度を「弱」「中」「強」と判断する具体例		
		I	II	III		弱	中	強
20	退職を強要された			☆	・解雇又は退職強要の経過、強要の程度、職場の人間関係等 （注）ここでいう「解雇又は退職強要」には、労働契約の形式上期間を定めて雇用されている者であっても、当該契約が期間の定めのない契約と実質的に異ならない状態となっている場合の雇止めの通知を含む。		【解説】 退職勧奨が行われたが、その方法、頻度等からして強要とはいえない場合には、その方法等から「弱」又は「中」と評価	○退職を強要された 【「強」である例】 ・退職の意思のないことを表明しているにもかかわらず、執拗に退職を求められた ・恐怖感を抱かせる方法を用いて退職勧奨された ・突然解雇の通告を受け、何ら理由が説明されることなく、説明を求めても応じられず、撤回されることもなかった
21	配置転換があった		☆		・職種、職務の変化の程度、配置転換の理由・経過等 ・業務の困難性、能力・経験と業務内容のギャップ等 ・その後の業務内容、業務量の程度、職場の人間関係等 （注）出向を含む。	【「弱」になる例】 ・以前に経験した業務等、配置転換後の業務が容易に対応できるものであり、変化後の業務の負荷が軽微であった	○配置転換があった （注）ここでの「配置転換」は、所属部署（担当係等）、勤務場所の変更を指し、転居を伴うものを除く。	【「強」になる例】 ・過去に経験した業務と全く異なる質の業務に従事することとなったため、配置転換後の業務に対応するのに多大な労力を費した ・配置転換後の地位が、過去の経験からみて異例なほど重い責任が課されるものであった ・左遷された（明らかな降格であって配置転換としては異例なものであり、職場内で孤立した状況になった）
22	転勤をした		☆		・職種、職務の変化の程度、転勤の理由・経過、単身赴任の有無、海外の治安の状況等 ・業務の困難性、能力・経験と業務内容のギャップ等 ・その後の業務内容、業務量の程度、職場の人間関係等	【「弱」になる例】 ・以前に経験した場所である等、転勤後の業務が容易に対応できるものであり、変化後の業務の負荷が軽微であった	○転勤をした （注）ここでの「転勤」は、勤務場所の変更であって転居を伴うものを指す。 なお、業務内容の変化についての評価は、項目21に準じて判断する。	【「強」になる例】 ・転勤先は初めて赴任する外国であって現地の職員との会話が不能、治安状況が不安といったような事情から、転勤後の業務遂行に著しい困難を伴った
23	④役割・地位の変化等 / 複数名で担当していた業務を1人で担当するようになった		☆		・業務の変化の程度等 ・その後の業務内容、業務量の程度、職場の人間関係等	【「弱」になる例】 ・複数名で担当していた業務を一人で担当するようになったが、業務内容・業務量はほとんど変化がなかった	○複数名で担当していた業務を一人で担当するようになった 【「中」である例】 ・複数名で担当していた業務を一人で担当するようになり、業務内容・業務量に何らかの変化があった。	【「強」になる例】 ・業務を一人で担当するようになったため、業務量が著しく増加し時間外労働が大幅に増える等の状況になり、かつ、必要な休憩・休日も取れない等常時緊張を強いられるような状態となった
24	非正規社員であるとの理由等により、仕事上の差別、不利益取扱いを受けた		☆		・差別・不利益取扱いの理由・経過、内容、程度、職場の人間関係等 ・その継続する状況	【「弱」になる例】 ・社員間に処遇の差異があるが、その差は小さいものであった	○非正規社員であるとの理由等により、仕事上の差別、不利益取扱いを受けた 【「中」である例】 ・非正規社員であるとの理由、又はその他の理由により、仕事上の差別、不利益取扱いを受けた ・業務の遂行から疎外・排除される取扱いを受けた	【「強」になる例】 ・仕事上の差別、不利益取扱いの程度が著しく大きく、人格を否定するようなものであって、かつこれが継続した
25	自分の昇格・昇進があった	☆			・職務・責任の変化の程度等 ・その後の業務内容、職場の人間関係等		○自分の昇格・昇進があった	【解説】 本人の経験等と著しく乖離した責任が課される等の場合に、昇進後の職責、業務内容等から評価するが、「強」になることはまれ
26	部下が減った	☆			・職場における役割・位置付けの変化、業務の変化の内容・程度等 ・その後の業務内容、職場の人間関係等		○部下が減った	【解説】 部下の減少がペナルティの意味を持つものである等の場合に、減少の程度（人数等）等から評価するが、「強」になることはまれ
27	早期退職制度の対象となった	☆			・対象者選定の合理性、代償措置の内容、制度の事前周知の状況、その後の状況、職場の人間関係等		○早期退職制度の対象となった	【解説】 制度の創設が突然であり退職までの期間が短い等の場合に、対象者選定の基準等から評価するが、「強」になることはまれ
28	非正規社員である自分の契約満了が迫った	☆			・契約締結時、期間満了前の説明の有無、その内容、その後の状況、職場の人間関係等		○非正規社員である自分の契約満了が迫った	【解説】 事前の説明に反した突然の契約終了（雇止め）通告であり契約終了までの期間が短かった等の場合に、その経過等から評価するが、「強」になることはまれ

	出来事の類型	具体的出来事	I	II	III	心理的負荷の総合評価の視点	弱	中	強
			平均的な心理的負荷の強度				心理的負荷の強度を「弱」「中」「強」と判断する具体例		
29	⑤パワーハラスメント	上司等から、身体的攻撃、精神的攻撃等のパワーハラスメントを受けた			☆	・指導・叱責等の言動に至る経緯や状況 ・身体的攻撃、精神的攻撃等の内容 ・反復・継続など執拗性の状況 ・就業環境を害する程度 ・会社の対応の有無及び内容、改善の状況 (注)当該出来事の評価対象とならない対人関係のトラブルは、出来事の類型「対人関係」の各出来事で評価する。 (注)「上司等」には、職務上の地位が上位の者のほか、同僚又は部下であっても、業務上必要な知識や豊富な経験を有しており、その者の協力が得られなければ業務の円滑な遂行を行うことが困難な場合、同僚又は部下からの集団による行為でこれに抵抗又は拒絶することが困難である場合も含む。	【解説】上司等による身体的攻撃、精神的攻撃等が「強」の程度に至らない場合、心理的負荷の総合評価の始点を踏まえて「弱」又は「中」と評価 【「弱」になる例】 ・上司等による「中」に至らない程度の身体的攻撃、精神的攻撃が行われた場合	【「中」になる例】 ・上司による次のような身体的攻撃・精神的攻撃が行われ、行為が反復・継続していない場合 ▶治療を要さない程度の暴行による身体的攻撃 ▶人格や人間性を否定するような、業務上明らかに必要性がない又は業務の目的を逸脱した精神的攻撃 ▶必要以上に長時間にわたる厳しい叱責、他の労働者の面前における威圧的な叱責など、態様や手段が社会通念に照らして許容される範囲を超える精神的攻撃	○上司等から、身体的攻撃、精神的攻撃等のパワーハラスメントを受けた 【「強」である例】 ・上司等から、治療を要する程度の暴行等の身体的攻撃を受けた場合 ・上司等から、暴行等の身体的攻撃を執拗に受けた場合 ・上司等による次のような精神的攻撃が執拗に行われた場合 ▶人格や人間性を否定するような、業務上明らかに必要性がない又は業務の目的を大きく逸脱した精神的攻撃 ▶必要以上に長時間にわたる厳しい叱責、他の労働者の面前における大声での威圧的な叱責など、態様や手段が社会通念に照らして許容される範囲を超える精神的攻撃 ・心理的負荷としては「中」程度の身体的攻撃、精神的攻撃等を受けた場合であって、会社に相談しても適切な対応がなく、改善されなかった場合
30		同僚等から、暴行又はいじめ・嫌がらせを受けた			☆	・暴行又はいじめ・嫌がらせの内容、程度等 ・反復・継続など執拗性の状況 ・会社の対応の有無及び内容、改善の状況	【解説】同僚等による暴行又はいじめ・嫌がらせが「強」の程度に至らない場合、心理的負荷の総合評価の視点を踏まえて「弱」又は「中」と評価 【「弱」になる例】 ・同僚等から、「中」に至らない程度の言動を受けた場合	【「中」になる例】 ・同僚等から、治療を要さない程度の暴行を受け、行為が反復・継続していない場合 ・同僚等から、人格や人間性を否定するような言動を受け、行為が反復・継続していない場合	○同僚等から、暴行又はひどいいじめ・嫌がらせを受けた 【「強」である例】 ・同僚等から、治療を要する程度の暴行等を受けた場合 ・同僚等から、暴行等を執拗に受けた場合 ・同僚等から、人格や人間性を否定するような言動を執拗に受けた場合 ・心理的負荷としては「中」程度の暴行又はいじめ・嫌がらせを受けた場合であって、会社に相談しても適切な対応がなく、改善されなかった場合
31	⑥対人関係	上司とのトラブルがあった		☆		・トラブルの内容、程度等 ・その後の業務への支障等	【「弱」になる例】 ・上司から、業務指導の範囲内である指導・叱責を受けた ・業務をめぐる方針等において、上司との考え方の相違が生じた（客観的にはトラブルとはいえないものも含む）	○上司とのトラブルがあった 【「中」である例】 ・上司から、業務指導の範囲内である強い指導・叱責を受けた ・業務をめぐる方針等において、周囲からも客観的に認識されるような対立が上司との間に生じた	【「強」になる例】 ・業務をめぐる方針等において、周囲からも客観的に認識されるような大きな対立が上司との間に生じ、その後の業務に大きな支障を来した
32		同僚とのトラブルがあった		☆		・トラブルの内容、程度、同僚との職務上の関係等 ・その後の業務への支障等	【「弱」になる例】 ・業務をめぐる方針等において、同僚との考え方の相違が生じた（客観的にはトラブルとはいえないものも含む）	○同僚とのトラブルがあった 【「中」である例】 ・業務をめぐる方針等において、周囲からも客観的に認識されるような対立が同僚との間に生じた	【「強」になる例】 ・業務をめぐる方針等において、周囲からも客観的に認識されるような大きな対立が多数の同僚との間に生じ、その後の業務に大きな支障を来した
33		部下とのトラブルがあった		☆		・トラブルの内容、程度等 ・その後の業務への支障等	【「弱」になる例】 ・業務をめぐる方針等において、部下との考え方の相違が生じた（客観的にはトラブルとはいえないものも含む）	○部下とのトラブルがあった 【「中」である例】 ・業務をめぐる方針等において、周囲からも客観的に認識されるような対立が部下との間に生じた	【「強」になる例】 ・業務をめぐる方針等において、周囲からも客観的に認識されるような大きな対立が多数の部下との間に生じ、その後の業務に大きな支障を来した
34		理解してくれていた人の異動があった	☆					○理解してくれていた人の異動があった	
35		上司が替わった	☆			(注)上司が替わったことにより、当該上司との関係に問題が生じた場合には、項目31で評価する。		○上司が替わった	
36		同僚等の昇進・昇格があり、昇進で先を越された	☆					○同僚等の昇進・昇格があり、昇進で先を越された	

	出来事の類型	平均的な心理的負荷の強度				心理的負荷の総合評価の視点	心理的負荷の強度を「弱」「中」「強」と判断する具体例		
		具体的出来事	心理的負荷の強度				弱	中	強
			I	II	III				
37	⑦セクシュアルハラスメント	セクシュアルハラスメントを受けた		☆		・セクシュアルハラスメントの内容、程度等 ・その継続する状況 ・会社の対応の有無及び内容、改善の状況、職場の人間関係等	【「弱」になる例】 ・「○○ちゃん」等のセクシュアルハラスメントに当たる発言をされた場合 ・職場内に水着姿の女性のポスター等を掲示された場合	○セクシュアルハラスメントを受けた 【「中」である例】 ・胸や腰等への身体接触を含むセクシュアルハラスメントであっても、行為が継続しておらず、会社が適切かつ迅速に対応し発病前に解決した場合 ・身体接触のない性的な発言のみのセクシュアルハラスメントであって、発言が継続していない場合 ・身体接触のない性的な発言のみのセクシュアルハラスメントであって、複数回行われたものの、会社が適切かつ迅速に対応し発病前にそれが終了した場合	【「強」になる例】 ・胸や腰等への身体接触を含むセクシュアルハラスメントであって、継続して行われた場合 ・胸や腰等への身体接触を含むセクシュアルハラスメントであって、行為は継続していないが、会社に相談しても適切な対応がなく、改善されなかった又は会社への相談等の後に職場の人間関係が悪化した場合 ・身体接触のない性的な発言のみのセクシュアルハラスメントであって、発言の中に人格を否定するようなものを含み、かつ継続してなされた場合 ・身体接触のない性的な発言のみのセクシュアルハラスメントであって、性的な発言が継続してなされ、かつ会社がセクシュアルハラスメントがあると把握していても適切な対応がなく、改善がなされなかった場合

別表2

業務以外の心理的負荷評価表

出来事の類型	具体的出来事	Ⅰ	Ⅱ	Ⅲ
① 自分の出来事	離婚又は夫婦が別居した			☆
	自分が重い病気やケガをした又は流産した			☆
	自分が病気やケガをした		☆	
	夫婦のトラブル、不和があった	☆		
	自分が妊娠した	☆		
	定年退職した	☆		
② 自分以外の家族・親族の出来事	配偶者や子供、親又は兄弟が死亡した			☆
	配偶者や子供が重い病気やケガをした			☆
	親類の誰かで世間的にまずいことをした人が出た			☆
	親族とのつきあいで困ったり、辛い思いをしたことがあった		☆	
	親が重い病気やケガをした		☆	
	家族が婚約した又はその話が具体化した	☆		
	子供の入試・進学があった又は子供が受験勉強を始めた	☆		
	親子の不和、子供の問題行動、非行があった	☆		
	家族が増えた（子供が産まれた）又は減った（子供が独立して家を離れた）	☆		
	配偶者が仕事を始めた又は辞めた	☆		
③ 金銭関係	多額の財産を損失した又は突然大きな支出があった			☆
	収入が減少した		☆	
	借金返済の遅れ、困難があった		☆	
	住宅ローン又は消費者ローンを借りた	☆		
④ 事件、事故、災害の体験	天災や火災などにあった又は犯罪に巻き込まれた			☆
	自宅に泥棒が入った		☆	
	交通事故を起こした		☆	
	軽度の法律違反をした	☆		
⑤ 住環境の変化	騒音等、家の周囲の環境（人間環境を含む）が悪化した		☆	
	引越した		☆	
	家屋や土地を売買した又はその具体的な計画が持ち上がった	☆		
	家族以外の人（知人、下宿人など）が一緒に住むようになった	☆		
⑥ 他人との人間関係	友人、先輩に裏切られショックを受けた		☆	
	親しい友人、先輩が死亡した		☆	
	失恋、異性関係のもつれがあった		☆	
	隣近所とのトラブルがあった		☆	

（注）心理的負荷の強度ⅠからⅢは、別表1と同程度である。

別添資料7

雇用管理分野における個人情報のうち
健康情報を取り扱うに当たっての留意事項（抄）

（平成31年3月29日付け基発0329第4号）

第1　趣旨（略）

第2　健康情報の定義

　個人情報の保護に関する法律（平成15年法律第57号。以下「法」という。）第2条第1項及びガイドライン2-1に定める個人情報のうち、この留意事項において取り扱う労働者の健康に関する個人情報（以下「健康情報」という。）は、健康診断の結果、病歴、その他の健康に関するものをいい、健康情報に該当するものの例として、次に掲げるものが挙げられる。なお、この健康情報については、法第2条第3項及びガイドライン2-3に定める「要配慮個人情報」（注）に該当するが、健康情報の取扱いについては、旧留意事項通達における規律水準と比較して変更はない。

(1)　産業医、保健師、衛生管理者その他の労働者の健康管理に関する業務に従事する者（以下「産業保健業務従事者」という。）が労働者の健康管理等を通じて得た情報

(2)　安衛法第65条の2第1項の規定に基づき、事業者が作業環境測定の結果の評価に基づいて、労働者の健康を保持するため必要があると認めたときに実施した健康診断の結果

(3)　安衛法第66条第1項から第4項までの規定に基づき事業者が実施した健康診断の結果並びに安衛法第66条第5項及び第66条の2の規定に基づき労働者から提出された健康診断の結果

(4)　安衛法第66条の4の規定に基づき事業者が医師又は歯科医師から聴取した意見及び第66条の5第1項の規定に基づき事業者が講じた健康診断実施後の措置の内容

(5)　安衛法第66条の7の規定に基づき事業者が実施した保健指導の内容

(6)　安衛法第66条の8第1項、安衛法第66条の8の2第1項及び安衛法第66条の8の4第1項の規定に基づき事業者が実施した面接指導の結果及び同条第2項（第66条の8の2第2項及び第66条の8の4第2項の規定により準用する場合を含む。）の規定に基づき労働者から提出された面接指導の結果

(7)　安衛法第66条の8第4項、安衛法第66条の8の2第2項及び安衛法第66条の8の4第2項の規定に基づき事業者が医師から聴取した意見並びに安衛法第66条の8第5項、安衛法第66条の8の2第2項及び安衛法第66条の8の4第2項の規定に基づき事業者が講じた面接指導実施後の措置の内容

(8)　安衛法第66条の9の規定に基づき事業者が実施した面接指導又は面接指導に準ずる措置の結果

(9)　安衛法第66条の10第1項の規定に基づき事業者が実施した心理的な負担の程度を把握するための検査（以下「ストレスチェック」という。）の結果

⑽　安衛法第66条の10第３項の規定に基づき事業者が実施した面接指導の結果

⑾　安衛法第66条の10第５項の規定に基づき事業者が医師から聴取した意見及び同条第６項の規定に基づき事業者が講じた面接指導実施後の措置の内容

⑿　安衛法第69条第１項の規定に基づく健康保持増進措置を通じて事業者が取得した健康測定の結果、健康指導の内容等

⒀　労働者災害補償保険法（昭和22年法律第50号）第27条の規定に基づき、労働者から提出された二次健康診断の結果

⒁　健康保険組合等が実施した健康診断等の事業を通じて事業者が取得した情報

⒂　受診記録、診断名等の療養の給付に関する情報

⒃　事業者が医療機関から取得した診断書等の診療に関する情報

⒄　労働者から欠勤の際に提出された疾病に関する情報

⒅　⑴から⒄までに掲げるもののほか、任意に労働者等から提供された本人の病歴、健康診断の結果、その他の健康に関する情報

（注）　法第２条第３項及びガイドライン２−３に定める「要配慮個人情報」については、取得に当たって本人の同意が必要であるほか、第三者提供に当たっても、原則として本人の同意が必要であり、法第23条第２項の規定による第三者提供（第三者への提供を利用目的とすること等をあらかじめ本人に通知し、又は本人が容易に知り得る状態に置くとともに、個人情報保護委員会に届け出ることで、あらかじめ本人の同意を得ずに、個人情報を第三者に提供すること。オプトアウトによる第三者提供という。）は認められないことから、旧留意事項通達における健康情報の取扱いの規律水準と比較して変更はない。
　　　また、以下のような場合には、健康情報の取扱いについては旧留意事項通達における取扱いと同様に取得及び第三者提供に際して、本人の同意は必要ない。
　　(a)　事業者が、法令に基づき、労働者の健康診断の結果を取得又は第三者に提供する場合
　　(b)　法第23条第５項第１号から第３号に掲げる第三者に該当しない場合（例：事業者が医療保険者と共同で健康診断を実施する場合において、健康情報が共同して利用する者に提供される場合等）

第３　健康情報の取扱いについて事業者が留意すべき事項

１　事業者が健康情報を取り扱うに当たっての基本的な考え方

⑴　第２の⑴から⒅に挙げた健康情報については労働者個人の心身の健康に関する情報であり、本人に対する不利益な取扱い又は差別等につながるおそれのある要配慮個人情報であるため、事業者においては健康情報の取扱いに特に配慮を要する。

⑵　健康情報は、労働者の健康確保に必要な範囲で利用されるべきものであり、事業者は、労働者の健康確保に必要な範囲を超えてこれらの健康情報を取り扱ってはならない。

２　法第17条に規定する適正な取得及び法第18条に規定する取得に際しての利用目的の通知等に関する事項（ガイドライン３−２関係）

⑴　事業者は、法令に基づく場合等を除き、労働者の健康情報を取得する場合は、あらかじめ本人の同意を得なければならない。

⑵　また、事業者は、自傷他害のおそれがあるなど、労働者の生命、身体又は財産の保護のために必要がある場合等を除き、本人に利用目的を明示しなければならない。

⑶　安衛法第66条の10第２項において、ストレスチェックを実施した医師、保健師その他の厚生労働省令で定める者（以下「実施者」という。）は、労働者の同意を得ないでストレス

チェック結果を事業者に提供してはならないこととされており、事業者は、実施者又はその他のストレスチェックの実施の事務に従事した者（以下「実施事務従事者」という。）に提供を強要する又は労働者に同意を強要する等の不正の手段により、労働者のストレスチェックの結果を取得してはならない。

3 法第20条に規定する安全管理措置及び法第21条に規定する従業者の監督に関する事項（ガイドライン3-3-2及び3-3-3関係）

(1) 事業者は、健康情報のうち診断名、検査値、具体的な愁訴の内容等の加工前の情報や詳細な医学的情報の取扱いについては、その利用に当たって医学的知識に基づく加工・判断等を要することがあることから、産業保健業務従事者に行わせることが望ましい。

(2) 事業者は、産業保健業務従事者から産業保健業務従事者以外の者に健康情報を提供させる時は、当該情報が労働者の健康確保に必要な範囲内で利用されるよう、必要に応じて、産業保健業務従事者に健康情報を適切に加工させる等の措置を講ずること。

(3) 個人のストレスチェック結果を取り扱う実施者及び実施事務従事者については、あらかじめ衛生委員会等による調査審議を踏まえて事業者が指名し、全ての労働者に周知すること。

(4) ストレスチェック結果は、詳細な医学的情報を含むものではないため、事業者は、その情報を産業保健業務従事者以外の者にも取り扱わせることができるが、事業者への提供について労働者の同意を得ていない場合には、ストレスチェックを受ける労働者について解雇、昇進又は異動（以下「人事」という。）に関して直接の権限を持つ監督的地位にある者に取り扱わせてはならない。また、事業者は、ストレスチェック結果を労働者の人事を担当する者（人事に関して直接の権限を持つ監督的地位にある者を除く。）に取り扱わせる時は、労働者の健康確保に必要な範囲を超えて人事に利用されることのないようにするため、次に掲げる事項を当該者に周知すること。

(a) 当該者には安衛法第105条の規定に基づき秘密の保持義務が課されること。

(b) ストレスチェック結果の取り扱いは、医師等のストレスチェックの実施者の指示により行うものであり、所属部署の上司等の指示を受けて、その結果を漏らしたりしてはならないこと。

(c) ストレスチェック結果を、自らの所属部署の業務等のうちストレスチェックの実施の事務とは関係しない業務に利用してはならないこと。

(5) インターネットや社内イントラネット等の情報通信技術を利用してストレスチェックを実施する場合は、次に掲げる事項を満たす必要があること。

(a) 個人情報の保護や改ざんの防止等のセキュリティの確保のための仕組みが整っており、その仕組みに基づいて個人の結果の保存が適切になされていること。

(b) 本人以外に個人のストレスチェック結果を閲覧することのできる者の制限がなされていること。

4　法第22条に規定する委託先の監督に関する事項（ガイドライン3-3-4関係）

　健康診断、ストレスチェック、面接指導又は健康保持増進措置の全部又は一部を医療機関、メンタルヘルスケアへの支援を行う機関等（以下「外部機関」という。）に委託する場合には、当該委託先において、情報管理が適切に行われる体制が整備されているかについて、あらかじめ確認しなければならない。

5　法第23条第1項に規定する第三者提供に関する本人の同意等に関する事項（ガイドライン3-4関係）

⑴　事業者が、労働者から提出された診断書の内容以外の情報について医療機関から健康情報を収集する必要がある場合、事業者から求められた情報を医療機関が提供することは、法第23条の第三者提供に該当するため、医療機関は労働者から同意を得る必要がある。この場合においても、事業者は、あらかじめこれらの情報を取得する目的を労働者に明らかにして承諾を得るとともに、必要に応じ、これらの情報は労働者本人から提出を受けることが望ましい。

⑵　安衛法第66条第1項から第4項までの規定に基づく健康診断及び第66条の8第1項、第66条の8の2第1項及び第66条の8の4第1項の規定に基づく面接指導については、これらの規定において事業者は医師若しくは歯科医師による健康診断又は医師による面接指導を行わなければならないとされている。事業者は、健康診断又は面接指導の実施に当たって、外部機関に健康診断又は面接指導の実施を委託する場合には、事業者は、健康診断又は面接指導の実施に必要な労働者の個人情報を外部機関に提供する必要がある。また、安衛法第66条の3、第66条の4、第66条の8第3項及び第4項（第66条の8の2第2項及び第66条の8の4第2項の規定により準用する場合を含む。）において、事業者は、健康診断又は面接指導の結果の記録及び当該結果に係る医師又は歯科医師からの意見聴取が義務付けられており、第66条の6において、事業者は、健康診断結果の労働者に対する通知が義務付けられている。事業者がこれらの義務を遂行するためには、健康診断又は面接指導の結果が外部機関から事業者に報告（提供）されなければならない。これらのことから、事業者が外部機関にこれらの健康診断又は面接指導を委託するために必要な労働者の個人情報を外部機関に提供し、また、外部機関が委託元である事業者に対して労働者の健康診断又は面接指導の結果を報告（提供）することは、それぞれ安衛法に基づく事業者の義務を遂行する行為であり、法第23条第1項第1号の「法令に基づく場合」に該当し、本人の同意を得なくても第三者提供の制限は受けない。

⑶　事業者は、ストレスチェックの実施に当たって、外部機関にストレスチェックの実施を委託する場合には、ストレスチェックの実施に必要な労働者の個人情報を外部機関に提供する必要がある。この場合において、当該提供行為は、5⑵に規定する健康診断等の場合と同様に、安衛法に基づく事業者の義務を遂行する行為であり、法第23条第1項第1号の「法令に基づく場合」に該当することから、本人の同意を得なくても第三者提供の制限は受けない。

　また、安衛法第66条の10第２項において、あらかじめストレスチェックを受けた労働者の同意を得ないで、その結果を事業者に提供してはならないこととされている。このため、外部機関が、あらかじめ本人の同意を得ないで、委託元である事業者に対してストレスチェック結果を提供することはできない。

　さらに、安衛法第66条の10第３項において、ストレスチェックの結果の通知を受けた労働者であって、厚生労働省令で定める要件に該当するものが申し出たときは、事業者は、面接指導の実施が義務付けられている。事業者がこの義務を遂行するためには、当該労働者が厚生労働省令で定める要件に該当するかどうかを確認するために、労働者にストレスチェックの提出を求めるほか、ストレスチェックを実施した外部機関に対してストレスチェック結果の提供を求めることも考えられるが、労働者の申出は、事業者へのストレスチェック結果の提供に同意したとみなすことができることから、事業者の求めに応じて外部機関が事業者にストレスチェック結果を提供するに当たって、改めて本人の同意を得る必要はない。

　なお、事業者が、安衛法第66条の８第１項、安衛法第66条の８の２第１項若しくは安衛法第66条の８の４第１項又は第66条の10第３項の規定に基づく面接指導を委託するために必要な労働者の個人情報を外部機関に提供し、また、外部機関が委託元である事業者に対して労働者の面接指導の結果を提供することは、５(2)に規定する健康診断等の場合と同様に、安衛法に基づく事業者の義務を遂行する行為であり、法第23条第１項第１号の「法令に基づく場合」に該当し、本人の同意を得なくても第三者提供の制限は受けない。この場合において、本人の同意を得なくても第三者提供の制限を受けない健康情報には、面接指導の実施に必要な情報として事業者から当該外部機関に提供するストレスチェック結果も含まれる。

(4)　労働者派遣事業の適正な運営の確保及び派遣労働者の保護等に関する法律（昭和60年法律第88号）（以下「労働者派遣法」という。）第45条第10項及び第14項において、派遣先事業者が安衛法第66条第２項から第４項までの規定に基づく健康診断及びこれらの健康診断の結果に基づき安衛法第66条の４の規定に基づく医師からの意見聴取を行ったときは、健康診断の結果を記載した書面を作成し、当該派遣元事業者に送付するとともに、当該医師の意見を当該派遣元事業者に通知しなければならないこととされている。このことから、派遣先事業者が、派遣元事業者にこれらの健康診断の結果及び医師の意見を記載した書面を提供することは、労働者派遣法の規定に基づく行為であり、法第23条第１項第１号の「法令に基づく場合」に該当し、本人の同意を得なくても第三者提供の制限は受けない。

(5)　事業者が、健康保険組合等に対して労働者の健康情報の提供を求める場合、健康保険組合等は当該事業者に当該労働者の健康情報を提供することを目的として取得していないため、法第23条の第三者提供の制限に該当し、健康保険組合等は労働者（被保険者）の同意を得る必要がある。この場合においても、事業者は、あらかじめこれらの情報を取得する目的を労働者に明らかにして承諾を得るとともに、必要に応じ、これらの情報は労働者本人から提出を受けることが望ましい。

　　　ただし、事業者が健康保険組合等と共同で健康診断を実施する場合等法第23条第5項第1号から第3号に掲げる場合においては、健康情報の提供を受ける者は第三者に該当しないため、当該労働者の同意を得る必要はない。

(6)　高齢者の医療の確保に関する法律（昭和57年法律第80号）第27条第2項及び第3項の規定により、医療保険者は、加入者を使用している事業者又は使用していた事業者に対し、厚生労働省令で定めるところにより、安衛法その他の法令に基づき、その事業者が保存している加入者に係る健康診断に関する記録の写しを提供するよう求めることができ、健康診断に関する記録の写しの提供を求められた事業者は厚生労働省令で定めるところにより、その記録の写しを提供しなければならないとされている。このことから、特定健康診査及び特定保健指導の実施に関する基準（平成19年厚生労働省令第157号）第2条に定める項目に係る記録の写しについては、医療保険者からの提供の求めがあった場合に事業者が当該記録の写しを提供することは、法令に基づくものであるので、法第23条第1項第1号に該当し、本人の同意なく提供できる。

　　　なお、事業者が保存している加入者に係る健康診断に関する記録のうち、特定健康診査及び特定保健指導の実施に関する基準第2条に定める項目に含まれないもの（業務歴、視力、聴力、胸部エックス線検査、喀痰検査）については、労働者に対して定期健康診断の結果の情報を医療保険者に提供する旨を明示し、同意を得ることが必要となる。

6　法第28条に規定する保有個人データの開示に関する事項（ガイドライン3-5-2関係）

　事業者が保有する健康情報のうち、安衛法第66条の8第3項（第66条の8の2第2項及び第66条の8の4第2項の規定により準用する場合を含む。）及び第66条の10第4項の規定に基づき事業者が作成した面接指導の結果の記録その他の医師、保健師等の判断及び意見並びに詳細な医学的情報を含む健康情報については、本人から開示の請求があった場合は、原則として開示しなければならない。ただし、本人に開示することにより、法第28条第2項各号のいずれかに該当する場合は、その全部又は一部を開示しないことができる。

7　法第35条に規定する苦情の処理に関する事項（ガイドライン3-6関係）

　ガイドライン3-6に定める苦情を処理するための窓口については、健康情報に係る苦情に適切に対応するため、必要に応じて産業保健業務従事者と連携を図ることができる体制を整備しておくことが望ましい。

8　その他事業者が雇用管理に関する個人情報の適切な取扱いを確保するための措置を行うに当たって配慮すべき事項

(1)　事業者は、安衛法に基づく健康診断等の実施を外部機関に委託することが多いことから、健康情報についても外部とやり取りをする機会が多いことや、事業場内においても健康情報を産業保健業務従事者以外の者に取り扱わせる場合があること等に鑑み、あらかじめ、

ガイドライン3-5に掲げるもののほか、以下に掲げる事項について事業場内の規程等として定め、これを労働者に周知するとともに、関係者に当該規程に従って取り扱わせることが望ましい。

(a)　健康情報の利用目的及び利用方法に関すること

(b)　健康情報に係る安全管理体制に関すること

(c)　健康情報を取り扱う者及びその権限並びに取り扱う健康情報の範囲に関すること

(d)　健康情報の開示、訂正、追加又は削除の方法（廃棄に関するものを含む。）に関すること

(e)　健康情報の取扱いに関する苦情の処理に関すること

(2)　事業者は、(1)の規程等を定めるときは、衛生委員会等において審議を行った上で、労働組合等に通知し、必要に応じて協議を行うことが望ましい。

(3)　HIV感染症やB型肝炎等の職場において感染したり、蔓延したりする可能性が低い感染症に関する情報や、色覚検査等の遺伝性疾病に関する情報については、職業上の特別な必要性がある場合を除き、事業者は、労働者等から取得すべきでない。ただし、労働者の求めに応じて、これらの疾病等の治療等のため就業上の配慮を行う必要がある場合については、当該就業上の配慮に必要な情報に限って、事業者が労働者から取得することは考えられる。

(4)　労働者の健康情報は、医療機関において「医療・介護関係事業者における個人情報の適切な取扱いのためのガイダンス」に基づき取り扱われ、また、健康保険組合において「健康保険組合等における個人情報の適切な取扱いのためのガイダンス」に基づき取り扱われることから、事業者は、特に安全管理措置等について、両ガイダンスの内容についても留意することが期待されている。

別添資料 8

労働者の心身の状態に関する情報の適正な取扱いのために事業者が講ずべき措置に関する指針

（平成30年9月7日　労働者の心身の状態に関する情報の適正な取扱い指針公示第1号）

1　趣旨・総論

　事業者が、労働安全衛生法（昭和47年法律第57号）に基づき実施する健康診断等の健康を確保するための措置（以下「健康確保措置」という。）や任意に行う労働者の健康管理活動を通じて得た労働者の心身の状態に関する情報（以下「心身の状態の情報」という。）については、そのほとんどが個人情報の保護に関する法律（平成15年法律第57号）第2条第3項に規定する「要配慮個人情報」に該当する機微な情報である。そのため、事業場において、労働者が雇用管理において自身にとって不利益な取扱いを受けるという不安を抱くことなく、安心して産業医等による健康相談等を受けられるようにするとともに、事業者が必要な心身の状態の情報を収集して、労働者の健康確保措置を十全に行えるようにするためには、関係法令に則った上で、心身の状態の情報が適切に取り扱われることが必要であることから、事業者が、当該事業場における心身の状態の情報の適正な取扱いのための規程（以下「取扱規程」という。）を策定することによる当該取扱いの明確化が必要である。こうした背景の下、労働安全衛生法第104条第3項及びじん肺法（昭和35年法律第30号）第35条の3第3項に基づき公表する本指針は、心身の状態の情報の取扱いに関する原則を明らかにしつつ、事業者が策定すべき取扱規程の内容、策定の方法、運用等について定めたものである。

　その上で、取扱規程については、健康確保措置に必要な心身の状態の情報の範囲が労働者の業務内容等によって異なり、また、事業場の状況に応じて適切に運用されることが重要であることから、本指針に示す原則を踏まえて、事業場ごとに衛生委員会又は安全衛生委員会（以下「衛生委員会等」という。）を活用して労使関与の下で、その内容を検討して定め、その運用を図る必要がある。

　なお、本指針に示す内容は、事業場における心身の状態の情報の取扱いに関する原則である。このため、事業者は、当該事業場の状況に応じて、心身の状態の情報が適切に取り扱われるようその趣旨を踏まえつつ、本指針に示す内容とは異なる取扱いを行うことも可能である。しかしながら、その場合は、労働者に、当該事業場における心身の状態の情報を取り扱う方法及び当該取扱いを採用する理由を説明した上で行う必要がある。

2　心身の状態の情報の取扱いに関する原則

⑴　心身の状態の情報を取り扱う目的

　事業者が心身の状態の情報を取り扱う目的は、労働者の健康確保措置の実施や事業者が負う民事上の安全配慮義務の履行であり、そのために必要な心身の状態の情報を適正に収集し、活用す

る必要がある。

　一方、労働者の個人情報を保護する観点から、現行制度においては、事業者が心身の状態の情報を取り扱えるのは、労働安全衛生法令及びその他の法令に基づく場合や本人が同意している場合のほか、労働者の生命、身体の保護のために必要がある場合であって、本人の同意を得ることが困難であるとき等とされているので、上記の目的に即して、適正に取り扱われる必要がある。

⑵　取扱規程を定める目的

　心身の状態の情報が、労働者の健康確保措置の実施や事業者が負う民事上の安全配慮義務の履行の目的の範囲内で適正に使用され、事業者による労働者の健康確保措置が十全に行われるよう、事業者は、当該事業場における取扱規程を定め、労使で共有することが必要である。

⑶　取扱規程に定めるべき事項

　取扱規程に定めるべき事項は、具体的には以下のものが考えられる。
①　心身の状態の情報を取り扱う目的及び取扱方法
②　心身の状態の情報を取り扱う者及びその権限並びに取り扱う心身の状態の情報の範囲
③　心身の状態の情報を取り扱う目的等の通知方法及び本人同意の取得方法
④　心身の状態の情報の適正管理の方法
⑤　心身の状態の情報の開示、訂正等（追加及び削除を含む。以下同じ。）及び使用停止等（消去及び第三者への提供の停止を含む。以下同じ。）の方法
⑥　心身の状態の情報の第三者提供の方法
⑦　事業承継、組織変更に伴う心身の状態の情報の引継ぎに関する事項
⑧　心身の状態の情報の取扱いに関する苦情の処理
⑨　取扱規程の労働者への周知の方法
　なお、②については、個々の事業場における心身の状態の情報を取り扱う目的や取り扱う体制等の状況に応じて、部署や職種ごとに、その権限及び取り扱う心身の状態の情報の範囲等を定めることが適切である。

⑷　取扱規程の策定の方法

　事業者は、取扱規程の策定に当たっては、衛生委員会等を活用して労使関与の下で検討し、策定したものを労働者と共有することが必要である。この共有の方法については、就業規則その他の社内規程等により定め、当該文書を常時作業場の見やすい場所に掲示し、又は備え付ける、イントラネットに掲載を行う等の方法により周知することが考えられる。

　なお、衛生委員会等を設置する義務がない常時50人未満の労働者を使用する事業場（以下「小規模事業場」という。）においては、事業者は、必要に応じて労働安全衛生規則（昭和47年労働省令第32号）第23条の2に定める関係労働者の意見を聴く機会を活用する等により、労働者の意見を聴いた上で取扱規程を策定し、労働者と共有することが必要である。

　また、取扱規程を検討又は策定する単位については、当該企業及び事業場の実情を踏まえ、事

業場単位ではなく、企業単位とすることも考えられる。

⑸　心身の状態の情報の適正な取扱いのための体制の整備

心身の状態の情報の取扱いに当たっては、情報を適切に管理するための組織面、技術面等での措置を講じることが必要である。

⑼の表の右欄に掲げる心身の状態の情報の取扱いの原則のうち、特に心身の状態の情報の加工に係るものについては、主に、医療職種を配置している事業場での実施を想定しているものである。

なお、健康診断の結果等の記録については、事業者の責任の下で、健康診断を実施した医療機関等と連携して加工や保存を行うことも考えられるが、その場合においても、取扱規程においてその取扱いを定めた上で、健康確保措置を講じるために必要な心身の状態の情報は、事業者等が把握し得る状態に置く等の対応が必要である。

⑹　心身の状態の情報の収集に際しての本人同意の取得

⑼の表の①及び②に分類される、労働安全衛生法令において労働者本人の同意を得なくても収集することのできる心身の状態の情報であっても、取り扱う目的及び取扱方法等について、労働者に周知した上で収集することが必要である。また、⑼の表の②に分類される心身の状態の情報を事業者等が収集する際には、取り扱う目的及び取扱方法等について労働者の十分な理解を得ることが望ましく、取扱規程に定めた上で、例えば、健康診断の事業者等からの受診案内等にあらかじめ記載する等の方法により労働者に通知することが考えられる。さらに、⑼の表の③に分類される心身の状態の情報を事業者等が収集する際には、個人情報の保護に関する法律第17条第2項に基づき、労働者本人の同意を得なければならない。

⑺　取扱規程の運用

事業者は、取扱規程について、心身の状態の情報を取り扱う者等の関係者に教育し、その運用が適切に行われるようにするとともに、適宜、その運用状況を確認し、取扱規程の見直し等の措置を行うことが必要である。

取扱規程の運用が適切に行われていないことが明らかになった場合は、事業者は労働者にその旨を説明するとともに、再発防止に取り組むことが必要である。

⑻　労働者に対する不利益な取扱いの防止

事業者は、心身の状態の情報の取扱いに労働者が同意しないことを理由として、又は、労働者の健康確保措置及び民事上の安全配慮義務の履行に必要な範囲を超えて、当該労働者に対して不利益な取扱いを行うことはあってはならない。

以下に掲げる不利益な取扱いを行うことは、一般的に合理的なものとはいえないので、事業者は、原則としてこれを行ってはならない。なお、不利益な取扱いの理由が以下に掲げるもの以外のものであったとしても、実質的に以下に掲げるものに該当する場合には、当該不利益な取扱い

についても、行ってはならない。

① 心身の状態の情報に基づく就業上の措置の実施に当たり、例えば、健康診断後に医師の意見を聴取する等の労働安全衛生法令上求められる適切な手順に従わないなど、不利益な取扱いを行うこと。

② 心身の状態の情報に基づく就業上の措置の実施に当たり、当該措置の内容・程度が聴取した医師の意見と著しく異なる等、医師の意見を勘案し必要と認められる範囲内となっていないもの又は労働者の実情が考慮されていないもの等の労働安全衛生法令上求められる要件を満たさない内容の不利益な取扱いを行うこと。

③ 心身の状態の情報の取扱いに労働者が同意しないことや心身の状態の情報の内容を理由として、以下の措置を行うこと。

(a) 解雇すること

(b) 期間を定めて雇用される者について契約の更新をしないこと

(c) 退職勧奨を行うこと

(d) 不当な動機・目的をもってなされたと判断されるような配置転換又は職位（役職）の変更を命じること

(e) その他労働契約法等の労働関係法令に違反する措置を講じること

⑼ 心身の状態の情報の取扱いの原則（情報の性質による分類）

心身の状態の情報の取扱いを担当する者及びその権限並びに取り扱う心身の状態の情報の範囲等の、事業場における取扱いの原則について、労働安全衛生法令及び心身の状態の情報の取扱いに関する規定がある関係法令の整理を踏まえて分類すると、次の表のとおりとなる。

心身の状態の情報の分類	左欄の分類に該当する心身の状態の情報の例	心身の状態の情報の取扱いの原則
① 労働安全衛生法令に基づき事業者が直接取り扱うこととされており、労働安全衛生法令に定める義務を履行するために、事業者が必ず取り扱わなければならない心身の状態の情報	(a) 健康診断の受診・未受診の情報 (b) 長時間労働者による面接指導の申出の有無 (c) ストレスチェックの結果、高ストレスと判定された者による面接指導の申出の有無 (d) 健康診断の事後措置について医師から聴取した意見 (e) 長時間労働者に対する面接指導の事後措置について医師から聴取した意見 (f) ストレスチェックの結果、高ストレスと判定された者に対する面接指導の事後措置について医師から聴取した意見	全ての情報をその取扱いの目的の達成に必要な範囲を踏まえて、事業者等が取り扱う必要がある。 ただし、それらに付随する健康診断の結果等の心身の状態の情報については、②の取扱いの原則に従って取り扱う必要がある。

② 労働安全衛生法令に基づき事業者が労働者本人の同意を得ずに収集することが可能であるが、事業場ごとの取扱規程により事業者等の内部における適正な取扱いを定めて運用することが適当である心身の状態の情報	(a) 健康診断の結果（法定の項目） (b) 健康診断の再検査の結果（法定の項目と同一のものに限る。） (c) 長時間労働者に対する面接指導の結果 (d) ストレスチェックの結果、高ストレスと判定された者に対する面接指導の結果	事業者等は、当該情報の取扱いの目的の達成に必要な範囲を踏まえて、取り扱うことが適切である。そのため、事業場の状況に応じて、 ・情報を取り扱う者を制限する ・情報を加工する 等、事業者等の内部における適切な取扱いを取扱規程に定め、また、当該取扱いの目的及び方法等について労働者が十分に認識できるよう、丁寧な説明を行う等の当該取扱いに対する労働者の納得性を高める措置を講じた上で、取扱規程を運用する必要がある。
③ 労働安全衛生法令において事業者が直接取り扱うことについて規定されていないため、あらかじめ労働者本人の同意を得ることが必要であり、事業場ごとの取扱規程により事業者等の内部における適正な取扱いを定めて運用することが必要である心身の状態の情報	(a) 健康診断の結果（法定外項目） (b) 保健指導の結果 (c) 健康診断の再検査の結果（法定の項目と同一のものを除く。） (d) 健康診断の精密検査の結果 (e) 健康相談の結果 (f) がん検診の結果 (g) 職場復帰のための面接指導の結果 (h) 治療と仕事の両立支援等のための医師の意見書 (i) 通院状況等疾病管理のための情報	個人情報の保護に関する法律に基づく適切な取扱いを確保するため、事業場ごとの取扱規程に則った対応を講じる必要がある。

※②の心身の状態の情報について、労働安全衛生法令に基づき行われた健康診断の結果のうち、特定健康診査及び特定保健指導の実施に関する基準（平成19年厚生労働省令第157号）第2条各号に掲げる項目については、高齢者の医療の確保に関する法律（昭和57年法律第80号）第27条第3項の規定により、事業者は保険者の求めに応じて健康診断の結果を提供しなければならないこととされているため、労働者本人の同意を得ずに事業者から保険者に提供できる。
③の心身の状態の情報について、「あらかじめ労働者本人の同意を得ることが必要」としているが、個人情報の保護に関する法律第17条第2項各号に該当する場合は、あらかじめ労働者本人の同意は不要である。また、労働者本人が自発的に事業者に提出した心身の状態の情報については、「あらかじめ労働者本人の同意」を得たものと解されるが、当該情報について事業者等が医療機関等に直接問い合わせる場合には、別途、労働者本人の同意を得る必要がある。

⑽ **小規模事業場における取扱い**

　小規模事業場においては、産業保健業務従事者の配置が不十分である等、⑼の原則に基づいた十分な措置を講じるための体制を整備することが困難な場合にも、事業場の体制に応じて合理的な措置を講じることが必要である。

　この場合、事業場ごとに心身の状態の情報の取扱いの目的の達成に必要な範囲で取扱規程を定めるとともに、特に、⑼の表の②に該当する心身の状態の情報の取扱いについては、衛生推進者を選任している場合は、衛生推進者に取り扱わせる方法や、取扱規程に基づき適切に取り扱うことを条件に、取り扱う心身の状態の情報を制限せずに事業者自らが直接取り扱う方法等が考えら

れる。

3　心身の状態の情報の適正管理
⑴　心身の状態の情報の適正管理のための規程

　心身の状態の情報の適正管理のために事業者が講ずべき措置としては以下のものが挙げられる。これらの措置は個人情報の保護に関する法律において規定されているものであり、事業場ごとの実情を考慮して、適切に運用する必要がある。

①　心身の状態の情報を必要な範囲において正確・最新に保つための措置

②　心身の状態の情報の漏えい、減失、改ざん等の防止のための措置（心身の状態の情報の取扱いに係る組織的体制の整備、正当な権限を有しない者からのアクセス防止のための措置等）

③　保管の必要がなくなった心身の状態の情報の適切な消去等

　このため、心身の状態の情報の適正管理に係る措置については、これらの事項を踏まえ、事業場ごとに取扱規程に定める必要がある。

　なお、特に心身の状態の情報の適正管理については、企業や事業場ごとの体制、整備等を個別に勘案し、その運用の一部又は全部を本社事業場において一括して行うことも考えられる。

⑵　心身の状態の情報の開示等

　労働者が有する、本人に関する心身の状態の情報の開示や必要な訂正等、使用停止等を事業者に請求する権利についても、ほとんどの心身の状態の情報が、機密性が高い情報であることに鑑みて適切に対応する必要がある。

⑶　小規模事業場における留意事項

　小規模事業者においては、「個人情報の保護に関する法律についてのガイドライン（通則編）」（平成28年個人情報保護委員会告示第6号）の「8（別添）講ずべき安全管理措置の内容」も参照しつつ、取り扱う心身の状態の情報の数量及び心身の状態の情報を取り扱う労働者数が一定程度にとどまること等を踏まえ、円滑にその義務を履行し得るような手法とすることが適当である。

4　定義

　本指針において、以下に掲げる用語の意味は、それぞれ次に定めるところによる。

①　心身の状態の情報

　事業場で取り扱う心身の状態の情報は、労働安全衛生法第66条第1項に基づく健康診断等の健康確保措置や任意に行う労働者の健康管理活動を通じて得た情報であり、このうち個人情報の保護に関する法律第2条第3項に規定する「要配慮個人情報」に該当するものについては、「雇用管理分野における個人情報のうち健康情報を取り扱うに当たっての留意事項について」（平成29年5月29日付け基発0529第3号）の「健康情報」と同義である。

　なお、その分類は2⑼の表の左欄に、その例示は同表の中欄にそれぞれ掲げるとおりである。

② 心身の状態の情報の取扱い

心身の状態の情報に係る収集から保管、使用（第三者提供を含む。）、消去までの一連の措置をいう。なお、本指針における「使用」は、個人情報の保護に関する法律における「利用」に該当する。

③ 心身の状態の情報の適正管理

心身の状態の情報の「保管」のうち、事業者等が取り扱う心身の状態の情報の適正な管理に当たって事業者が講ずる措置をいう。

④ 心身の状態の情報の加工

心身の状態の情報の他者への提供に当たり、提供する情報の内容を健康診断の結果等の記録自体ではなく、所見の有無や検査結果を踏まえた就業上の措置に係る医師の意見に置き換えるなど、心身の状態の情報の取扱いの目的の達成に必要な範囲内で使用されるように変換することをいう。

⑤ 事業者等

労働安全衛生法に定める事業者（法人企業であれば当該法人、個人企業であれば事業経営主を指す。）に加え、事業者が行う労働者の健康確保措置の実施や事業者が負う民事上の安全配慮義務の履行のために、心身の状態の情報を取り扱う人事に関して直接の権限を持つ監督的地位にある者、産業保健業務従事者及び管理監督者等を含む。

なお、2(3)②における「心身の状態の情報を取り扱う者及びその権限並びに取り扱う心身の状態の情報の範囲」とは、これらの者ごとの権限等を指す。

⑥ 医療職種

医師、保健師等、法律において、業務上知り得た人の秘密について守秘義務規定が設けられている職種をいう。

⑦ 産業保健業務従事者

医療職種や衛生管理者その他の労働者の健康管理に関する業務に従事する者をいう。

別添資料 9

事業主が職場における優越的な関係を背景とした言動に起因する問題に関して雇用管理上講ずべき措置等についての指針

（令和 2 年 1 月15日厚生労働省告示第 5 号）

1　はじめに

　この指針は、労働施策の総合的な推進並びに労働者の雇用の安定及び職業生活の充実等に関する法律（昭和41年法律第132号。以下「法」という。）第30条の 2 第 1 項及び第 2 項に規定する事業主が職場において行われる優越的な関係を背景とした言動であって、業務上必要かつ相当な範囲を超えたものにより、その雇用する労働者の就業環境が害されること（以下「職場におけるパワーハラスメント」という。）のないよう雇用管理上講ずべき措置等について、同条第 3 項の規定に基づき事業主が適切かつ有効な実施を図るために必要な事項について定めたものである。

2　職場におけるパワーハラスメントの内容

⑴　職場におけるパワーハラスメントは、職場において行われる①優越的な関係を背景とした言動であって、②業務上必要かつ相当な範囲を超えたものにより、③労働者の就業環境が害されるものであり、①から③までの要素を全て満たすものをいう。

　　なお、客観的にみて、業務上必要かつ相当な範囲で行われる適正な業務指示や指導については、職場におけるパワーハラスメントには該当しない。

⑵　「職場」とは、事業主が雇用する労働者が業務を遂行する場所を指し、当該労働者が通常就業している場所以外の場所であっても、当該労働者が業務を遂行する場所については、「職場」に含まれる。

⑶　「労働者」とは、いわゆる正規雇用労働者のみならず、パートタイム労働者、契約社員等いわゆる非正規雇用労働者を含む事業主が雇用する労働者の全てをいう。

　　また、派遣労働者については、派遣元事業主のみならず、労働者派遣の役務の提供を受ける者についても、労働者派遣事業の適正な運営の確保及び派遣労働者の保護等に関する法律（昭和60年法律第88号）第47条の 4 の規定により、その指揮命令の下に労働させる派遣労働者を雇用する事業主とみなされ、法第30条の 2 第 1 項及び第30条の 3 第 2 項の規定が適用されることから、労働者派遣の役務の提供を受ける者は、派遣労働者についてもその雇用する労働者と同様に、 3 ⑴の配慮及び 4 の措置を講ずることが必要である。なお、法第30条の 2 第 2 項、第30条の 5 第 2 項及び第30条の 6 第 2 項の労働者に対する不利益な取扱いの禁止については、派遣労働者も対象に含まれるものであり、派遣元事業主のみならず、労働者派遣の役務の提供を受ける者もまた、当該者に派遣労働者が職場におけるパワーハラスメントの相談を行ったこと等を理由として、当該派遣労働者に係る労働者派遣の役務の提供を拒む等、当該派遣労働者に対する不利益な取扱いを行ってはならない。

⑷ 「優越的な関係を背景とした」言動とは、当該事業主の業務を遂行するに当たって、当該言動を受ける労働者が当該言動の行為者とされる者（以下「行為者」という。）に対して抵抗又は拒絶することができない蓋然性が高い関係を背景として行われるものを指し、例えば、以下のもの等が含まれる。

- 職務上の地位が上位の者による言動
- 同僚又は部下による言動で、当該言動を行う者が業務上必要な知識や豊富な経験を有しており、当該者の協力を得なければ業務の円滑な遂行を行うことが困難であるもの
- 同僚又は部下からの集団による行為で、これに抵抗又は拒絶することが困難であるもの

⑸ 「業務上必要かつ相当な範囲を超えた」言動とは、社会通念に照らし、当該言動が明らかに当該事業主の業務上必要性がない、又はその態様が相当でないものを指し、例えば、以下のもの等が含まれる。

- 業務上明らかに必要性のない言動
- 業務の目的を大きく逸脱した言動
- 業務を遂行するための手段として不適当な言動
- 当該行為の回数、行為者の数等、その態様や手段が社会通念に照らして許容される範囲を超える言動

　この判断に当たっては、様々な要素（当該言動の目的、当該言動を受けた労働者の問題行動の有無や内容・程度を含む当該言動が行われた経緯や状況、業種・業態、業務の内容・性質、当該言動の態様・頻度・継続性、労働者の属性や心身の状況、行為者との関係性等）を総合的に考慮することが適当である。また、その際には、個別の事案における労働者の行動が問題となる場合は、その内容・程度とそれに対する指導の態様等の相対的な関係性が重要な要素となることについても留意が必要である。

⑹ 「労働者の就業環境が害される」とは、当該言動により労働者が身体的又は精神的に苦痛を与えられ、労働者の就業環境が不快なものとなったため、能力の発揮に重大な悪影響が生じる等当該労働者が就業する上で看過できない程度の支障が生じることを指す。

　この判断に当たっては、「平均的な労働者の感じ方」、すなわち、同様の状況で当該言動を受けた場合に、社会一般の労働者が、就業する上で看過できない程度の支障が生じたと感じるような言動であるかどうかを基準とすることが適当である。

⑺ 職場におけるパワーハラスメントは、⑴の①から③までの要素を全て満たすものをいい（客観的にみて、業務上必要かつ相当な範囲で行われる適正な業務指示や指導については、職場におけるパワーハラスメントには該当しない。）、個別の事案についてその該当性を判断するに当たっては、⑸で総合的に考慮することとした事項のほか、当該言動により労働者が受ける身体的又は精神的な苦痛の程度等を総合的に考慮して判断することが必要である。

　このため、個別の事案の判断に際しては、相談窓口の担当者等がこうした事項に十分留意し、相談を行った労働者（以下「相談者」という。）の心身の状況や当該言動が行われた際の受け止めなどその認識にも配慮しながら、相談者及び行為者の双方から丁寧に事実確認等を行うことも重要である。

これらのことを十分踏まえて、予防から再発防止に至る一連の措置を適切に講じることが必要である。

職場におけるパワーハラスメントの状況は多様であるが、代表的な言動の類型としては、以下のイからへまでのものがあり、当該言動の類型ごとに、典型的に職場におけるパワーハラスメントに該当し、又は該当しないと考えられる例としては、次のようなものがある。

ただし、個別の事案の状況等によって判断が異なる場合もあり得ること、また、次の例は限定列挙ではないことに十分留意し、4(2)ロにあるとおり広く相談に対応するなど、適切な対応を行うようにすることが必要である。

なお、職場におけるパワーハラスメントに該当すると考えられる以下の例については、行為者と当該言動を受ける労働者の関係性を個別に記載していないが、(4)にあるとおり、優越的な関係を背景として行われたものであることが前提である。

ア　身体的な攻撃（暴行・傷害）

(ア)　該当すると考えられる例

① 殴打、足蹴りを行うこと。

② 相手に物を投げつけること。

(イ)　該当しないと考えられる例

① 誤ってぶつかること。

イ　精神的な攻撃（脅迫・名誉棄損・侮辱・ひどい暴言）

(ア)　該当すると考えられる例

① 人格を否定するような言動を行うこと。相手の性的指向・性自認に関する侮辱的な言動を行うことを含む。

② 業務の遂行に関する必要以上に長時間にわたる厳しい叱責を繰り返し行うこと。

③ 他の労働者の面前における大声での威圧的な叱責を繰り返し行うこと。

④ 相手の能力を否定し、罵倒するような内容の電子メール等を当該相手を含む複数の労働者宛てに送信すること。

(イ)　該当しないと考えられる例

① 遅刻など社会的ルールを欠いた言動が見られ、再三注意してもそれが改善されない労働者に対して一定程度強く注意をすること。

② その企業の業務の内容や性質等に照らして重大な問題行動を行った労働者に対して、一定程度強く注意をすること。

ウ　人間関係からの切り離し（隔離・仲間外し・無視）

(ア)　該当すると考えられる例

① 自身の意に沿わない労働者に対して、仕事を外し、長期間にわたり、別室に隔離したり、自宅研修させたりすること。

② 一人の労働者に対して同僚が集団で無視をし、職場で孤立させること。

(イ)　該当しないと考えられる例

① 新規に採用した労働者を育成するために短期間集中的に別室で研修等の教育を実施

すること。

② 懲戒規定に基づき処分を受けた労働者に対し、通常の業務に復帰させるために、その前に、一時的に別室で必要な研修を受けさせること。

エ 過大な要求（業務上明らかに不要なことや遂行不可能なことの強制・仕事の妨害）

(ア) 該当すると考えられる例

① 長期間にわたる、肉体的苦痛を伴う過酷な環境下での勤務に直接関係のない作業を命ずること。

② 新卒採用者に対し、必要な教育を行わないまま到底対応できないレベルの業績目標を課し、達成できなかったことに対し厳しく叱責すること。

③ 労働者に業務とは関係のない私的な雑用の処理を強制的に行わせること。

(イ) 該当しないと考えられる例

① 労働者を育成するために現状よりも少し高いレベルの業務を任せること。

② 業務の繁忙期に、業務上の必要性から、当該業務の担当者に通常時よりも一定程度多い業務の処理を任せること。

オ 過小な要求（業務上の合理性なく能力や経験とかけ離れた程度の低い仕事を命じることや仕事を与えないこと）

(ア) 該当すると考えられる例

① 管理職である労働者を退職させるため、誰でも遂行可能な業務を行わせること。

② 気にいらない労働者に対して嫌がらせのために仕事を与えないこと。

(イ) 該当しないと考えられる例

① 労働者の能力に応じて、一定程度業務内容や業務量を軽減すること。

カ 個の侵害（私的なことに過度に立ち入ること）

(ア) 該当すると考えられる例

① 労働者を職場外でも継続的に監視したり、私物の写真撮影をしたりすること。

② 労働者の性的指向・性自認や病歴、不妊治療等の機微な個人情報について、当該労働者の了解を得ずに他の労働者に暴露すること。

(イ) 該当しないと考えられる例

① 労働者への配慮を目的として、労働者の家族の状況等についてヒアリングを行うこと。

② 労働者の了解を得て、当該労働者の性的指向・性自認や病歴、不妊治療等の機微な個人情報について、必要な範囲で人事労務部門の担当者に伝達し、配慮を促すこと。

この点、プライバシー保護の観点から、カ(ア)②のように機微な個人情報を暴露することのないよう、労働者に周知・啓発する等の措置を講じることが必要である。

3　事業主等の責務

⑴　事業主の責務

　　法第30条の3第2項の規定により、事業主は、職場におけるパワーハラスメントを行っては
ならないことその他職場におけるパワーハラスメントに起因する問題（以下「パワーハラスメ
ント問題」という。）に対するその雇用する労働者の関心と理解を深めるとともに、当該労働者
が他の労働者（他の事業主が雇用する労働者及び求職者を含む。⑵において同じ。）に対する言
動に必要な注意を払うよう、研修の実施その他の必要な配慮をするほか、国の講ずる同条第1
項の広報活動、啓発活動その他の措置に協力するように努めなければならない。なお、職場に
おけるパワーハラスメントに起因する問題としては、例えば、労働者の意欲の低下などによる
職場環境の悪化や職場全体の生産性の低下、労働者の健康状態の悪化、休職や退職などにつな
がり得ること、これらに伴う経営的な損失等が考えられる。

　　また、事業主（その者が法人である場合にあっては、その役員）は、自らも、パワーハラス
メント問題に対する関心と理解を深め、労働者（他の事業主が雇用する労働者及び求職者を含
む。）に対する言動に必要な注意を払うように努めなければならない。

⑵　労働者の責務

　　法第30条の3第4項の規定により、労働者は、パワーハラスメント問題に対する関心と理解
を深め、他の労働者に対する言動に必要な注意を払うとともに、事業主の講ずる4の措置に協
力するように努めなければならない。

4　事業主が職場における優越的な関係を背景とした言動に起因する問題に関し雇用管理上講ずべき措置の内容

　事業主は、当該事業主が雇用する労働者又は当該事業主（その者が法人である場合にあっては、
その役員）が行う職場におけるパワーハラスメントを防止するため、雇用管理上次の措置を講じ
なければならない。

⑴　事業主の方針等の明確化及びその周知・啓発

　　事業主は、職場におけるパワーハラスメントに関する方針の明確化、労働者に対するその方
針の周知・啓発として、次の措置を講じなければならない。

　　なお、周知・啓発をするに当たっては、職場におけるパワーハラスメントの防止の効果を高
めるため、その発生の原因や背景について労働者の理解を深めることが重要である。その際、
職場におけるパワーハラスメントの発生の原因や背景には、労働者同士のコミュニケーション
の希薄化などの職場環境の問題もあると考えられる。そのため、これらを幅広く解消していく
ことが職場におけるパワーハラスメントの防止の効果を高める上で重要であることに留意する
ことが必要である。

　　ア　職場におけるパワーハラスメントの内容及び職場におけるパワーハラスメントを行って
　　　はならない旨の方針を明確化し、管理監督者を含む労働者に周知・啓発すること。

　　　（事業主の方針等を明確化し、労働者に周知・啓発していると認められる例）

　　　①　就業規則その他の職場における服務規律等を定めた文書において、職場におけるパ

ワーハラスメントを行ってはならない旨の方針を規定し、当該規定と併せて、職場における
けるパワーハラスメントの内容及びその発生の原因や背景を労働者に周知・啓発するこ
と。

② 社内報、パンフレット、社内ホームページ等広報又は啓発のための資料等に職場にお
けるパワーハラスメントの内容及びその発生の原因や背景並びに職場におけるパワーハ
ラスメントを行ってはならない旨の方針を記載し、配布等すること。

③ 職場におけるパワーハラスメントの内容及びその発生の原因や背景並びに職場におけ
るパワーハラスメントを行ってはならない旨の方針を労働者に対して周知・啓発するた
めの研修、講習等を実施すること。

イ 職場におけるパワーハラスメントに係る言動を行った者については、厳正に対処する旨
の方針及び対処の内容を就業規則その他の職場における服務規律等を定めた文書に規定
し、管理監督者を含む労働者に周知・啓発すること。

（対処方針を定め、労働者に周知・啓発していると認められる例）

① 就業規則その他の職場における服務規律等を定めた文書において、職場におけるパ
ワーハラスメントに係る言動を行った者に対する懲戒規定を定め、その内容を労働者に
周知・啓発すること。

② 職場におけるパワーハラスメントに係る言動を行った者は、現行の就業規則その他の
職場における服務規律等を定めた文書において定められている懲戒規定の適用の対象と
なる旨を明確化し、これを労働者に周知・啓発すること。

(2) 相談（苦情を含む。以下同じ。）に応じ、適切に対応するために必要な体制の整備

事業主は、労働者からの相談に対し、その内容や状況に応じ適切かつ柔軟に対応するために
必要な体制の整備として、次の措置を講じなければならない。

ア 相談への対応のための窓口（以下「相談窓口」という。）をあらかじめ定め、労働者に周
知すること。

（相談窓口をあらかじめ定めていると認められる例）

① 相談に対応する担当者をあらかじめ定めること。

② 相談に対応するための制度を設けること。

③ 外部の機関に相談への対応を委託すること。

イ アの相談窓口の担当者が、相談に対し、その内容や状況に応じ適切に対応できるように
すること。また、相談窓口においては、被害を受けた労働者が萎縮するなどして相談を躊
躇する例もあること等も踏まえ、相談者の心身の状況や当該言動が行われた際の受け止め
などその認識にも配慮しながら、職場におけるパワーハラスメントが現実に生じている場
合だけでなく、その発生のおそれがある場合や、職場におけるパワーハラスメントに該当
するか否か微妙な場合であっても、広く相談に対応し、適切な対応を行うようにすること。
例えば、放置すれば就業環境を害するおそれがある場合や、労働者同士のコミュニケーショ
ンの希薄化などの職場環境の問題が原因や背景となってパワーハラスメントが生じるおそ
れがある場合等が考えられる。

（相談窓口の担当者が適切に対応することができるようにしていると認められる例）

① 相談窓口の担当者が相談を受けた場合、その内容や状況に応じて、相談窓口の担当者と人事部門とが連携を図ることができる仕組みとすること。

② 相談窓口の担当者が相談を受けた場合、あらかじめ作成した留意点などを記載したマニュアルに基づき対応すること。

③ 相談窓口の担当者に対し、相談を受けた場合の対応についての研修を行うこと。

（3）職場におけるパワーハラスメントに係る事後の迅速かつ適切な対応

事業主は、職場におけるパワーハラスメントに係る相談の申出があった場合において、その事案に係る事実関係の迅速かつ正確な確認及び適正な対処として、次の措置を講じなければならない。

ア 事案に係る事実関係を迅速かつ正確に確認すること。

（事案に係る事実関係を迅速かつ正確に確認していると認められる例）

① 相談窓口の担当者、人事部門又は専門の委員会等が、相談者及び行為者の双方から事実関係を確認すること。その際、相談者の心身の状況や当該言動が行われた際の受け止めなどその認識にも適切に配慮すること。

また、相談者と行為者との間で事実関係に関する主張に不一致があり、事実の確認が十分にできないと認められる場合には、第三者からも事実関係を聴取する等の措置を講ずること。

② 事実関係を迅速かつ正確に確認しようとしたが、確認が困難な場合などにおいて、法第30条の6に基づく調停の申請を行うことその他中立な第三者機関に紛争処理を委ねること。

イ アにより、職場におけるパワーハラスメントが生じた事実が確認できた場合においては、速やかに被害を受けた労働者（以下「被害者」という。）に対する配慮のための措置を適正に行うこと。

（措置を適正に行っていると認められる例）

① 事案の内容や状況に応じ、被害者と行為者の間の関係改善に向けての援助、被害者と行為者を引き離すための配置転換、行為者の謝罪、被害者の労働条件上の不利益の回復、管理監督者又は事業場内産業保健スタッフ等による被害者のメンタルヘルス不調への相談対応等の措置を講ずること。

② 法第30条の6に基づく調停その他中立な第三者機関の紛争解決案に従った措置を被害者に対して講ずること。

ウ アにより、職場におけるパワーハラスメントが生じた事実が確認できた場合においては、行為者に対する措置を適正に行うこと。

（措置を適正に行っていると認められる例）

① 就業規則その他の職場における服務規律等を定めた文書における職場におけるパワーハラスメントに関する規定等に基づき、行為者に対して必要な懲戒その他の措置を講ずること。あわせて、事案の内容や状況に応じ、被害者と行為者の間の関係改善に向けて

　　　の援助、被害者と行為者を引き離すための配置転換、行為者の謝罪等の措置を講ずること。

　　② 　法第30条の6に基づく調停その他中立な第三者機関の紛争解決案に従った措置を行為者に対して講ずること。

　エ 　改めて職場におけるパワーハラスメントに関する方針を周知・啓発する等の再発防止に向けた措置を講ずること。

　　　なお、職場におけるパワーハラスメントが生じた事実が確認できなかった場合においても、同様の措置を講ずること。

　（再発防止に向けた措置を講じていると認められる例）

　　① 　職場におけるパワーハラスメントを行ってはならない旨の方針及び職場におけるパワーハラスメントに係る言動を行った者について厳正に対処する旨の方針を、社内報、パンフレット、社内ホームページ等広報又は啓発のための資料等に改めて掲載し、配布等すること。

　　② 　労働者に対して職場におけるパワーハラスメントに関する意識を啓発するための研修、講習等を改めて実施すること。

(4) 　(1)から(3)までの措置と併せて講ずべき措置

　(1)から(3)までの措置を講ずるに際しては、併せて次の措置を講じなければならない。

　ア 　職場におけるパワーハラスメントに係る相談者・行為者等の情報は当該相談者・行為者等のプライバシーに属するものであることから、相談への対応又は当該パワーハラスメントに係る事後の対応に当たっては、相談者・行為者等のプライバシーを保護するために必要な措置を講ずるとともに、その旨を労働者に対して周知すること。なお、相談者・行為者等のプライバシーには、性的指向・性自認や病歴、不妊治療等の機微な個人情報も含まれるものであること。

　（相談者・行為者等のプライバシーを保護するために必要な措置を講じていると認められる例）

　　① 　相談者・行為者等のプライバシーの保護のために必要な事項をあらかじめマニュアルに定め、相談窓口の担当者が相談を受けた際には、当該マニュアルに基づき対応するものとすること。

　　② 　相談者・行為者等のプライバシーの保護のために、相談窓口の担当者に必要な研修を行うこと。

　　③ 　相談窓口においては相談者・行為者等のプライバシーを保護するために必要な措置を講じていることを、社内報、パンフレット、社内ホームページ等広報又は啓発のための資料等に掲載し、配布等すること。

　イ 　法第30条の2第2項、第30条の5第2項及び第30条の6第2項の規定を踏まえ、労働者が職場におけるパワーハラスメントに関し相談をしたこと若しくは事実関係の確認等の事業主の雇用管理上講ずべき措置に協力したこと、都道府県労働局に対して相談、紛争解決の援助の求め若しくは調停の申請を行ったこと又は調停の出頭の求めに応じたこと（以下

「パワーハラスメントの相談等」という。）を理由として、解雇その他不利益な取扱いをされない旨を定め、労働者に周知・啓発すること。

（不利益な取扱いをされない旨を定め、労働者にその周知・啓発することについて措置を講じていると認められる例）

① 就業規則その他の職場における服務規律等を定めた文書において、パワーハラスメントの相談等を理由として、労働者が解雇等の不利益な取扱いをされない旨を規定し、労働者に周知・啓発をすること。

② 社内報、パンフレット、社内ホームページ等広報又は啓発のための資料等に、パワーハラスメントの相談等を理由として、労働者が解雇等の不利益な取扱いをされない旨を記載し、労働者に配布等すること。

5 事業主が職場における優越的な関係を背景とした言動に起因する問題に関し行うことが望ましい取組の内容

事業主は、当該事業主が雇用する労働者又は当該事業主（その者が法人である場合にあっては、その役員）が行う職場におけるパワーハラスメントを防止するため、4の措置に加え、次の取組を行うことが望ましい。

(1) 職場におけるパワーハラスメントは、セクシュアルハラスメント（事業主が職場における性的な言動に起因する問題に関して雇用管理上講ずべき措置等についての指針（平成18年厚生労働省告示第615号）に規定する「職場におけるセクシュアルハラスメント」をいう。以下同じ。）、妊娠、出産等に関するハラスメント（事業主が職場における妊娠、出産等に関する言動に起因する問題に関して雇用管理上講ずべき措置等についての指針（平成28年厚生労働省告示第312号）に規定する「職場における妊娠、出産等に関するハラスメント」をいう。）、育児休業等に関するハラスメント（子の養育又は家族の介護を行い、又は行うこととなる労働者の職業生活と家庭生活との両立が図られるようにするために事業主が講ずべき措置等に関する指針（平成21年厚生労働省告示第509号）に規定する「職場における育児休業等に関するハラスメント」をいう。）その他のハラスメントと複合的に生じることも想定されることから、事業主は、例えば、セクシュアルハラスメント等の相談窓口と一体的に、職場におけるパワーハラスメントの相談窓口を設置し、一元的に相談に応じることのできる体制を整備することが望ましい。

（一元的に相談に応じることのできる体制の例）

① 相談窓口で受け付けることのできる相談として、職場におけるパワーハラスメントのみならず、セクシュアルハラスメント等も明示すること。

② 職場におけるパワーハラスメントの相談窓口がセクシュアルハラスメント等の相談窓口を兼ねること。

(2) 事業主は、職場におけるパワーハラスメントの原因や背景となる要因を解消するため、次の取組を行うことが望ましい。

なお、取組を行うに当たっては、労働者個人のコミュニケーション能力の向上を図ること

は、職場におけるパワーハラスメントの行為者・被害者の双方になることを防止する上で重要であることや、業務上必要かつ相当な範囲で行われる適正な業務指示や指導については、職場におけるパワーハラスメントには該当せず、労働者が、こうした適正な業務指示や指導を踏まえて真摯に業務を遂行する意識を持つことも重要であることに留意することが必要である。

ア　コミュニケーションの活性化や円滑化のために研修等の必要な取組を行うこと。
（コミュニケーションの活性化や円滑化のために必要な取組例）
　①　日常的なコミュニケーションを取るよう努めることや定期的に面談やミーティングを行うことにより、風通しの良い職場環境や互いに助け合える労働者同士の信頼関係を築き、コミュニケーションの活性化を図ること。
　②　感情をコントロールする手法についての研修、コミュニケーションスキルアップについての研修、マネジメントや指導についての研修等の実施や資料の配布等により、労働者が感情をコントロールする能力やコミュニケーションを円滑に進める能力等の向上を図ること。

イ　適正な業務目標の設定等の職場環境の改善のための取組を行うこと。
（職場環境の改善のための取組例）
　①　適正な業務目標の設定や適正な業務体制の整備、業務の効率化による過剰な長時間労働の是正等を通じて、労働者に過度に肉体的・精神的負荷を強いる職場環境や組織風土を改善すること。

⑶　事業主は、4の措置を講じる際に、必要に応じて、労働者や労働組合等の参画を得つつ、アンケート調査や意見交換等を実施するなどにより、その運用状況の的確な把握や必要な見直しの検討等に努めることが重要である。なお、労働者や労働組合等の参画を得る方法として、例えば、労働安全衛生法（昭和47年法律第57号）第18条第1項に規定する衛生委員会の活用なども考えられる。

6　事業主が自らの雇用する労働者以外の者に対する言動に関し行うことが望ましい取組の内容

　3の事業主及び労働者の責務の趣旨に鑑みれば、事業主は、当該事業主が雇用する労働者が、他の労働者（他の事業主が雇用する労働者及び求職者を含む。）のみならず、個人事業主、インターンシップを行っている者等の労働者以外の者に対する言動についても必要な注意を払うよう配慮するとともに、事業主（その者が法人である場合にあっては、その役員）自らと労働者も、労働者以外の者に対する言動について必要な注意を払うよう努めることが望ましい。

　こうした責務の趣旨も踏まえ、事業主は、4⑴アの職場におけるパワーハラスメントを行ってはならない旨の方針の明確化等を行う際に、当該事業主が雇用する労働者以外の者（他の事業主が雇用する労働者、就職活動中の学生等の求職者及び労働者以外の者）に対する言動についても、同様の方針を併せて示すことが望ましい。

　また、これらの者から職場におけるパワーハラスメントに類すると考えられる相談があった場

合には、その内容を踏まえて、4の措置も参考にしつつ、必要に応じて適切な対応を行うように努めることが望ましい。

7 事業主が他の事業主の雇用する労働者等からのパワーハラスメントや顧客等からの著しい迷惑行為に関し行うことが望ましい取組の内容

事業主は、取引先等の他の事業主が雇用する労働者又は他の事業主（その者が法人である場合にあっては、その役員）からのパワーハラスメントや顧客等からの著しい迷惑行為（暴行、脅迫、ひどい暴言、著しく不当な要求等）により、その雇用する労働者が就業環境を害されることのないよう、雇用管理上の配慮として、例えば、(1)及び(2)の取組を行うことが望ましい。また、(3)のような取組を行うことも、その雇用する労働者が被害を受けることを防止する上で有効と考えられる。

(1) 相談に応じ、適切に対応するために必要な体制の整備

事業主は、他の事業主が雇用する労働者等からのパワーハラスメントや顧客等からの著しい迷惑行為に関する労働者からの相談に対し、その内容や状況に応じ適切かつ柔軟に対応するために必要な体制の整備として、4(2)ア及びイの例も参考にしつつ、次の取組を行うことが望ましい。

また、併せて、労働者が当該相談をしたことを理由として、解雇その他不利益な取扱いを行ってはならない旨を定め、労働者に周知・啓発することが望ましい。

ア 相談先（上司、職場内の担当者等）をあらかじめ定め、これを労働者に周知すること。

イ アの相談を受けた者が、相談に対し、その内容や状況に応じ適切に対応できるようにすること。

(2) 被害者への配慮のための取組

事業主は、相談者から事実関係を確認し、他の事業主が雇用する労働者等からのパワーハラスメントや顧客等からの著しい迷惑行為が認められた場合には、速やかに被害者に対する配慮のための取組を行うことが望ましい。

（被害者への配慮のための取組例）

事案の内容や状況に応じ、被害者のメンタルヘルス不調への相談対応、著しい迷惑行為を行った者に対する対応が必要な場合に一人で対応させない等の取組を行うこと。

(3) 他の事業主が雇用する労働者等からのパワーハラスメントや顧客等からの著しい迷惑行為による被害を防止するための取組

(1)及び(2)の取組のほか、他の事業主が雇用する労働者等からのパワーハラスメントや顧客等からの著しい迷惑行為からその雇用する労働者が被害を受けることを防止する上では、事業主が、こうした行為への対応に関するマニュアルの作成や研修の実施等の取組を行うことも有効と考えられる。

また、業種・業態等によりその被害の実態や必要な対応も異なると考えられることから、業種・業態等における被害の実態や業務の特性等を踏まえて、それぞれの状況に応じた必要な取組を進めることも、被害の防止に当たっては効果的と考えられる。

別添資料10

テレワークの適切な導入及び実施の推進のためのガイドライン（抄）

（令和 3 年 3 月25日付け基本発0325第 2 号）

1～7　略

8　テレワークにおける安全衛生の確保

(1)　安全衛生関係法令の適用

　　労働安全衛生法等の関係法令等においては、安全衛生管理体制を確立し、職場における労働者の安全と健康を確保するために必要となる具体的な措置を講ずることを事業者に求めており、自宅等においてテレワークを実施する場合においても、事業者は、これら関係法令等に基づき、労働者の安全と健康の確保のための措置を講ずる必要がある。

　　具体的には、

・健康相談を行うことが出来る体制の整備（労働安全衛生法第13条の 3 ）

・労働者を雇い入れたとき又は作業内容を変更したときの安全又は衛生のための教育（労働安全衛生法第59条）

・必要な健康診断とその結果等を受けた措置（労働安全衛生法第66条から第66条の 7 まで）

・過重労働による健康障害を防止するための長時間労働者に対する医師による面接指導とその結果等を受けた措置（労働安全衛生法第66条の 8 及び第66条の 9 ）及び面接指導の適切な実施のための労働時間の状況の把握（労働安全衛生法第66条の 8 の 3 ）、面接指導の適切な実施のための時間外・休日労働時間の算定と産業医への情報提供（労働安全衛生規則（昭和47年労働省令第32号）第52条の 2 ）

・ストレスチェックとその結果等を受けた措置（労働安全衛生法第66条の10）

・労働者に対する健康教育及び健康相談その他労働者の健康の保持増進を図るために必要な措置（労働安全衛生法第69条）等の実施により、労働者の安全と健康の確保を図ることが重要である。その際、必要に応じて、情報通信機器を用いてオンラインで実施することも有効である。

　　なお、労働者を雇い入れたとき（雇入れ後にテレワークの実施が予定されているとき）又は労働者の作業内容を変更し、テレワークを初めて行わせるときは、テレワーク作業時の安全衛生に関する事項を含む安全衛生教育を行うことが重要である。

　　また、一般に、労働者の自宅等におけるテレワークにおいては、危険・有害業務を行うことは通常想定されないものであるが、行われる場合においては、当該危険・有害業務に係る規定の遵守が必要である。

⑵　自宅等でテレワークを行う際のメンタルヘルス対策の留意点

　テレワークでは、周囲に上司や同僚がいない環境で働くことになるため、労働者が上司等とコミュニケーションを取りにくい、上司等が労働者の心身の変調に気づきにくいという状況となる場合が多い。

　このような状況のもと、円滑にテレワークを行うためには、事業者は、別紙１の「テレワークを行う労働者の安全衛生を確保するためのチェックリスト（事業者用）」を活用する等により、健康相談体制の整備や、コミュニケーションの活性化のための措置を実施することが望ましい。

　また、事業者は、事業場におけるメンタルヘルス対策に関する計画である「心の健康づくり計画」を策定することとしており（労働者の心の健康の保持増進のための指針（平成18年公示第３号））、当該計画の策定に当たっては、上記のようなテレワークにより生じやすい状況を念頭に置いたメンタルヘルス対策についても衛生委員会等による調査審議も含め労使による話し合いを踏まえた上で記載し、計画的に取り組むことが望ましい。

⑶　自宅等でテレワークを行う際の作業環境整備の留意点

　テレワークを行う作業場が、労働者の自宅等事業者が業務のために提供している作業場以外である場合には、事務所衛生基準規則（昭和47年労働省令第43号）、労働安全衛生規則（一部、労働者を就業させる建設物その他の作業場に係る規定）及び「情報機器作業における労働衛生管理のためのガイドライン」（令和元年７月12日基発0712第３号）は一般には適用されないが、安全衛生に配慮したテレワークが実施されるよう、これらの衛生基準と同等の作業環境となるよう、事業者はテレワークを行う労働者に教育・助言等を行い、別紙２の「自宅等においてテレワークを行う際の作業環境を確認するためのチェックリスト（労働者用）」を活用すること等により、自宅等の作業環境に関する状況の報告を求めるとともに、必要な場合には、労使が協力して改善を図る又は自宅以外の場所（サテライトオフィス等）の活用を検討することが重要である。

⑷　事業者が実施すべき管理に関する事項

　事業者は、労働者がテレワークを初めて実施するときは、別紙１及び２のチェックリストを活用する等により、⑴から⑶までが適切に実施されることを労使で確認した上で、作業を行わせることが重要である。

　また、事業者による取組が継続的に実施されていること及び自宅等の作業環境が適切に維持されていることを、上記チェックリストを活用する等により、定期的に確認することが望ましい。

9　テレワークにおける労働災害の補償

　テレワークを行う労働者については、事業場における勤務と同様、労働基準法に基づき、使用者が労働災害に対する補償責任を負うことから、労働契約に基づいて事業主の支配下にあることによって生じたテレワークにおける災害は、業務上の災害として労災保険給付の対象となる。ただし、私的行為等業務以外が原因であるものについては、業務上の災害とは認められない。在宅勤務を行っている労働者等、テレワークを行う労働者については、この点を十分理解していない

可能性もあるため、使用者はこの点を十分周知することが望ましい。

　また、使用者は、7(2)を踏まえた労働時間の把握において、情報通信機器の使用状況などの客観的な記録や労働者から申告された時間の記録を適切に保存するとともに、労働者が負傷した場合の災害発生状況等について、使用者や医療機関等が正確に把握できるよう、当該状況等を可能な限り記録しておくことを労働者に対して周知することが望ましい。

10　テレワークの際のハラスメントへの対応

　事業主は、職場におけるパワーハラスメント、セクシュアルハラスメント等（以下「ハラスメント」という。）の防止のための雇用管理上の措置を講じることが義務づけられており、テレワークの際にも、オフィスに出勤する働き方の場合と同様に、関係法令・関係指針に基づき、ハラスメントを行ってはならない旨を労働者に周知啓発する等、ハラスメントの防止対策を十分に講じる必要がある。

11　テレワークの際のセキュリティへの対応

　情報セキュリティの観点から全ての業務を一律にテレワークの対象外と判断するのではなく、関連技術の進展状況等を踏まえ、解決方法の検討を行うことや業務毎に個別に判断することが望ましい。また、企業・労働者が情報セキュリティ対策に不安を感じないよう、総務省が作成している「テレワークセキュリティガイドライン」等を活用した対策の実施や労働者への教育等を行うことが望ましい。

（別紙１）テレワークを行う労働者の安全衛生を確保するためのチェックリスト【事業者用】

1　このチェックリストは、労働者にテレワークを実施させる事業者が安全衛生上、留意すべき事項を確認する際に活用いただくことを目的としています。
2　労働者が安全かつ健康にテレワークを実施する上で重要な事項ですので、全ての項目に☑が付くように努めてください。
3　「法定事項」の欄に「◎」が付されている項目については、労働安全衛生関係法令上、事業者に実施が義務付けられている事項ですので、不十分な点があれば改善を図ってください。
4　適切な取組が継続的に実施されるよう、このチェックリストを用いた確認を定期的（半年に１回程度）に実施し、その結果を衛生委員会等に報告してください。

すべての項目について確認し、当てはまるものに ☑ を付けてください。

項　　　　　　　　　　　目	法定事項
1　安全衛生管理体制について	
（1）　衛生管理者等の選任、安全・衛生委員会等の開催	
☐　業種や事業場規模に応じ、必要な管理者等の選任、安全・衛生委員会等が開催されているか。	◎
☐　常時使用する労働者数に基づく事業場規模の判断は、テレワーク中の労働者も含めて行っているか。	◎
☐　衛生管理者等による管理や、安全・衛生委員会等における調査審議は、テレワークが通常の勤務とは異なる点に留意の上、行っているか。	
☐　自宅等における安全衛生上の問題（作業環境の大きな変化や労働者の心身の健康に生じた問題など）を衛生管理者等が把握するための方法をあらかじめ定めているか。	
（2）　健康相談体制の整備	
☐　健康相談を行うことができる体制を整備し、相談窓口や担当者の連絡先を労働者に周知しているか。	
☐　健康相談の体制整備については、オンラインなどテレワーク中の労働者が相談しやすい方法で行うことができるよう配慮しているか。	
☐　上司等が労働者の心身の状況やその変化を的確に把握できるような取組を行っているか（定期的なオンライン面談、会話を伴う方法による日常的な業務指示等）	
2　安全衛生教育について	
（1）　雇入れ時の安全衛生教育	
☐　雇入れ時にテレワークを行わせることが想定されている場合には、雇入れ時の安全衛生教育にテレワーク作業時の安全衛生や健康確保に関する事項を含めているか。	◎
（2）　作業内容変更時教育	
☐　テレワークを初めて行わせる労働者に対し、作業内容変更時の安全衛生教育を実施し、テレワーク作業時の安全衛生や健康確保に関する事項を教育しているか。 ※作業内容に大幅な変更が生じる場合には、必ず実施してください。	
（3）　テレワーク中の労働者に対する安全衛生教育	
☐　テレワーク中の労働者に対してオンラインで安全衛生教育を実施する場合には、令和３年１月25日付け基安安発0125第２号、基安労発0125第１号、基安化発0125第１号「インターネット等を介したｅラーニング等により行われる労働安全衛生法に基づく安全衛生教育等の実施について」に準じた内容としているか。	
3　作業環境	
（1）　サテライトオフィス型	
☐　労働安全衛生規則や事務所衛生基準規則の衛生基準と同等の作業環境となっていることを確認した上でサテライトオフィス等のテレワーク用の作業場を選定しているか。	◎
（2）　自宅	
☐　別添２のチェックリスト（労働者用）を参考に労働者に自宅の作業環境を確認させ、問題がある場合には労使が協力して改善に取り組んでいるか。また、改善が困難な場合には適切な作業環境や作業姿勢等が確保できる場所で作業を行うことができるよう配慮しているか。	
（3）　その他（モバイル勤務等）	
☐　別添２のチェックリスト（労働者用）を参考に適切な作業環境や作業姿勢等が確保できる場所を選定するよう労働者に周知しているか。	

251

項 目	法定事項
4　健康確保対策について	
（1）　健康診断	
☐　定期健康診断、特定業務従事者の健診等必要な健康診断を実施しているか。	◎
☐　健康診断の結果、必要な事後措置は実施しているか。	◎
☐　常時、自宅や遠隔地でテレワークを行っている者の健康診断受診に当たっての負担軽減に配慮しているか。（労働者が健診機関を選択できるようにする等）	
（2）　長時間労働者に対する医師の面接指導	
☐　関係通達に基づき、労働時間の状況を把握し、週40時間を超えて労働させた時間が80時間超の労働者に対して状況を通知しているか。	◎
☐　週40時間を超えて労働させた時間が80時間超の労働者から申出があった場合には医師による面接指導を実施しているか。	◎
☐　面接指導の結果、必要な事後措置を実施しているか。	◎
☐　テレワーク中の労働者に対し、医師による面接指導をオンラインで実施することも可能であるが、その場合、医師に事業場や労働者に関する情報を提供し、円滑に映像等が送受信可能な情報通信機器を用いて実施しているか。なお、面接指導を実施する医師は産業医に限られない。※詳細は平成27年9月15日付け基発0915第5号「情報通信機器を用いた労働安全衛生法第66条の8第1項、第66条の8の2第1項、法第66条の8の4第1項及び第66条の10第3項の規定に基づく医師による面接指導の実施について」（令和2年11月19日最終改正）を参照。	◎
（3）　その他（健康保持増進）	
☐　健康診断の結果、特に健康の保持に努める必要があると認める労働者に対して、医師または保健師による保健指導を実施しているか。	
☐　THP（トータル・ヘルスプロモーション・プラン）指針に基づく計画は、テレワークが通常の勤務とは異なることに留意した上で策定され、当該計画に基づき計画的な取組を実施しているか。	
5　メンタルヘルス対策　※ 項目 1(2) 及び 6(1) もメンタルヘルス対策の一環として取り組んでください。	
（1）　ストレスチェック	
☐　ストレスチェックを定期的に実施し、結果を労働者に通知しているか。また、希望者の申し出があった場合に面接指導を実施しているか。（労働者数50人未満の場合は努力義務）※面接指導をオンラインで実施する場合には、4（2）4ポツ目についても確認。	◎
☐　テレワーク中の労働者が時期を逸することなく、ストレスチェックや面接指導を受けることができるよう、配慮しているか。（メールやオンラインによる実施等）	
☐　ストレスチェック結果の集団分析は、テレワークが通常の勤務と異なることに留意した上で行っているか。	
（2）　心の健康づくり	
☐　メンタルヘルス指針に基づく計画は、テレワークが通常の勤務とは異なることに留意した上で策定され、当該計画に基づき計画的な取組を実施しているか。	
6　その他	
（1）　コミュニケーションの活性化	
☐　同僚とのコミュニケーション、日常的な業務相談や業務指導等を円滑に行うための取組がなされているか。（定期的・日常的なオンラインミーティングの実施等）	
（2）　緊急連絡体制	
☐　災害発生時や業務上の緊急事態が発生した場合の連絡体制を構築し、テレワークを行う労働者に周知しているか。	

※　ご不明な点がございましたら、お近くの労働局又は労働基準監督署の安全衛生主務課にお問い合わせください。

記　入　日：令和　　　年　　　月　　　日

記入者職氏名：

R3.3.25版

（別紙2）自宅等においてテレワークを行う際の作業環境を確認するためのチェックリスト【労働者用】

1　このチェックリストは、自宅等においてテレワークを行う際の作業環境について、テレワークを行う労働
　　者本人が確認する際に活用いただくことを目的としています。
2　確認した結果、すべての項目に☑が付くように、不十分な点があれば事業者と話し合って改善を図るなどに
　　より、適切な環境下でテレワークを行うようにしましょう。

すべての項目について【観点】を参考にしながら作業環境を確認し、当てはまるものに ☑ を付けてください。

1　作業場所やその周辺の状況について

☐　（1）　作業等を行うのに十分な空間が確保されているか。

　　【観点】
　　・作業の際に手足を伸ばせる空間があるか。
　　・静的筋緊張や長時間の拘束姿勢、上肢の反復作業などに伴う疲労やストレスの解消のために、体操やストレッチを適切に行う
　　　ことができる空間があるか。
　　・物が密集している等、窮屈に感じないか。

☐　（2）　無理のない姿勢で作業ができるように、机、椅子や、ディスプレイ、キーボード、マウス等
　　　　　について適切に配置しているか。

　　【観点】
　　・眼、肩、腕、腰に負担がかからないような無理のない姿勢で作業を行うことができるか。

☐　（3）　作業中に転倒することがないよう整理整頓されているか。

　　【観点】
　　・つまづく恐れのある障害物、畳やカーペットの継ぎ目、電源コード等はないか。
　　・床に書類が散らばっていないか。
　　・作業場所やその周辺について、すべり等の危険のない、安全な状態としているか。

☐　（4）　その他事故を防止するための措置は講じられているか。

　　【観点】
　　・電気コード、プラグ、コンセント、配電盤は良好な状態にあるか。配線が損傷している箇所はないか。
　　・地震の際などに物の落下や家具の転倒が起こらないよう、必要な措置を講じているか。

2　作業環境の明るさや温度等について

☐　（1）　作業を行うのに支障ない十分な明るさがあるか。

　　【観点】
　　・室の照明で不十分な場合は、卓上照明等を用いて適切な明るさにしているか。
　　・作業に使用する書類を支障なく読むことができるか。
　　・光源から受けるギラギラしたまぶしさ（グレア）を防止するためにディスプレイの設置位置などを工夫しているか。

☐　（2）　作業の際に、窓の開閉や換気設備の活用により、空気の入れ換えを行っているか。

☐　（3）　作業に適した温湿度への調整のために、冷房、暖房、通風等の適当な措置を講ずることができるか。

　　【観点】
　　・エアコンは故障していないか。
　　・窓は開放することができるか。

☐　（4）　石油ストーブなどの燃焼器具を使用する時は、適切に換気・点検を行っているか。

☐　（5）　作業に支障を及ぼすような騒音等がない状況となっているか。

　　【観点】
　　・テレビ会議等の音声が聞き取れるか。
　　・騒音等により著しく集中力を欠くようなことがないか。

3　休憩等について

☐　（1）　作業中に、水分補給、休憩（トイレ含む）を行う事ができる環境となっているか。

4　その他

☐　（1）　自宅の作業環境に大きな変化が生じた場合や心身の健康に問題を感じた場合に相談する窓口
　　　　　や担当者の連絡先は把握しているか。

※　ご不明な点がございましたら、お近くの労働局又は労働基準監督署の安全衛生主務課にお問い合わせください。

記　入　日：令和　　　年　　　月　　　日

記入者職氏名：

R3.3.25版

事業場内メンタルヘルス推進担当者 必携

平成24年 8 月 1 日	第 1 版第 1 刷発行
平成26年 4 月18日	第 2 版第 1 刷発行
平成27年10月 2 日	第 3 版第 1 刷発行
平成31年 2 月15日	第 4 版第 1 刷発行
令和 3 年11月30日	第 5 版第 1 刷発行
令和 6 年 6 月26日	第 2 刷発行

編　　　者　中央労働災害防止協会

発 行 者　平山　剛

発 行 所　中央労働災害防止協会

〒108 - 0023

東京都港区芝浦3丁目17番12号

吾妻ビル9階

電話　販売　03（3452）6401

編集　03（3452）6209

表紙デザイン　ア・ロゥデザイン

印 刷 ・ 製 本　株式会社丸井工文社

中災防ホームページ　https://www.jisha.or.jp/